吉林省旅游管理专业教学指导委员会推荐教材

21世纪经济管理新形态教材·旅游管理系列

旅游消费者行为

主　编◎米　冰　焦爱丽

副主编◎麻　松　卢艳丽

　　　　吕　琦

参　编◎赵　畅　王　梓

　　　　姜乃源　陆春婵

清华大学出版社

北　京

内 容 简 介

旅游消费者行为是一门研究旅游消费活动中行为规律的科学。《旅游消费者行为》主要介绍旅游消费者行为的基础理论及应用，撰写过程中特别融入课程思政的教学内容。本书坚持"理论够用、突出学生职业能力培养"的原则，采用能直接反映当前旅游业现状的案例，深入浅出地阐述旅游消费者行为的有关知识，注重提高学生分析、解决实际问题的能力。

本书可作为高等院校旅游管理、酒店管理、会展经济与管理、烹饪营养与教育等专业的教学用书，也可作为旅游类企业的岗位培训用书和社会读者自学用书。

图书在版编目（CIP）数据

旅游消费者行为 / 米冰，焦爱丽主编 . —北京：清华大学出版社，2022.10(2025.1重印)
21 世纪经济管理新形态教材 . 旅游管理系列
ISBN 978-7-302-61972-7

Ⅰ . ①旅…　　Ⅱ . ①米…②焦…　　Ⅲ . ①旅游—消费者行为论—高等学校—教材　　Ⅳ . ① F590

中国版本图书馆 CIP 数据核字（2022）第 181519 号

责任编辑：徐永杰
封面设计：汉风唐韵
责任校对：王荣静
责任印制：沈　露

出版发行：清华大学出版社
　　　　网　　　址：https://www.tup.com.cn，https://www.wqxuetang.com
　　　　地　　　址：北京清华大学学研大厦 A 座　　邮　编：100084
　　　　社 总 机：010-83470000　　　　邮　购：010-62786544
　　　　投稿与读者服务：010-62776969，c-service@tup.tsinghua.edu.cn
　　　　质量反馈：010-62772015，zhiliang@tup.tsinghua.edu.cn
印 装 者：大厂回族自治县彩虹印刷有限公司
经　　销：全国新华书店
开　　本：185mm×260mm　　印　张：17.5　　字　数：302千字
版　　次：2022 年 12 月第 1 版　　印　次：2025 年 1 月第 4 次印刷
定　　价：56.00 元

产品编号：096210-01

前　言

《中华人民共和国国民经济和社会发展第十四个五年规划和 2035 年远景目标纲要》《中国教育现代化 2035》等文件对旅游业的下一步发展提出了更高的要求。"十四五"期间，我国将全面进入大众旅游时代，旅游业的发展仍处于重要的战略机遇期，但机遇和挑战都有新变化。高速发展的旅游业对旅游业的相关研究和旅游教育均提出了较高的要求。旅游消费者行为的研究与运用，有助于不断提升旅游服务质量、旅游管理水平，进而推动旅游业的快速发展。

旅游消费者行为是一门研究旅游消费活动中行为规律的科学。本书重点阐述相关理论及其在旅游活动实践中的应用，详细介绍旅游消费者行为的基本内容，探讨旅游者与旅游从业人员的行为互动关系等内容，体现综合性、实用性及创新性。作者从旅游行业发展和旅游教育教学的实际出发，结合学生的个性特点和学习规律，融合旅游消费者行为的最新理论研究成果和旅游行业最新实践经验，通过总结长期教育教学实践经验，从全新的角度，力求全面、系统地阐述旅游消费者行为的理论、方法及其在实践中的应用。本书可为安排旅游设施、开发旅游资源、增加旅游活动的内容和方式提供依据，为提高旅游企业管理与服务水平提供理论指导。

本书主要介绍旅游消费者行为的基础理论及应用，撰写过程中特别融入课程思政的教学内容。本书坚持"理论够用、突出学生职业能力培养"的原则，采用能直接反映当前旅游业现状的案例，深入浅出地阐述旅游消费者行为的有关知识，注重提高学生分析、解决旅游实际问题的能力。

"旅游消费者行为"是旅游管理、酒店管理、会展经济与管理、烹饪营养与教育、旅游管理与服务教育等专业开设的主干课。本书共有 13 章，内容涉及旅游消费者行为概述，以及感知、学习、需要动机、个性、态度、情绪情感、文化、群体、决策、体验、购后、服务等与旅游消费者行为之间的联系。

本书的编写人员均为具有多年理论和实践教学经验的一线教师。编写组成员的职称、学历结构合理，有过多次合作经历，能够实现有效的沟通和交流。主编米冰和焦爱丽具有十余年的旅游心理学和旅游消费者行为的教学经验，同时在吉林省的多家院校承担本课程的教学工作。

本书的编写分工为：长春大学旅游学院麻松参与编写第一～三章；吉林工商学院卢艳丽参与编写第四～六章；长春大学旅游学院吕琦参与编写第七～九章；吉林工商学院赵畅参与编写第十章；吉林工商学院王梓参与编写第十一章；白城师范学院姜乃源参与编写第十二章；吉林工商学院陆春婵参与编写第十三章；吉林工商学院米冰和焦爱丽负责全书的统撰工作。

如果本书能够对各位有所帮助，将是笔者莫大的荣幸。最后，竭诚希望广大读者对本书提出宝贵意见，以促使我们不断改进。由于时间和编者水平有限，书中的疏漏和错误之处在所难免，敬请广大读者批评指正。

编者

2022 年 8 月

目　录

本书思维导图

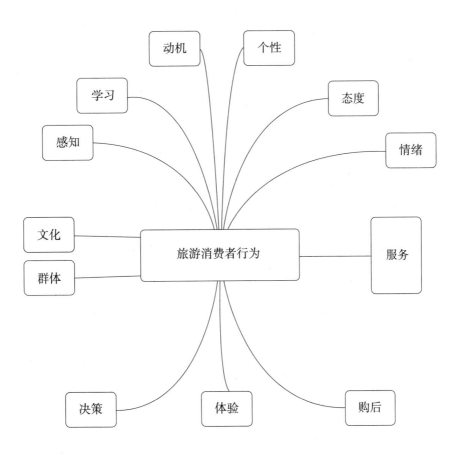

第一章　旅游消费者行为概述

【学习目标】

1. 了解旅游消费者行为的相关概念和基本理论来源。

2. 熟悉影响旅游消费者行为的心理、环境、过程等因素。

3. 掌握研究旅游消费者行为学的意义和方法。

【能力目标】

1. 了解旅游消费者行为学基本理论来源，能自主查阅相关资料。

2. 熟悉影响旅游消费者行为的因素，具备分析和解决问题的思辨能力。

3. 掌握定量分析和定性分析相结合的方法，能在实践中解决相关问题。

【思政目标】

1. 了解旅游消费行为学的基本理论，具有辩证唯物主义的求知观。

2. 熟悉影响旅游消费者行为的因素，具有专业认同感与事业心。

3. 掌握旅游消费者行为学的研究方法，具有实事求是地研究问题的工匠精神。

【思维导图】

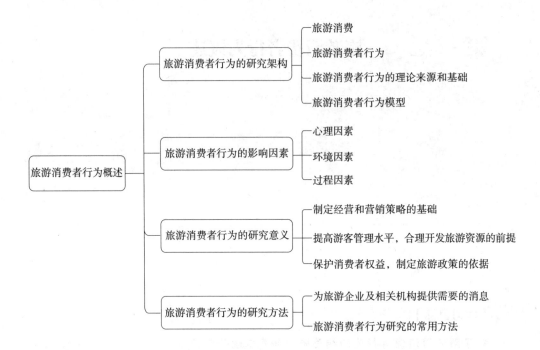

【导入案例】

一家五口三代人的假期

米老师是一名讲授旅游与酒店管理专业课程的大学教师，每到假期都带着一家五口人外出旅游。

多年的专业教学，使米老师一直都想亲自考察一下世界旅游与酒店业最为发达的欧洲；女儿受家庭的影响，将来想从事旅游与酒店管理行业，所以也想去欧洲增长一下见识、感受一下语言环境；妻子对欧洲完善的接待比较向往，特别是对住宿条件和旅游安全性较为在乎；孩子的爷爷奶奶虽然经常旅游，但还从未走出过亚洲，也想对比一下东西方文化的差异。

于是，米老师根据自己多年的教学经验搜集了相关信息，同时向去过欧洲旅行的朋友和同事了解情况，也咨询了在旅行社欧洲部工作的弟子薛雨静，最终决定参加长春文化国际旅行社组织的为期一个月的欧洲十五国高品质旅游团。

旅程结束，无论是食、住、行、游、购、娱还是接待服务，米老师一家都非常满意。五口人的期望都得到了满足，全家人度过了一个愉快的假期。

问题：

1. 哪些因素影响米老师一家对旅游产品的选择和购买？

2. 怎样理解旅游活动是"花钱买经历"的消费？

第一节　旅游消费者行为的研究架构

一、旅游消费

1. 旅游消费的范畴

旅游消费是旅游主体在有时间保证和资金保证的情况下，在整个旅行游览活动中为满足自身发展和享受的需要而购买的各种物质产品、精神产品和服务的总和。简而言之，旅游者为了旅游而进行的消费，以及在旅途中和在旅游目的地的全部开销，都属于旅游消费的范畴，如图 1-1 所示。

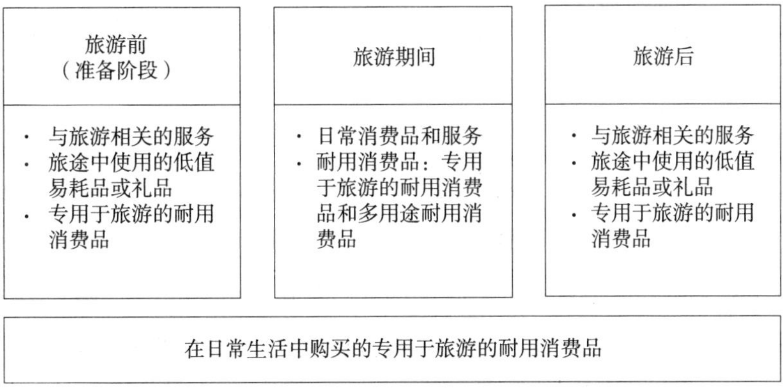

旅游前 （准备阶段）	旅游期间	旅游后
· 与旅游相关的服务 · 旅途中使用的低值易耗品或礼品 · 专用于旅游的耐用消费品	· 日常消费品和服务 · 耐用消费品：专用于旅游的耐用消费品和多用途耐用消费品	· 与旅游相关的服务 · 旅途中使用的低值易耗品或礼品 · 专用于旅游的耐用消费品
在日常生活中购买的专用于旅游的耐用消费品		

图 1-1　旅游消费的范畴

2. 旅游消费的特点

人们在一生中要消费许许多多的产品和服务。有的消费是基于生理需要，有的消费则是基于发展、享受等社会性需要。旅游消费具有以下特点：

（1）综合性。从旅游消费的构成来看，旅游消费是综合性的消费，既包含满足旅游者旅游过程中生理需要的消费，也包含满足旅游者发展和享乐需求的消费。旅游消费的综合性主要体现在其消费内容、消费对象及旅游结果上。首先，从消费内容来看，旅游消费包括了对核心旅游产品、旅游媒介产品和旅游纪念品等的消费。而核心旅游产品从类型上来说又包含了观光型、休闲度假型、消遣娱乐型、文化科普型、宗教朝觐型、公务商务型及家庭个人事务型等形式。其次,从消费对象来看,为了实现旅游目的,旅游者必须凭借某种交通工具,在旅途中必须购买一定的生活必需品和旅游用品,解决吃饭、住宿等问题,是集食、住、行、游、购、娱于一体的综合性消费活动。最后,从旅游结果来看,旅游消费不仅满足了旅游者的精神享受需要、陶冶了情操、提高了身体素质,同时还开阔了视野、增长了知识。

(2)体验性。从旅游消费结构层次来看,消费者主要追求的是精神上和文化上的发展和享受。在体验经济时代,随着旅游者旅游经历的日益丰富,旅游消费观念的日益成熟,旅游者对体验的需求日益高涨,他们已不再满足于大众化的旅游产品,更渴望追求个性化、体验化、情感化、参与化以及休闲化的旅游活动。

旅游消费的体验过程始于消费之前,并延续到消费之后,可分为:之前的期望阶段——期盼旅行带来预期的收获;前往目的地阶段——力求尽量方便、快速到达;在目的地度过阶段——感受异地自然、文化、风情等,获得认知和满足;返程阶段——主客地两种环境和情景的对比性感受与理解;回程后的追忆阶段——回味,加深认知和理解并计划下次旅行体验。

(3)消费与生产的共时性。一般物质产品的生产、交换和消费是三个相对独立的环节,先有生产,然后才进行交换和消费。但由于旅游消费对象在空间上是固定的,所以,旅游消费具有暂时性、异地性以及与生产的共时性。旅游消费的异地性在于对旅游目的地来说,旅游者具有在空间上离开其"个体经济利益中心"的"非居民"身份。同时,旅游消费的异地性又决定了可能的高风险性,导致旅游消费的购买必然很谨慎。旅游者离开常住地,亲自到旅游目的地才能实现旅游产品的交换,而服务的提供必须以旅游者的实际购买为前提。因此,旅游消费具有强烈的共时性。

(4)不可重复性。由于旅游产品的不可转移性和不可储存性,旅游者通常只有通过支付货币才能获得对消费对象观赏或使用的权利,而对于所购买的旅游产品,消费者并不能像对其他消费品那样获得其所有权,而只是获得暂时的使用权,一旦旅游活动结束,旅游者就失去了对该旅游产品的使用权,若要再次享受该旅游产品,必须重新购买。对于以劳务活动的形式存在的旅游服务来说,时间性更突出,不仅其使用价值对旅游者来说是暂时的,而且随着服务的时间、场合及服务人员心情的变化,即使是同一服务人员提供的服务,其标准和质量也会相差很多,因此，旅游者对旅游产品的消费是不可重复的。

（5）旅游消费的弹性。由于旅游消费是一种非基本生活消费，与旅游者的收入、职业、年龄、性别、受教育程度、宗教信仰、个人偏好，旅游产品的价格，旅游地的社会经济发展水平、风俗习惯，汇率的变动方向，国家间（尤其是客源国和目的地国之间）政治经济关系等因素有着密切的联系。这些因素的任何微妙的变化都可以直接地或间接地改变人们对旅游消费的倾向和态度，从而影响旅游消费。另外，旅游产品价格的季节性变化也会对旅游消费造成影响。

现在，学术界普遍认为，旅游消费是高层次的社会性消费，它是在一定社会经济条件下发生和发展的，受社会风气影响和制约的一种社会经济文化活动。

二、旅游消费者行为

1. 旅游消费者行为的定义

一般认为，旅游消费者行为是由两部分构成的：①旅游消费者的行为，即购买决策的实践过程。②旅游消费者的购买决策过程，主要是指旅游消费者在购买实践之前的心理活动和行为倾向（吴清津，2006）。

曹诗图提出旅游消费行为是旅游者选择、购买、使用、享受旅游产品、旅游服务及旅游经历，以满足其需要的过程。旅游消费行为有广义和狭义之分。广义的旅游消费行为包括从旅游需要的产生、旅游计划的制订到实际旅游消费以及旅游结束回到家之后产生的感受（满意程度）的全过程。狭义的旅游消费行为则强调行为是一种外在的表现，因此旅游消费行为仅指旅游者的购买行为以及对旅游产品的实际消费。

本书认为：旅游消费者行为是指旅游者为了满足在旅游过程中获得愉悦、审美以及逃离现有状态等体验的需要，选择并购买旅游产品的过程。这个过程包括出游前需要的产生、决策过程、在旅游目的地的消费、购后评价和服务等几个主要环节。

2. 旅游消费者行为的特点

（1）具有复杂性。旅游消费者行为包括：①从过程上看，一般产品消费过程可划分为购买、消费、处置三个可明显分离、依序发生的阶段。这三个阶段在旅游消费过程中并非泾渭分明，尤其是随着现代资讯的发展，网上预订、网上支付成为常见的方式后，旅游消费者的购买阶段和消费阶段并没有明显的分界线。②从行为上看，旅游者在消费之前和消费过程中会受到旅游者的态度、动机、认知、经历及其所处的社会、经济、文化背景的影响。旅游消费者往往在购买旅游产品的同时就开始评估旅游经历，并在整个消费过程中以及消费之后继续评估自己的旅游经历，而不是像有形产品消费者那样，在使用产品之后才开始评估产品。而且，旅游消费者对旅游消费的评估往往夹杂着主观性较强的情感因素。此外，与有形产品相比，在大多数旅游消费过程中都不存在处置阶段。所以，旅游消费者行为是一个复杂的过程。

（2）旅游动机驱使。旅游消费以及旅游消费者的行为，毫无疑问地将受到旅游动机的驱动。旅游消费者行为的多样化，也是旅游动机多样化的必然结果。不同的旅游动机，所表现出来的旅游消费行为是不一样的。例如，旅游者所持的是审美型旅游动机，则他所要选择的旅游目的地应该是风光独特的景区，或者是历史文化遗产地，又或者是极具地方特色的少数民族地区；若是出自商务旅游动机，旅游者则会选择都市区，其食住行等方面的行为就会与审美型的旅游行为有所不同。

（3）具有个体差异性。从人口学特征的角度看，每个旅游消费者的学历、收入、年龄、职业信仰等，是不完全相同的。即使有一部分旅游消费者具有相似的人口统计学特征，其生活方式和个性也不会相同。因此，每个旅游消费者的行为、爱好等就会有个体差异化的特征。这也给旅游目的地的接待工作带来了不小的困难。这就要求旅游接待单位在确保标准化服务的基础上，最好能够做到个性化服务，最大限度地满足旅游消费者的合理需求，给旅游消费者留下难忘的回忆。

（4）具有异地性。旅游消费者的消费活动是发生在独立于日常生活世界的旅游世界中，也就是发生在异地的情境下（也称二元空间）。在常居地的日常生活中，人们对旅游产品的消费不能称其为旅游消费。因此，旅游消费者行为具有异地性，如一家三口去他们家附近的五星级酒店吃饭，并不能称其为旅游消费行为，而当他们离开常住地去往并不熟悉的国外，感受异地风土人情、奇山秀水，在求新、求异、求美、求乐等动机的催动下实现旅游消费的行为，才能称为旅游消费行为。

三、旅游消费者行为的理论来源和基础

旅游消费者行为是在多门学科的基础上建立起来的交叉学科，心理学、社会学、人类学、经济学和消费者行为学等学科是旅游消费者行为学研究的主要理论来源和基础。

1. 心理学

心理学是研究人的心理活动发生、发展和变化规律的科学。每个人的各种活动都是在心理活动的调解下，才能得以正常的进行。心理活动是具有内隐性的，行为是外显的，外显的行为受内隐的心理活动所支配。心理和行为之间是有一定的活动规律。因此，心理学既研究人的心理，也研究人的行为，是将人的心理和行为作为一个整体进行研究的。

心理学的研究领域极其广泛，分支学科也很多。但不论研究哪一领域的心理学，都必须以普通心理学为基础。普通心理学是心理学的主干分支学科，它的研究对象是一般正常人的心理现象及其基本规律。普通心理学把个体身上所发生的心理现象主要分成心理过程和个性心理两个方面。

1）心理过程

心理过程是指人对现实的认识过程，是人们心理活动的主要方面，它包括认识过程、情感过程和意志过程三个方面。

（1）认识过程是最基本的心理过程，它包括感觉、知觉、记忆、想象和思维等。

（2）情感过程是一种极其复杂的心理过程，按其社会内容可以分为道德感、理智感、美感等三种类型。

（3）意志过程就是人自觉地确定目的，并支配行动、克服困难、实现目的的心理过程。它具有两个特征，一是意志活动是有目的、有意识的心理活动；二是意志对人的行为有调节功能。

认识、情感、意志三个过程是紧密联系的。对事物有了认识就产生了一定的情感和意志。我们对旅游工作认识越深刻，就越热爱旅游职业，而这种爱岗敬业的情感，又成为积极工作、服务人民、奉献社会的意志和动力。反过来，对旅游事业的深厚情感和兴趣，又会加深人们对旅游事业的认识和理解，使认识过程不断深化。

2）个性心理

个性心理包括个性倾向性与个性心理特征。

（1）个性倾向性是指一个人所具有的意识倾向，也就是人对客观事物的稳定态度。它是人从事活动的基本动力，决定着人的行为方向。个性倾向性包括需要、动机、兴趣、信念和世界观等。世界观在个性倾向各成分中居于最高层次，决定着人总的意识倾向。

（2）个性心理特征是一个人身上经常表现出来的本质的、稳定的心理特点。个性心理特征包括气质、性格和能力等。人们在认识事物和改造事物的过程中，不仅有各种个性倾向，还会表现出个人的不同特点。由于每个人的遗传因素、生活环境不尽相同，因此，人与人之间在心理风格和气质上存在着差别，形成人的个性心理特征。

心理过程和个性心理是密切联系着的，它们是同一个事物的两个不同方面。个性心理是通过心理过程形成和发展的。同时，已形成的个性心理又制约着心理过程，并在心理过程中表现出来，如图1-2所示。

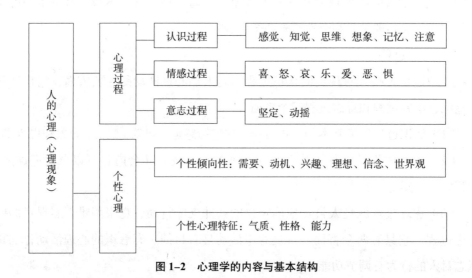

图1-2　心理学的内容与基本结构

2. 社会学

社会学是研究社会结构及其内在关系与社会发展规律的学科，它侧重于对社会组织、社会结构、社会功能、社会群体等的研究。社会学在研究社会结构、社会发展的过程时，必然涉及人类的社会需要、社会心态、社会意向等现象，上述社会现象又反过来影响参与其中的个体或人的行为。所以，社会学的一些理论，对于考察、分析消费者行为是极有价值的。例如，运用社会学的观点分析文化和亚文化是如何影响旅游消费者的；不同社会阶层的旅游消费者存在差异，那么社会阶层是如何影响旅游消费者的购买偏好的；旅游者与目的地居民有着什么样的关系等。另外，对社会角色的研究也是社会学研究的一项重要内容。在旅游研究领域中，也需要从分析角色入手，分析旅游者在旅游活动中扮演的不同角色以及社会角色对旅游消费者行为的影响。社会学将旅游消费者行为的研究置于更为广阔的社会文化背景中，更贴近现实空间，有助于更好地开展研究。

3. 人类学

人类学是用历史的眼光研究人类及其文化的学科。它包括对人类起源、种族区分，以及物质生活、社会构造、心灵反应等原始状况的研究。人类学对旅游消费者行为研究的价值主要体现在两个方面：一是研究方法；二是关于神话、宗教、民间传说、民俗等方面的研究。人类学的跨文化比较研究，为探究旅游活动这类跨文化现象如何影响旅游者消费行为提供了很好的借鉴。人类学的调查方法有助于更好地了解人类真实、自然的事件和活动，在旅游消费者行为的研究中具有重要意义。人类学关于神话、宗教、民间传说、民俗等方面的研究对分析旅游消费者的行为有直接的运用价值，特别是不同族群信仰、禁忌在旅游者的消费行为中会直接表现出来。例如，从对饮食、旅游纪念品图案、房间号码、出行日期等的选择上，都可以看出这些因素对旅游消费决策的直接影响。要了解影响旅游消费决策的真正因素，必须有针对性地了解不同文化群体的核心信仰、价值观念、风俗习惯，乃至其产生的背景和传承状况。人类在发展过程中不断形成新的信仰、价值观、理念，这也是人类学所考察的重要内容，如环保、绿色理念、人文价值等会对旅游消费者行为和购买决策产生直接影响。

4. 经济学

经济学是一门研究稀缺资源如何配置和利用的社会学科。经济学家们认为，消费者的心理趋同是影响社会资源最终配置的重要因素，而资源的合理配置与否又直接制约着消费者的消费行为。经济学是以数量分析为基本分析方法的，它着眼于经济产物的表面联系，把各种经济关系看成是若干变量之间的数量关系，由此建立的边际效率递减规律、理性预期理论、无差异理论、消费者剩余理论等都是经济学关于消费者行为研究的成果。这些经济学原理常被用来分析影响旅游消费者行为的经济性因素，如可支配收入、旅游产品价格、利率、汇率等。

5. 消费者行为学

自 20 世纪七八十年代以来，有关消费者行为的研究不断发展，主要形成了信息处理、经验主义、行为主义三种研究范式。

（1）信息处理范式。目前，信息处理范式是消费者行为研究领域的主流。该范式将消费者看作合理解决问题的人或合理的购买决策者。研究的前提是，消费者是为了评价产品的特性或技能性的利益而搜寻或利用信息的。它将消费者的购买过程划分为认知问题、搜寻信息、评价方案、购买行为、购后行为5个阶段。该范式以认知心理学、实验心理学和部分经济学原理为理论基础，主要采取实证主义研究方法。

（2）经验主义范式。这一研究范式的焦点在于消费者行为的主观性和象征性，把研究的重点放在产品提供的情感性利益上，认为消费者有时不一定经过合理的购买决策过程而购买产品，而是为了获得情绪或情感上的快乐感、兴奋感来购买产品，包括寻求多样性的购买。消费者为了消除厌恶或者得到新鲜感而改变品牌选择的时候就会寻求多样性的购买决策。该研究范式认为以休闲产品为代表的购买行为具有浓厚的体验色彩，其购买目的在于获得情感上的快乐。这一研究范式的理论基础来源于动机心理学、社会学以及文化人类学，主要采用阐释主义方法论。

（3）行为主义范式。行为主义范式是一种崭新的研究范式。它的研究前提是，消费者购买产品的时候不仅受到情感或信念方面因素的影响，而且还受到环境方面的影响。消费者在环境影响下购买产品的时候就不一定经过合理的决策过程或者仅凭情感来购买产品。这时消费者的购买行为直接受文化、社会群体、经济等环境因素的影响。这种研究范式主要采用实证主义研究方法。

四、旅游消费者行为模型

学术界对旅游消费者行为的研究，是不断深入的过程。迄今为止，西方学者已经构建了不少旅游消费者行为模型。建立旅游消费者行为模型的目的，就是将现实生活中旅游消费者复杂的行为过程加以简化，以便把握旅游消费系统中的关键因素（如消费者的态度、环境因素、购买行为等）以及影响旅游消费者行为的各种因素之间的关系。最有代表性的研究模型有：以米德尔顿（Middleton）为代表的"刺激—反应"模型和以吉尔伯特（Gilbert）为代表的"需要—动机—行为"模型。

1. "刺激—反应"模型

"刺激—反应"模型是建立在行为主义心理学关于人的行为是外部刺激作用的

结果这一基本理论的基础上的。该理论认为，行为是刺激的反应。当某行为的结果能满足人们的需要时，在这样的刺激下，行为倾向于重复；反之，行为则趋向于消退。因此，从一定意义上说本次行为是上次行为得到强化的结果。

米德尔顿（1988）提出了适用于旅游消费者行为的"刺激—反应"模型。该模型包含四个部分，即刺激输入、沟通渠道、购买者的特征和决策过程、购后和消费后的感觉。其中，购买者的特征和决策过程是核心，刺激输入和沟通渠道是影响旅游消费决策的输入部分，购后和消费后的感觉是旅游消费决策的输出部分。

在该模式中，市场上的各种旅游产品通过广告、促销活动、个人推销等手段成为影响旅游者购买的刺激因素。另外，诸如朋友、家庭、参照群体也以自身的看法和评价影响旅游者的购买决策。旅游者通过个体的学习、知觉以及经验对所接受的信息进行过滤。经过过滤的外部刺激通过旅游者个体的态度等心理因素及人口统计、经济和社会等因素共同影响旅游需要及动机，并最终促成购买行为的产生。购买者购买后的满意程度则直接形成购买消费经验，购买经验又在新一轮购买行为中产生影响。

米德尔顿提出的这一"刺激—反应"模型，不仅有助于人们理解影响旅游消费者购买行为的基本因素以及这些因素的关联关系，而且有助于指导旅游营销者在研究和把握目标市场特点的技术上，通过对旅游产品及营销传播手段的设计，去引发目标市场人群的购买动机。

2. "需要—动机—行为"模型

"需要—动机—行为"模型由吉尔伯特（1991）提出，主要由旅游者的需要、动机以及行为构成旅游消费行为的周期。当旅游者产生旅游需要而未得到满足时，就会引起一定程度的心理紧张。当出现满足需要的目标时，需要就会转化为动机，动机推动旅游者进行旅游购买。当旅游者的需要通过旅游消费活动得到满足时，心理紧张感就会消失。购买及消费结果又会影响到新的需要的产生，于是开始了一个新的过程。

研究认为旅游者的旅游需要受社会因素（社会阶层、相关群体、家庭、地位和角色）、文化因素（文化、亚文化）以及经济因素（经济周期、通货膨胀率、利率）等外部宏观因素以及个人的人口统计因素（年龄、健康状况、常住位置、性别、职业）和个人心理因素（动机、知觉、学习、态度及人格）的影响，在从旅游动机到行为产生的过程中，旅游者会主动搜寻信息，并同时接受来自旅游目的地及企业的信息，以供决策使用。这时，行为的产生受到旅游营销活动的影响。旅游者的心理因素也限制着外界信息的输入与加工，最终影响到旅游购买行为。最后，旅游购买行为会对旅游营销活动以及旅游者新的旅游需要产生作用，影响下一次旅游购买活动。

第二节　旅游消费者行为的影响因素

从消费者的旅游意识被唤醒，到做出旅游决策、形成旅游体验和评价，在这整个旅游消费过程中，影响旅游消费者行为的因素可以大致分为三大类：①消费心理层面上的因素，如旅游消费者的感知、学习、动机、态度、个性、情绪和情感等。②文化、群体等影响潜在旅游者的抉择、旅游目的地的确定及现实购买行为的环境因素。③决策、体验、购后、服务等影响旅游消费者改变心理活动制订旅游计划的过程因素。

一、心理因素

1. 感知

旅游者的感知是指将外部世界的旅游信息转换为内部思维的过程。旅游产品的品质、价格和其他营销刺激都要通过旅游消费者的感知过程发挥作用。旅游消费者把来自旅游企业或社交网络的旅游信息与自己的旅游经验和知识结合起来，形成对旅游产品的判断。不同旅游消费者对同一刺激物所产生的感知是不同的。例如，搭乘同一航班，有的旅游者觉得风险很大，有的旅游者觉得风险很低。旅游者对旅游产品或旅游目的地的感知，是旅游者做出抉择的重要依据。

2. 学习

旅游者在消费过程中会遇到不少问题，要解决这些问题，就得积累经验，收集信息，学习怎样消费。旅游消费者的学习与感知相关，通过感知信息，丰富知识与技能，适应新的环境。除自身的旅游经历之外，旅游消费者可以通过商业环境了解旅游目的地、旅游产品和服务。对于缺乏经验的旅游消费者而言，更重要的信息来源可能是亲友的介绍和推荐。获取信息后，旅游者会用联想的方法把信息储存在大脑里，并通过联想产生新的信息，完善自己的知识结构。例如，把某一度假地与气候、文化、自然环境以及旅游者的感觉等诸多不同的特征联系起来，以便将来做出明智的消费决策。

3. 动机

动机是激发人的活动，并使人的活动持续指向一定目的的心理倾向。许多研究人员认为动机是旅游行为的主要决定因素，旅游动机促使旅游者寻求能缓解或消除其当前紧张状态的旅游目的地和旅游产品。理解旅游者的动机有助于解释旅游者为什么会去旅游，为什么会在旅游市场上购买产品或服务。迄今为止，旅游动机仍是研究人员热衷研究的难题。

4. 个性

个性反映了一个人持久、独特的心理特征。心理学家认为个性是个人经历积淀的产物，它远远超出了社会人口统计学的范畴。个性因素决定了不同消费者在面临类似环境时会做出的独特反应，而且这种独特的反应不会轻易改变。1972年，普洛格（Plog）发表了探讨个性特征对旅游消费行为影响的著名论著。他把航空公司的乘客划分为心理中心型和多中心型，前者更为内向、忧虑和羞怯，后者更为外向、自信、喜欢冒险。他认为，多中心型旅游者更喜欢新奇的目的地，开展未经组织的旅游，并且更多地融入当地的文化；心理中心型旅游者更倾向于参加包价旅游，前往熟悉的目的地或常规的游览区。

5. 态度

态度是旅游者对人、事、活动等态度对象稳定的基本看法。旅游消费者可能喜欢或不喜欢某个产品、某个广告、某个企业、与某一产品相关的行为。旅游消费者的态度甚至可以更广泛地指向与旅游相关的某类行为。心理学研究表明，消费者的态度一旦形成，就会产生特定的偏好和行为倾向，并进一步影响旅游决策。态度可以帮助旅游者在旅游市场上做出购买决定。当消费者对备选产品进行比较时，会从其中选出最为喜欢的一种产品。因此，旅游企业往往十分关心旅游者对产品和服务所持的态度，以及怎样才能改变旅游者的态度。

6. 情绪和情感

情绪和情感是人对客观世界的一种修饰的反映形式，是人对客观事物是否符合自己需要的主观体验。需要指出的是，广义上的情绪（emotion）包含情感（feeling），狭义上的情绪与情感通常并列，且互相有所区别与联系。具体而言，情绪常指那种由个体的需要是否得到满足而产生的心理体验，情感则是人与人在历史发展中所产生的社会关系。

旅游者的消费过程，既是对信息进行加工处理的认知过程，也是一个情感体验过程。在度假旅游中，旅游者更是把追求乐趣、实现幻想视为旅游的重要目的，旅游目的地和旅游服务，是帮助旅游者获取感官享受、实现"白日梦"的媒介。因此，旅游消费者在旅游经历中的情绪也是影响旅游消费行为的重要因素。

二、环境因素

1. 文化因素

文化是一个组织或社会成员共同的价值观念和信念，共同遵守的习俗、仪式、规范和传统。旅游活动本身就是一种文化生活。旅游者的文化背景决定了他们的价值取向、对旅游的重视程度及对不同旅游活动和产品的偏好。因此，虽然不少旅游者出游的主要目的就是了解其他地区的风土人情和文化，但符合旅游者文化偏好的旅游产品和服务往往更容易被旅游者接受。

文化对旅游者的影响往往是潜移默化的，有时甚至连旅游者本人都没有意识到文化因素的影响。例如，体育活动是一种重要的文化价值取向，它对度假旅游的活动内容产生着广泛的影响。高尔夫、网球、滑雪和潜水等体育活动是大多数欧洲和美洲旅游者娱乐旅游的首要动机，而不是旅游的附加产品。但是在中国，人们在旅游活动中通常不会首先考虑体育活动，而是更重视增广见闻。在出游时间上，中国人通常在重阳节则会选择一些短途的登高游憩活动。

2. 群体因素

群体是指通过一定的社会关系结合起来，成员间相互依赖、彼此间存在互动的集合体。从社会心理学的角度来看，简单的统计集合体、围在路边看热闹的人群、喜欢看电视新闻的观众等不能归入群体之列。因为这些集合体的成员之间不存在依附关系，在多数情况下彼此间毫无影响。而篮球队、家庭、同班同学等，则可称为群体，因为其成员是为了共同目标而组合在一起的，彼此间不但有面对面的接触，而且有频繁的互动。

家庭是一个主要的参照群体，它决定了我们大多数人的行为准则。在现代社会中，家庭仍是许多人生活中最重要的部分，与家人一起出游度假是十分常见的现象。因此，旅游消费者往往不是独立做出决策，而是以家庭为单位共同商议做出旅游度假的决策。

社会阶层是根据地位和名望对社会公众进行阶层划分的结果。财富和收入状况、职业状况、受教育程度、居住地等因素，决定了消费者属于哪一个社会阶层。同一阶层成员往往具有类似的价值观念、兴趣爱好和行为方式，其生存状态和支配财富的方式也比较接近。不同社会阶层的消费者在获取资源的机会、生活方式和情趣等方面有较大的差异，具体表现在衣着、娱乐爱好和其他许多方面上。

三、过程因素

1. 决策

旅游消费者从消费需求、消费动机到购买决策，再到购买的实现要经过一个由心理到行为的转换过程，这便是消费者的购买决策过程，也是从旅游消费者的角度来划分的旅游消费行为，旅游消费者对旅游地和旅游服务的选择，实质上也是一种消费和购买行为。所谓旅游消费决策，是指个人根据自己的旅游目的，搜集和加工有关的旅游信息，提出并选择旅游方案或旅游计划，并最终把选定的旅游方案或旅游计划付诸实施的过程。（邱扶东等人，2004）

2. 体验

以"体验"为经济提供物的体验经济是继农业经济、工业经济和服务经济之后的新经济形式。在体验经济时代，随着旅游者旅游经历的日益丰富，旅游消费观念的日益成熟，旅游者对体验的需求日益高涨，他们已不再满足于大众化的旅游产品，更渴望追求个性化、体验化、情感化、参与化以及休闲化的旅游活动。自20世纪70年代以来，旅游体验研究逐渐成为国外旅游学界的热点课题。自20世纪90年代以来，国内旅游学界对旅游体验的研究也有所增加。

3. 购后

旅游购买后行为（简称购后）是旅游消费者决策过程的一个阶段。在该阶段，旅游消费者根据他们是否满意已购买的旅游产品来采取进一步的行动。它包括一些在旅游产品使用后可能产生的心理活动（满意与否）以及旅游消费者发生在购买以后的典型行为（获得满意后的重复购买，从而产生的忠诚，或者感到不满意后对相应企业的投诉）。针对旅游消费者的这些心理活动和行为，旅游企业营销人员在旅游消费者购买之后可采取相应措施来增加旅游消费者的满意度和未来的销售量。

4.服务

服务，意思是为他人做事，并使他人从中获益的一种有偿或无偿的活动。旅游服务是服务人员通过各种设备、设施、方法、手段、途径和"热情好客"的种种表现形式，在为旅游者提供能够满足其生理和心理的、物质和精神的享受需要过程中，创造一种和谐的气氛，产生一种精神的心理效应，从而触动游客的感情，唤起游客心理上的共鸣，使游客在接受服务的过程中产生惬意、愉快感，进而乐于交流和消费的一种活动。从心理学角度来看，服务作为一种特殊的人际交往活动，有心理方面和功能方面的作用。

总之，影响旅游者消费行为的因素是多方面的，既包括感知、学习、需要动机、个性、态度、情绪和情感等具有持续的行为影响力且与个体紧密相连的个人心理因素，也包括对消费者具有长期影响的文化、群体等环境因素，以及在特定时空条件下影响旅游消费者活动的过程因素。其中，有些因素对旅游消费者行为产生直接影响，有些因素对旅游消费者行为产生间接影响。更常见的情况是，多种因素在一起共同影响旅游者的消费行为。

第三节　旅游消费者行为的研究意义

随着全球经济的发展、人们生活水平的提高、可支配收入的增加、休闲参与方式的多样化及人们商业活动范围的扩大，旅游和旅行已经成为商业（商务）活动的重要形式，人们会如何消费旅游产品成了旅游业研究的热门话题。旅游者对旅游目的地和旅游产品的信息接收、感知、选择和决策过程是旅游者消费行为的主要表现。努力探寻旅游消费形成的决定因素既是学术研究也是行业关注的焦点（匹赞姆、曼斯菲尔德，2005）。所以，对旅游消费者行为的研究具有重要意义，主要表现在以下方面：

一、制定经营和营销策略的基础

1. 有助于旅游企业了解市场特点，制定经营和营销策略

旅游企业抓住新商机的主要任务是在以前未曾服务过的地区提供服务，以及认清成长的市场并及时推出新型服务。为此，旅游企业要从人口统计、心理或行为角度来判断潜在消费者的特点，确切地知道他们需要什么，他们对旅游产品的态度是

什么，哪些因素影响着他们的购买行为，以及他们愿意把钱花在什么地方。研究旅游消费者行为有助于旅游企业预测潜在消费者未来的购买状态，知道谁会在特定时间成为特定旅游产品的目标客户，准确判断应该在什么时候介入消费者的购买过程，劝说消费者购买本企业的产品和服务。在此基础上进行科学决策，才能提供符合消费者特定需求的产品和服务，减少企业的经营风险，使企业进入更好的经营状态。

随着人民生活水平的提高，原来受到抑制的旅游需求将会逐渐地转变为有效需求。此外，随着时代和审美品位的变化，旅游者也会不断地产生出新的旅游需求。旅游企业必须经常性地研究旅游消费者的行为变化趋势及变化的原因，才能把握先机，为企业的发展开拓市场空间。

除了设计适合目标市场的产品和服务之外，旅游企业研究旅游消费者行为，了解他们购买旅游产品和服务的原因，可以合理地确定产品和服务组合的价格，选择行之有效的广告宣传方式，选择合适的分销渠道。

2. 有助于旅游企业提高经营水平，与旅游者建立长期合作关系

由于吸引一个新客户的营销成本往往要比留住一个老客户的代价更高，越来越多的旅游企业把与客户建立长期关系作为基本的竞争策略。从 20 世纪 80 年代起，美洲航空、美国西南航空等航空公司开始利用计算机系统的历史销售数据了解乘客旅行方式，推行常客奖励计划，以优惠的价格为飞行里程多的乘客提供机票、长途电话服务、旅行社和连锁酒店服务等多种奖励，刺激他们频繁地乘坐本公司的班机进行长途旅行，以便获得乘客对本公司品牌的偏爱。早期的常客奖励计划取得了巨大的成功。然而，随着欧洲、亚洲和远东各主要航空公司纷纷效仿美国航空公司，推出更优厚的奖励措施，常客奖励计划给航空公司带来的利益越来越少。这些旅游企业发现，使用奖励计划的客户并不忠诚于某一个企业，而是哪个企业的奖励优惠多就购买哪个企业的旅游服务。为了减少客户流失，企业必须不断创新奖励方式，但竞相攀比的奖励政策会影响公司的利润率和经营效益，使企业陷于两难境地。

由此，越来越多的旅游企业意识到，仅仅通过奖品和优惠价格"购买"客户的忠诚，是无法真正创造忠诚的客户的。旅游企业必须把重点放在提高质量上，通过为个人或团体提供竞争对手不易模仿的优质服务来赢得客户，留住客户。优秀的旅游企业不仅重视传统的营销工作，更重视不断研究和调查现有或潜在的客户，找出他们看重的服务属性及愿意再次光顾的原因，以便处理好与客户接触的每个细节，为客户提供其他企业无法给予的消费价值。达登饭店集团在筹建橄榄

花园餐厅时，细致地研究了客户的心理感知和期望，包括餐桌的摆放距离、音乐的音量和类型、菜单上的菜式、每份食物的分量和质量等，使客户在整个消费过程中感到非常舒适、愉悦。丽兹卡尔顿大酒店的员工在服务过程中，有意识地记下客户的住宿习惯和特殊要求，并把这些信息输入酒店的客户数据库。此后，该客户入住丽兹卡尔顿的任何一家分店，服务人员都会预先为客户准备好其喜欢的杂志、饮料、床上用品等。卓越的旅游企业就是这样，从研究客户的消费行为入手，有效地把握打动客户的关键因素，提高服务质量和客户满意度，从而与客户建立密切的长期合作关系，巩固企业的竞争优势。

二、提高游客管理水平，合理开发旅游资源的前提

目前，我国旅游业对游客的管理和旅游资源开发仍处于初级阶段。例如，许多地方在对文化旅游资源的开发上，大兴土木人为复制古迹，造成整体景观不伦不类。开发者忽略了喜欢游历古迹的旅游者要的不是"仿制品"，而是观赏历史留下的"断壁残垣"，遥想这里曾经发生过的历史事件。一些地区花大力气招徕游客，却没能协调好旅游者、环境保护、旅游资源消耗与经济社会发展的关系。当旅游人数超过旅游者的心理承受能力时，旅游者将不再认为在该地旅游是一种享受。旅游者的不满情绪甚至会使他们不愿再次到该地区旅游。当多数旅游者对该地区产生不良印象时，前往该地区的旅游者数量将急剧减少。这将会使该地旅游设施闲置，旅游经济萎缩，使旅游目的地的可持续发展受到严重影响。这种现象在我国曾多有发生。

随着老牌旅游目的地衰退问题越来越突出，以及旅游活动对一个地区生态和文化方面的负面影响日趋明显，人们逐渐意识到旅游并不是一个完全"无烟"的洁净产业，我们迫切需要建立"有竞争力且可以持续发展"的旅游目的地。要实现这一目标，旅游企业及相关管理部门必须了解旅游消费者的行为规律及影响旅游消费者行为的各种因素。

1. 合理规划和开发旅游目的地和吸引物

通过了解消费者追求的旅游体验及消费者对各种服务属性的评价，旅游企业及相关管理部门可以合理地确定旅游开发的目的，针对旅游目的地的资源属性，面向特定的细分市场开发各项具体产品，并对各项具体产品进行统筹规划。以主题公园为例，开发者可针对目标游客的特点分别设计儿童脚踏车活动区、成人玩的摩托艇水域等主题区域，并协调各个主题区域之间的联系，确保游客能自如地

在各个主题区域之间流动，取得最佳的游玩效果。

旅游消费者行为研究，还有助于旅游企业及相关管理部门在把握总体规划方向的同时，在细节上做到以人为本。例如，许多国际大型机场的设计不仅考虑服务流程上的需要，还会从旅游消费者的角度考虑，确保使用频率大的建筑具有实用性、方便性、美观性。例如，厕所的空间间距合理，女厕所的数量比男厕所多，这些人性化的细节设计往往能给游客留下深刻的印象。

旅游企业及相关管理部门可以根据旅游消费者的心理活动规律，在旅游规划中科学选用刺激因素。例如，在旅游观赏对象与背景之间注重运用对比色彩，或适当采用鲜亮明快的色彩吸引游客的注意，满足游客视觉需求，起到烘托景观的作用。再如，开发既能体现旅游者自我意识和情感倾向，又能体现旅游目的地独特风格的旅游纪念品作为旅游地的"标签"，刺激旅游者的感知、学习和记忆，深化旅游者对旅游目的地的印象。

简而言之，研究旅游消费者行为有助于规划有独特魅力的旅游目的地，为旅游者提供美好的游览体验，吸引旅游者并使其延长逗留时间，以及提高旅游者的重游率。如果吸引了非目标游客，旅游企业也可以根据游客的行为习惯，通过调整商店内商品的类型、咖啡厅内食品和饮料的定价等细微的因素，在不影响目的地形象的前提下引导游客自行做出选择。

2. 制定政策，完善针对游客的服务管理

旅游消费者行为研究有助于旅游企业及相关管理部门以有效的游客管理措施，调节客流在时间和空间上的分布，鼓励游客注重对生态和历史遗迹的保护，减轻旅游对环境的影响。

通过了解旅游消费者的行为规律，旅游企业及相关管理部门可以确定旅游目的地每个区域的游客密度，将游客数量控制在该区域的接待容量之内，以避免因过道太过狭窄而产生拥挤感、因游客休息处座位的设计不当而令人觉得隐私被侵犯等问题，保证旅游体验的质量。在自然旅游区，特别是国家公园和环境脆弱的自然保护区，游客管理尤为重要。

三、保护消费者权益、制定旅游政策的依据

由于旅游产品主要表现为服务形态，服务的无形性、差异性等特征使旅游者难以在购前获取服务质量信息。此外，旅游是一种跨地区、跨国界的活动。各国

各地区在社会制度、政治信仰、生活方式、生活习俗等方面的差异，也给旅游者掌握旅游地信息带来了困难。因此，旅游消费者与旅游企业之间的信息往往是不对称的。一些不法分子利用这一空子，通过损害旅游消费者权益而自肥。例如，用铺天盖地的"超值团""特价团"广告刺激人们的出游欲望，实质上却在行程中安排了大量的购物活动，让游客无暇观赏景点。一些旅行社在经营上甚至已形成一种"不诚信经营的模式"，广告、行程安排言过其实、闪烁其词，如用"远眺""观望""途经"等字眼蒙骗消费者，使消费者发现受骗上当时又投诉无门，只能吃哑巴亏。现在，旅游消费者权益保护已成为社会关注的热点话题。

使消费者拥有自由选择产品和服务，获得安全的产品和准确的信息等权利，是市场经济的基础。政府有责任和义务来禁止欺诈、不守信用等损害消费者权益的行为发生，有责任通过宣传、教育等手段提高消费者自我保护的意识和能力。所以，通过研究旅游消费者行为，可以更全面地评价现行消费者权益保护的法律和政策，并在此基础上制定出更切实可行的旅游消费者权益保护措施。

此外，政府在了解消费者行为的基础上，制定有关旅游消费政策，可以使政策更加有效。例如，法国政府深入细致地研究旅游者的行为，精心兴建新的旅游度假地，对旅游目的地开展营销，并把为残疾人、单亲家庭等公民提供旅游机会纳入社会安全保障体系。这些措施成功地鼓励了法国人参加国内旅游，促进了法国旅游业的发展。

总体而言，研究旅游消费者行为不仅有助于从微观层面提高旅游企业的经营和营销水平，为游客提供美好的旅游体验，还有助于旅游管理部门把旅游开发与对文化遗产和环境的保护结合起来，科学地规划旅游基础设施，开发旅游资源，制定旅游发展政策。此外，研究和了解消费者行为，有助于政府洞悉企业如何运用消费者行为知识制定营销策略，从而制定出科学的措施和政策，保护旅游消费者和旅游企业的合法权益，促进旅游业健康发展。

第四节　旅游消费者行为的研究方法

要想在未来的竞争中脱颖而出，旅游企业必须不断适应旅游者的要求，达到其期望水平并改善旅游者的实际旅游体验。理解消费者的需要，预测他们的需求，并且满足他们的需求，是旅游企业获得成功的关键。一些企业家认为他们对旅游消费者已经有一定的认识，不需要用更为细致的调查来检验他们的看法。这种想法是很危险的。尽管我们意识到了研究旅游消费者行为的重要性，但是，目前大部分旅游业从业者与学者在研究旅游消费者行为时，都面临一个难题：全世界大多数国家的旅游业都缺少可靠的、最新的统计数据分析。我们对为什么旅游者会有这样的消费行为，或者说为什么旅游者没有朝着旅游业商家所期望的方向发展之类的问题知之甚少。这一方面反映出旅游消费者研究的复杂性，另一方面也说明我们在旅游消费者行为的研究工作中还存在着很大不足。在本节中，我们将探讨旅游企业或组织需要哪些旅游消费信息，以及如何运用定性和定量的研究方法研究旅游消费者行为。

一、为旅游企业及相关机构提供需要的信息

旅游消费者行为是一个非常有趣，同时又很难的研究课题。一般情况下，消费者的行为具有目标导向性，消费者会先意识到自己的需求，然后收集信息，在此基础上对各种备选产品进行评价、比较和筛选，最后做出购买决定。但旅游产品的消费与购买总是夹杂着感情色彩。不少消费者购买旅游产品只是为了好玩，为了获得新的刺激或情感上的体验。他们的消费行为会受到心理、社会、经济、文化、消费过程等方方面面因素的影响。因此，旅游企业及相关机构要了解和研究旅游消费者的行为，必须广泛地收集有关旅游消费者行为的信息，主要包括以下几种。

1. 有关旅游者概况和旅游行为的统计数据

有关旅游者概况的统计数据，包括旅游者的年龄和性别、旅游者所处的家庭生命周期的阶段、旅游者的居住地、旅游者的职业和收入等。获取这些信息有助于旅游企业确定市场细分标准，对每一个细分市场的特点进行识别与研究。此外，旅游者想在哪里度过假期，度假的主要时段，在假期的花费，每年出游的次数等统计数据，对旅游企业及相关机构掌握旅游者在特定期间内的活动，预测旅游者的消费行为也是非常重要的。

2. 旅游者做出购买决策的决定因素及过程

通过第一节的学习，我们知道旅游者做出购买决策是一个很复杂的过程。在现实生活中，每个旅游者的决策过程都不相同，他们的购买目的和其他一些限定因素都会影响他们的最终决策。企业要熟知旅游购买决策的决定因素及过程，才能在合适的时间对目标市场采取适当的营销措施。此外，旅游企业还要针对具体的旅游产品，进一步了解到底谁是真正的购买决策者、谁是购买者、谁是消费者。例如，当一个家庭或一个团体旅游时，旅游企业需要掌握由谁做出购买决定，这样才能找准促销对象。

3. 旅游消费者的感知、满意度和未来的购买意向

旅游消费者的感知会影响其实际行动。因此，旅游企业或组织，需要了解消费者对单项产品、旅游目的地、度假类型以及特定旅游企业的感知。

旅游者满意度是一个复杂的问题。旅游产业必须首先了解决定旅游者满意度的各项要素，然后通过纵向分析，掌握旅游者期望的变化趋势，进而提前做出调整来适应旅游者的期望。

如果旅游企业希望扩大新客户群，就十分有必要去了解当前一些旅游者为何没有购买此类产品，并据此来调整产品范围以便吸引他们其中的一些人，使其成为自己的新客户。

4. 旅游消费者行为中的文化差异和民族差异

对开展跨地区或跨国业务的旅游企业而言，了解旅游消费者行为中的文化差异和民族差异是至关重要的，包括主要节假日日期方面的差异，对服务和具体设施的要求与期望差异等。

5. 旅游消费者行为与购买其他产品的相关性

各单项旅游产品之间不一定是竞争和替代的关系，许多旅游产品是互补的。对这种相关性的认识有助于旅游企业筹划相关的促销活动。例如，旅游者在假期的购物与平日购买其他产品没有什么不同，只是人们日常生活的一种延伸。航空公司可以将一家超市和一条航线联系起来制订促销宣传计划。

二、旅游消费者行为研究的常用方法

划分研究的通用方法是以研究者对于"研究什么、如何研究"的基本假设为分类标准的。这一套理念被称为范式。旅游消费者行为研究中存在实证主义和阐释主义两种范式。实证主义强调人类理性的至高无上，认为存在单一的客观真理，可以用科学来发现。实证主义鼓励强调客体的功能，拥护技术，把世界看成理性的、有序的场所，具有可明晰界定的过去、现在和未来。阐释主义则认为我们社会中科学和技术被过度强调了，而且对旅游者的这种有秩序、有理智的看法否定了我们生活的社会和文化的复杂性。阐释主义强调象征性的主观经验的重要性，强调

含义存在于一个人的意识。进行旅游消费者行为研究的学者来自不同的学科,研究者的"工具箱"也装满了各种不同的方法和技术。对于方法的选择取决于研究者的理论方向和问题的性质。研究方法的选择不是范式问题,而是研究的功能问题。在决定"调查什么"之后,研究者需要选择合适的方法来开展调查。主要有定量和定性及两者相结合的研究方法。

1. 定量研究方法

定量研究(又称量的研究、量化研究)是一种对事物可以量化的部分进行测量和分析,以检验研究者关于该事物的某些理论假设的研究方法。定量研究有一套完备的操作技术,包括抽样方法、资料搜集方法、数字统计方法等。其基本步骤是:研究者事先建立假设并确定具有因果关系的各种变量,通过概率抽样的方式选择样本,使用经过检测的标准化工具和程序采集数据,对数据进行分析,建立不同变量之间的相关关系,必要时使用实验干预手段对控制组和实验组进行对比,进而检验研究者自己的理论假设。这种方法主要用于对社会现象中各种相关因素的分析,如年龄与离婚率的关系、性别与职业的关系等。当然,定量研究也存在一些缺点,需要在研究中尽量避免。定量研究方法的优缺点如表1-1所示。

表1-1　定量研究方法优缺点比较

优点	缺点
(1)适合在宏观层面大面积地对社会现象进行统计调查 (2)可以通过一定的研究工具和手段对研究者事先设置的理论假设进行检验 (3)可以使用试验干预的手段对控制组和实验组进行对比研究 (4)通过随机抽样可以获得有代表性的数据和研究结果 (5)研究工具和资料搜集标准化,研究的效度和信度可以进行相对准确的测量 (6)适合对事情的因果关系以及相关变量之间的关系进行研究	(1)只能对事物的一些比较表层的、可以量化的部分进行测量,不能获得具体的细节内容 (2)测量的时间往往只是一个或几个凝固的点,无法追踪事件发生的过程 (3)只能对研究者事先预定的一些理论假设进行证实,很难了解当事人自己的视角和想法 (4)研究结果只能代表抽样样本中的平均情况,不能兼顾特殊情况 (5)对变量的控制比较大,很难在自然情境下搜集资料

2. 定性研究方法

定性研究是以研究者本人作为研究工具,在自然情景下采用多种资料搜集方法对社会现象进行整体性探究,使用归纳法分析资料和形成理论,通过与研究对象互动对其行为和意义建构获得解释性理解的一种活动。定性研究方法的优缺点如表 1-2 所示。

表 1-2　定性研究方法优缺点比较

优点	缺点
（1）在微观层面上对社会现象进行比较深入细致的描述和分析，对小样本进行个案调查，研究比较深入，便于了解事物的复杂性 （2）注意从当事人的角度找到某一社会现象的问题所在，用开放的方式搜集资料，了解当事人看问题的方式和观点 （3）对研究者不熟悉的现象进行探索性研究 （4）注意事件发生的自然情境，在自然情境下研究生活事件 （5）注重了解事件发展的动态过程 （6）通过归纳的手段自下而上建立理论，可以对理论有所创新 （7）分析资料时注意保存资料的文本性质，叙事的方式更加接近一般人的生活，研究结果容易起到迁移的作用	（1）不适合在宏观层面对规模较大的人群或社会机构进行研究 （2）不擅长对事物的因果关系或相关关系进行直接的辨别 （3）不能像定量的研究那样对研究结果的效度和信度进行准确的测量 （4）研究结果不具备定量研究的研究意义上的代表性，不能推广到其他地点和人群 （5）资料庞杂，没有统一的标准进行整理，给整理和分析资料的工作带来很大的困难 （6）研究没有统一的程序，很难建立公认的质量衡量标准 （7）既费时又费工

3. 定量与定性相结合的研究方法

人们习惯于将定量分析与定性分析同实证论与解释论的对立联系在一起。关于旅游消费者行为的研究，不少人研究信奉实证主义，采用定量统计的方法。其实，实证论和解释论都是科学的一般哲学，其区别在于本体论（事实的本体）、认识论（知识的状态）和方法论（获得知识的方式）上。换言之，研究范式之间的区别并不是定量与定性之间的对立，而是实证论与解释论之间的对立。与实证论注重揭示事物的"总体性、一般性和代表性"有所不同，解释论的兴趣焦点是理解事物的"具体性、独特性和反常性"（刘丹萍等人，2006）。从上述讨论中可以看出，定量研究的长处恰恰是质的研究的短处，而定性研究的长处恰恰可以用来填补定量研究的短处。因此，将这两种方法结合起来使用，有很多单独使用其中一种方法所没有的好处（孙九霞等人，2015）。

首先，在同一研究项目中使用不同的方法，可以同时在不同层面和角度对同一研究问题进行探讨。其次，如果研究的问题中包含了一些不同的、多侧面的子问题，研究者可以根据需要，选择不同的方法对这些问题进行探讨。同一研究中使用不同的研究方法还可以为研究设计和解决实际问题提供更多的灵活性。使用不同的方法还可以对有关结果进行相关检验而提高研究结论的可靠性。

　　总之，在习惯使用定量和定性相结合的研究方法的学者看来，任何一种资料、方法或研究都各有偏差，只有联合起来才能"取长补短"。近年来，在旅游消费者行为研究领域，定量和定性相结合的研究方法已经开始得到广泛的关注和运用（孙九霞等人，2015）。

　　在竞争愈演愈烈的商业环境中，准确了解旅游者旅游目的地的选择和旅游者消费行为，需要有相应完备的研究技术的支持。对旅游消费者行为的研究有明显的跨学科性，所采用的研究方法也是多元化的。其中，最常见的研究方法包括访谈法、观察法、问卷调查法和实验法。

　　（1）访谈法。访谈法是一种定性研究方法，包括半结构化访谈和非结构化访谈。在半结构化访谈中，研究人员简单地列出需探讨的话题，在宽松的环境下与受访者交谈，倾听受访者的看法，并对受访者的谈话内容进行系统整理。在非结构化访谈中，研究人员不预先列出问题，而是在交谈的过程中自然而然地即兴提出问题。

　　在旅游营销研究中，最常用的访谈形式是焦点小组访谈，即根据研究目的找 6~10 位相互不熟悉的人，就某个专题进行深入探讨。例如，共同探讨他们对新设计的广告主题和计划的理解；他们是否喜欢新的风景区规划方案，喜欢哪些方面，不喜欢哪些方面；公众对开发环境敏感地区的反应等。研究人员首先要挑起话题，鼓励焦点小组成员发表意见，并在谈论过程中适当地提问，以确保每位成员都围绕主题参与探讨。在访谈过程中，研究人员还要及时地记录每位小组成员的谈话内容，特别是一些关键性的评论。焦点小组访谈能够帮助我们洞察那些影响旅游消费者行为的复杂因素。但是，焦点小组成员选择的随机性很强，不一定能够代表被研究领域中有共同利害关系的整个群体或兴趣大致相同的群体，因此，研究人员将焦点小组访谈结果推而广之时，一定要格外小心。

　　（2）观察法。观察法是指研究人员通过感官或仪器对消费者的行为进行系统观察、记录并分析的研究方法。例如，在风景区安装自动计数器，记录游客的数量。这种方法获得的信息往往比利用调查法获得的信息更加客观和准确。但是，观察法只能反映表面现象，难以揭示现象背后的本质或因果规律。我们只能通过观察法了解人们在做什么，而无法直接得知他们为什么这样做，无法得知他们的动机、态度或观点，因此观察法通常与其他方法结合使用。例如，研究人员在测量爱尔兰海滩游客的心理承受能力时，从空中拍摄相片，了解游客的稠密度和分布情况，同时利用问卷调查游客的想法，通过比较分析，得出游客的心理容量为 10 人 $/m^2$。

（3）实验法。实验法是指人为地为某一实验创造一定条件，观察其实验结果，再与未给予这些条件的对比实验的结果进行比较分析，寻找外加条件与实验结果之间的因果关系。例如，一个旅游度假区的经营成本上升太快，管理人员试图找出可以减少成本的方法。他们发现在度假区所有楼层上运转制冰机的成本相当高。在做出匆忙草率的决策之前，管理人员可以通过实验法，判断能否完全撤掉制冰机或仅运行较少的制冰机。他们可以移走某些楼层上的制冰机，仔细观察客户的反应，以比较有制冰机层客户和无制冰机层客户的满意度。

实验有实验室实验和现场实验之分。实验室实验是指在人为制造的实验室环境中，精确操纵自变量，考察因变量如何因自变量变化而变化。实验室实验的结论较为精确，但因为现实环境与实验室往往有较大差别，所以实验室得出的结论不一定具有普遍性。现场实验所得的结论具有普遍意义。然而，旅游研究者很难开展现场实验，因为在真实的旅游环境中，很难保持控制变量不变。但是，在风景区搞广告宣传实验或价格实验还是可行的。目前，已经有企业成功地将这类实验的成果用在市场营销上。

（4）调查法。调查法，也叫问卷调查法，是指事先针对研究目的拟定一系列问题，以问卷形式收集信息并加以分析的方法。调查法是旅游研究中使用得最多的一种方法。随着通信技术的发展，研究人员不仅可以通过面对面访问、打电话访问和邮寄问卷的方式，收集被调查对象的信息，还可以利用计算机电子装置，向消费者提出问题，并立刻对获得的结果进行记录和汇总。

根据调查问卷的内容，调查法可分为：①事实调查法，如询问"你上个星期参加了什么娱乐活动？"之类的问题，以了解准确的信息。②观点调查法，如询问被调查者认为包价旅游 A 和包价旅游 B 哪个更具有吸引力或哪个的旅游广告做得较好，以了解潜在旅游者的看法。③解释性调查法，如询问被调查者为什么选择某个特定的度假目的地或特定的航线、为什么参与某个特定的娱乐活动等，以了解旅游消费者行为背后的原因。一般情况下，旅游消费者能够较准确地回答"是什么"这样的问题，但他们在回答"为什么"这样的问题时往往力不从心。与解释性调查相比较，深入访谈法可能更适用于收集这类"原因"数据。

采用问卷调查法要注意：①如果问卷设计不周全，问卷调查的结果可能就毫无意义。例如，很多旅游企业会向旅游者提出"你在何时何地第一次听说此旅游地的？""以后你还会愿意乘坐本航线吗？"这类问题。但实际上，旅游消费者很难提供准确的回答。如果旅游者早在 5 岁时就在邮票上看到过桂林的景色，但他却是在 50 岁以后才有机会亲身游览，那么当他回答何时何地第一次听说桂林时，他并不能提供多少有助于调查者开展营销活动的信息。至于第二个问题，由于假设性太强，也难以得到有用的信息。其结果可能是促使旅游者做出迎合调查者的答案，而并非真实情况。②调查过程的抽样设计也是一个难点。如果样本容量小、抽样不具代表性，问卷调查的结果就会缺乏普遍意义。此外，还有许多主观或客观的因素影响抽样的准确性。例如：在流动中对旅游者非常自然而真实地进行随机抽样一般是不可能的；旅游需求往往具有季节性，这意味着不同国籍不同类型的旅游者将在一年的不同时间享用旅游度假产品，所以在一年中的某一段时间做的调查可能会忽略整个细分市场中的某些市场；调查者倾向于选择那些看上去比较友好的旅游者，或者是讲同种语言的旅游者作为调查对象，所有这类因素都会使抽样中存在误差。③旅游者故意作答的现象会给调查带来误差。在旅游消费者调查中，有几种产生误差的可能性，如，由于旅游者不愿得罪调查员，隐瞒了自己对公司产品的不满之处；由于旅游者对自己的活动表示羞愧（如参加赌博等），而对度假活动的内容有所隐瞒；旅游者的确忘记了假日期间的消费数目而含糊其辞或夸大消费数额，以满足其虚荣心。类似情况都会产生误导信息。

【本章小结】

本章主要介绍了旅游消费者行为的相关基础理论，旅游消费者行为的影响因素以及研究旅游消费者行为的方法和意义。首先介绍了旅游消费者行为的定义、特点、理论来源等，通过对旅游消费者行为模型的介绍，将现实生活中旅游消费者复杂的行为过程加以简化，以便把握旅游消费系统中的关键因素，使学生对旅游消费者行为有一个初步认识；其次对整本书的内容做了一个系统性的概括，包括影响旅游消费者行为的心理、环境、过程三大类因素；最后对旅游消费者行为的研究方法和意义进行了阐述。

【复习思考题】

1. 简述旅游消费者行为的影响因素。

2. 简述需要—动机—行为模式的基本内容。

3. 简述刺激—反应模式对分析旅游消费者行为的启发意义。

4. 对比定量研究方法与定性研究方法的优缺点。

5. 针对所在地区的某个景区或酒店制作一份旅游消费者调查问卷。

【即测即练】　　　　　　　　【拓展资料】

第二章 感知与旅游消费者行为

【学习目标】

1. 了解感觉和知觉以及旅游感知的内容和特性。

2. 熟悉影响旅游者感知的主观因素和客观因素。

3. 掌握旅游者对旅游目的地、交通、距离、广告等旅游条件的感知。

【能力目标】

1. 了解感觉、知觉与旅游感知的理论，能够结合客观事物辨析旅游感知。

2. 熟悉旅游感知的特性，提高对旅游消费者旅游感知的识别能力。

3. 掌握将旅游感知运用于实践中的能力，从而给出合理的营销策略。

【思政目标】

1. 了解如何认真看待旅游感知，树立正确的人生观、世界观以及消费观。

2. 熟悉影响旅游者感知的各种因素，具有敏锐的社会认知度。

3. 掌握旅游者对旅游条件的感知，励志建设美好家园。

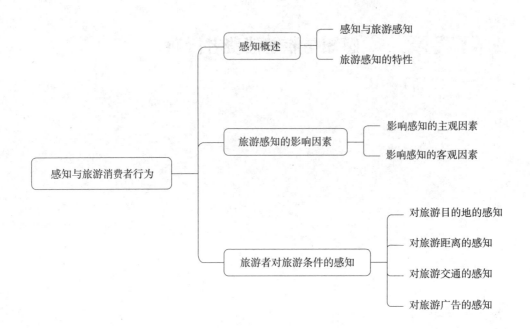
【思维导图】

【导入案例】

百闻不如一见

旅游爱好者冯宇素闻"桂林山水甲天下"的佳话，便怀着对美丽桂林的长久倾慕之心，终于踏上了前往桂林的旅途，亲临山水，不禁赞叹道：

桂林的山真奇，一座座拔地而起，各不相连，像老人、像巨象、像骆驼，奇峰罗列，形态万千；桂林的山真秀，像翠绿的屏障，像新生的竹笋，色彩明丽，倒映水中；桂林的山真险，危峰兀立，怪石嶙峋，好像一不小心就会倒下来⋯⋯

漓江的水真清，清得可以看见江底的沙石；漓江的水真绿，绿得仿佛那是一块无瑕的翡翠；漓江的水真静，静得让你感觉不到它在流动，船桨激起的微波扩散出一道道水纹，才让你感觉到船在前进，岸在后移⋯⋯

问题：

1. 素闻"桂林山水甲天下"中的"闻"属旅游感知的哪个部分？

2. 文中哪些属于感觉，哪些属于知觉？

第一节　感　知　概　述

一、感知与旅游感知

1. 感知

心理学研究认为，在实践活动中，客观事物直接作用于人的感觉器官，便在人脑中产生了关于这些事物的感觉和知觉统称为感知。感知是指人脑对直接作用于感觉器官的客观事物的整体反映。

感觉是客观刺激作用于感受器官，经过大脑的信息加工所产生的对客观事物基本属性的反映。它为知觉及其他复杂认识过程提供了最基本的原始材料。通过感觉，人们从外界获得各种各样的信息，这些信息在感觉系统的不同水平上经过加工，并与已经存储的信息进行对照，得到补充，从而产生对外界事物基本的反映。

知觉是指人脑将各种感官刺激转化为整体经验，从而形成人对客观事物和身体状态整体形象的反映，如听到一首旋律优美的钢琴曲、欣赏到一幅美丽的油画、品尝到一顿美味佳肴，这些都属于知觉。知觉反映的是客观事物的各种属性或整体形象。"知觉"是以感觉信息为基础的，在知识经验的参与下，经人脑的加工，对事物做出解释的过程，从而形成对客观事物的整体知觉。

2. 旅游感知

旅游感知在旅游研究中的比重日益增长，研究内容涉及：旅游者抵达目的地前后的感知和经历，旅游中食、住、行、游、购、娱等社会方面的评价，旅游安全因素的前期评估，旅游地感知距离和常住地距离比较，旅游者在旅游目的地对各种旅游信息的评估，以及旅游目的地各种综合环境对旅游者决策行为的影响。这些研究中的"感知"究其本质都是一种评估、评价，有些已经和认知评价相互重叠。心理学中感知是人认识世界的初级阶段，强调个体被动接收外界信息。基于心理学对感知的定义及旅游研究者对感知的运用，"旅游感知"是旅游者在旅游者常住地或旅游目的地将外部旅游信息被动接收后和自身已有的旅游经验进行对比所形成的和旅游目的地事物密切相关的认识和评价。

旅游者在旅游前，会受到有形的与无形的信息影响，对目的地旅游产生初步的、不完整的感知，这是激发旅游需要的重要条件；旅游中，游客通过对目的地旅游吸引物的游览、旅游服务质量的体验，以及其他条件的相应感受，身心各种感官得到切实的刺激，就会形成实际的感知，为进一步理解旅游目的地，即深入认知奠定基础。在感知过程中，旅游者对目的地的认识程度和情感水平在不断地变化，感知程度由浅变深，认知内容由少变多，情感水平处于沉睡或者唤醒、愉快或者不愉快、烦恼或者放松、沮丧或者兴奋状态。

二、旅游感知的特性

1. 选择性

感知的选择性也称选择性注意，是指人在感知客观世界里，总是有选择地把少数事物当成感知的对象，把其他的事物当成感知的背景，这种特性称为感知的选择性。例如，在人群密集的地方，大多数人都身着黑白灰色系的衣服，这时如果其中有一人穿着红色衣服，那么我们肯定会首先把他区分出来。被感知的对象好像从其他事物中凸显出来，出现在前面，对周围的事物则感知得比较模糊。前者为感知对象，后者为感知背景。

旅游者根据主观的需要、目的，主动地、有意识地注意某些刺激对象，或无意地被某种旅游刺激物吸引作为对象产生清晰的感知印象，而周围的事物及旅游环境则成为旅游感知的背景。旅游者把感知对象从背景中筛选出有一定的规律，并且旅游感知的选择性受到多种因素的影响，这里主要介绍三种。

（1）旅游刺激对象本身的特性。人们生活在一个复杂的感知环境中，既有物的自然方面刺激，又有人的社会方面的刺激，各种刺激不能全部被人们注意而纳入感知世界。旅游活动中，旅游刺激物鲜艳、新奇，富于变化，刺激的强度大，时间长，这都会引起旅游者的选择注意而纳入感知世界。例如，旅游者对旅游产品的感知中，千篇一律的产品很难成为旅游者的感知对象。所以，旅游者在对大量的广告信息进行筛选的过程中，更多的是注意那些标题鲜明、广告画面突出的信息而很少阅读广告的正文。

（2）感知对象与背景的差别。旅游对象与背景差别大小影响着旅游者的选择性。二者的差别越大，越容易从背景中凸显出来。例如，餐饮经营者制作菜单时，利用图片将主打菜和特色菜放在突出的位置，其他的菜品用文字或小图片来描述或展示。

（3）旅游者主体本身的特性。旅游者的生理条件、意识倾向不同，在接受旅游环境的刺激时会有不同的感知。这是由于旅游休闲领域是一种复杂的感知环境，研究表明，没有两个旅游者以完全相同的方式来感知某一旅游目的地或旅游产品。在对旅游环境中的一些客体、活动及旅游项目的感知中，旅游者主体本身的特性（心理方面的因素）起着极其重要的作用，主要包括旅游者的期望、经验、情绪、动机、兴趣、需要等，人们经常觉察自己所期望的东西。动机、兴趣、需要对知觉选择性有很大的影响，如长时间处于紧张工作中的人，有放松的需要，便会选择度假型旅游方式。

2. 理解性

人在感知过程中，不是被动地把感知对象的特点记下来，而是在感知当前事物的时候，旅游者根据以往的知识、经验来理解它，并用词把它标记出来，做出解释与说明。旅游感知的这一特性叫作旅游感知的理解性。例如，旅游者往往根据以往的知识和经验对感知到的旅游刺激物进行加工处理，归入一定的对象类别中，并形成一定的概念。

感知的理解性不仅受到经验的影响，而且受到语言的指导。特别是在感知环境复杂陌生、旅游刺激物的外部特征不明显时，导游的语言引导可补充旅游者感知的内容，使旅游者对旅游对象的感知理解趋于完善。旅游者的知识、经验、情绪状态也都可以影响感知的理解性。

旅游感知的理解性可以使旅游者的感知更为深刻、精确，可以解释不同旅游者对同一旅游产品产生不同的感知。另外，旅游感知的理解性可以提高感知的速度，如同样是看一个景点介绍，导游和第一次来参观的游客的阅读速度是不同的。

3. 恒常性

当感知对象的刺激输入在一定范围内发生变化时，感知对象并不因此发生相应的变化，而是维持恒定，感知的这种特性称为感知恒常性。旅游恒常性是指当旅游条件在一定范围内发生变化时，旅游感知的对象仍然保持相对不变的特性。例如，消费者经常光顾一家酒店，成为"回头客"。这种选择性保持，就是由于这家酒店的良好印象仍然保留在其感知中，刺激的信息被感知后可能被记住一段时间。这是因为人们总是在已有知识经验的基础上感知客体并按已有的印象理解当前变化的客体，所以感知的对象能保持不变，使感知具有恒常性的特点。人们选择新的记忆并保持的是和他们的需要、价值观和心理倾向相联系的信息。

4. 整体性

旅游感知的对象是由旅游刺激物的部分特征或属性组成的，但旅游者不把它感知为个别的或孤立的部分，而总是把它感知为一个统一的整体，这称为感知的整体性，也称为组织性。甚至当旅游刺激物的个别属性或个别部分直接作用于旅游者的时候，也会产生这一旅游刺激物的整体印象。

旅游感知之所以具有整体性：①因为旅游刺激物的各个部分和它的各种属性总是作为一个整体对旅游者发生作用。②在把刺激物的几个部分综合为一个整体感知的过程中，过去的知识经验常常能提供补充信息。例如，客人来到饭店，不只是看到饭店的装饰布置、服务人员的举止和着装等某些方面，还有饭店的整体形象。远处走来的熟人，虽然看不清他的面孔，但可以凭借身体外形、走路姿势和其他线索辨认出来。当感知熟悉的对象，只要感知个别属性或者主要特征，就可以根据以前的经验而知道它的其他属性和特征，从而整体感知它。如果感知的对象是不熟悉的话，感知就更多地以感知对象的特点为目标进行转移，将它组织成具有一定结构的整体，这种现象又称为感知的组织化。感知的整体性，应遵循接近原则、相似原则、连续原则与封闭原则四种基本原则。

（1）接近原则。接近原则是指在时间或空间上，相互接近的刺激物容易被感知为一个整体成为感知对象。在对旅游目的地的感知中，人们往往把空间上接近的几个旅游目的地感知为一组。例如，现在很多旅行社经常把新加坡、马来西亚、泰国这三个国家设计成一组旅游线路，这正是运用了接近原则，将组合构成完整的旅游产品推销给旅游者，使他们利用更少的时间、经历、金钱去游览尽可能多的景点，获得最大的收获。

（2）相似原则。相似原则是指当人们感知刺激物时，彼此相似的刺激物比彼此不相似的刺激物更容易组合在一起而成为感知对象。在旅游活动中，旅游者对一些特征相似的旅游景点容易感知成一组。例如，蜜月旅游市场上非常红火的浪漫型海岛度假地，如马尔代夫、普吉岛、巴厘岛等，在消费者的心目中是同一组的。消费者在考虑相应的旅游目的地时，一旦从其中选择某一个作为目的地，一般就不会再考虑其他相似的旅游地了。在这种感知的相似原则下，具有同类旅游资源的目的地会形成竞争型旅游地。因此，旅游资源同质性更高的目的地，在旅游宣传时更要注重挖掘自身的独特性。了解这一特性，我们就应该注意宣传各景点的特点，在开发生产旅游产品、进行广告宣传时注意突出特色。

（3）连续原则。连续原则是指某刺激物往往与更容易组合的前导刺激物一起成为感知的对象。例如，西江千户苗寨建筑的风格、材料、结构、窗饰和涂料等的统一，保持了苗寨村寨景观的连续性，并作为一个整体的旅游景观，成为了贵州省著名的旅游吸引物。

（4）封闭原则。封闭原则是指若干个刺激物共同包围一个空间，有形成同一感知形态的倾向。人有闭合的需要，不自觉地根据以往的经验主观地增加刺激物中缺失的成分，使之完整地表现出来，如旅游者在遇到线路不完满，或者信息不完整时，他们会自觉采取行动来弥补不足，实现"封闭"。例如，承德避暑山庄周围有八个不同的庙宇，由于它们环绕在避暑山庄周围，构成一个感知单位，被旅游者感知为与承德避暑山庄一体的承德旅游区。

第二节　旅游感知的影响因素

一、影响感知的主观因素

感知不仅受客观因素的影响，还受感知者自身主观因素的影响。这些主观因素是指感知者的心理因素。旅游者是具有不同心理特征的感知者，在感知相同的景观时，他们各自的感知过程和感知印象是不同的。影响感知的主观因素主要有以下几个方面。

1. 兴趣

旅游者的兴趣不同常常决定着旅游感知选择上的差异。一般的情况是旅游者最感兴趣的事物往往首先被感知到，而人们毫无兴趣的事物则往往被排除在感知之外。例如，对文史知识感兴趣的旅游者，就会把帝王古都、历史文物选择为感知对象；喜欢大自然的旅游者，往往对高山、大海、流泉、飞瀑等特别感兴趣；喜欢猎奇的旅游者则乐于探险活动和对奇风异俗感兴趣。

2. 需要与动机

人们的需要和动机不同也在很大程度上决定着人们的感知选择。凡是能够满足旅游者的某些需要和符合其动机的事物，都能成为旅游者的感知对象和注意中心；反之，凡是不能满足其需要和不符合其动机的事物，都不能被人所感知。例如，如果有人外出旅游的目的是为了显示自己的社会地位，那么，他们对那些能象征社会地位的目的地、旅游方式和游览项目就会特别关注。

3. 个性

个性是影响感知选择的因素之一。例如，不同气质类型的人，感知的广度和深度就不一样。多血质的人感知速度快、范围广，但不细致；黏液质的人感知速度慢、范围较窄，但比较深入细致。此外，有调查表明，胆大自信的人对乘飞机旅游十分积极主动，而胆小谨慎的人对安全问题十分重视，旅游中乐于乘坐火车。

4. 情绪

情绪是人对那些与自己的需要有关的事物和情境的一种特殊的反映，对人的感知有强烈影响。例如，当旅游者处于愉悦的情绪状态时，每样东西看上去都是美好的，并兴高采烈地参与各项活动，主动去感知周围的景物。

5. 经验

经验是从实践活动中得来的知识和技能，是客观现实的反映，是人们行为的"调节器"。在旅游活动中，如果没有对旅游景点的知识和经验，观察就可能是表面的、笼统的、简单的，当导游员做了适当的讲解后，旅游者就可能观察得更全面、更深刻。这是由于吸收了别人的经验，增加了自己的感知，使旅游者对旅游点有了更多的理解。

6. 心理定势

影响旅游感知的主观因素除了上述几个方面以外，还包括心理定势。心理定势是指心理上的"定向趋势"，它是由一定心理活动所形成的准备状态。心理定势是导致感知歪曲的影响因素。实践表明，能对旅游行为产生影响的心理定势主要有以下几种。

（1）首次效应。一个人在第一次进入一个新的旅游地、第一次和当地人接触、第一次品尝地方风味、第一次游览某一名胜时，留下了深刻印象，形成一种心理定势，以后便很难改变，这种现象称为首次效应或第一印象。首次效应是"先入为主"带来的效果实际上已戴上"有色眼镜"，在以后的一切活动中，人们常会不自觉地将当前的印象与第一印象相联系。如果第一印象良好，对以后的不良印象也不觉得反感；如果第一印象不好，以后良好的印象也会渐渐失色。

（2）晕轮效应。晕轮效应是指从对象的个体特征推及对整体特征的感知，从而产生美化或丑化的印象。晕轮效应是指像月晕一样，会在真实的现象面前产生一种假象。当人们隔着云看月时，由于光线的折射，人们会看到在月亮的外侧有一个实际上并不存在的光环。如果说首次效应从时间上说的，由于前面的印象深刻，后面的印象成为前面印象的补充，那么，晕轮效应则是从内容上说的，由于对对象一部分特征印象深刻，这部分印象就化为全部印象。因此，从本质上来说，这两种效应都带有强烈的主观色彩，一叶障目，只见树木不见森林。所以，晕轮效应的主要特点是以点带面、以偏概全。

（3）经验效应。在社会感知中，人们经常受以前经验的影响，产生一种不自觉的心理活动的准备状态，在头脑中形成一定的思维定势，按照固定的思路去思考问题，这种现象称为经验效应。经验效应指的是个体凭借以往的经验进行认识、判断、决策、行动的心理活动方式。经验应当说是一种财富，但也可以说是一种包袱。一般来说，经验越丰富，认识越深刻。但经验又有局限性，不考虑时间、地点进行照搬套用，往往在感知实物时出现偏差。特别是在当代社会的旅游环境中，高科技不断得到应用，很多产品和服务与以往相比发生了巨大的变化。在此形势下，人们如果仍用过去的经验来决策、处理一些问题，将会一事无成。

（4）刻板印象。刻板印象是指社会上部分人对某类事物或人物所持的共同的、固定的、笼统的看法和印象。这种印象不是个体现象，反映的是群体的"共识"。例如，一般人认为，日本人争强好胜，有自制力，注重礼仪，讲究礼貌；英国人冷静，寡言少语，有绅士风度；法国人爽朗，热情，喜欢与人交谈，比较乐观；德国人较勤勉，有朝气，守纪律，爱音乐；美国人喜欢新奇，重实利，比较自由。刻板印象一方面有助于人们对众多人的特征进行概括了解，因为每一类人都会有一些共同特征，运用这些共同特征去观察每一类人中的个别人，有时确实是进行感知的一条有效途径。但是，刻板印象具有明显的局限性，能使人的感知产生偏差。

二、影响感知的客观因素

1. 旅游刺激物本身的性质

旅游刺激物的大小、规模、颜色、音响、形态、质地和运动等若出乎人们的预料，就会影响人们的注意而纳入旅游感知。旅游刺激物表现为险峻挺拔的高山、争奇斗艳的花草、精美珍贵的古建筑、绚丽多姿的风土人情、夜幕降临下的万家灯火、山涧的流水飞瀑、山林中漂泊不定的云海、特殊的天气现象（佛光）等。在一般情况下，旅游感知对象的刺激强度越大，越容易被清晰深刻地感知。

2. 感知对象的运动

在固定不变的事物中，某一个运动的刺激物容易成为感知对象。例如，杭州西湖中的游船、贵州黄果树大瀑布奔腾而下的流水、上下山的缆车、日出和日落等，正因为这些事物的运动，很容易被旅游者感知。

3. 对象的组合

刺激物本身的内容和结构是区分对象的重要条件。一般情况，在时空距离上接近的旅游地区、景点，容易被旅游者组合在一起成为感知对象。例如，云南省的昆明和西双版纳，江西的九江与庐山，因为它们相距较近，旅游者往往把它们感知为一条旅游线。有些性质相同或相似的旅游地区也容易被旅游者组合在一起，成为感知对象。例如，北京、西安、南京被认为是古都；青岛、北戴河和大连都被感知为相似的海滨避暑胜地。

4. 个体生理条件

旅游者个体的生理条件，感觉器官的生理功能，身体健康状况，以及疲劳程度也影响对旅游刺激物的感知，如体弱或有生理缺陷的旅游者对爬山信心不足，对远距离的旅游往往也顾虑重重。

第三节　旅游者对旅游条件的感知

旅游目的地、旅游活动的时间、常居地与旅游地之间的距离、旅游交通工具等都是与旅游消费者行为有关的最基本的旅游条件。旅游者对旅游条件的感知印象，对他们具体的旅游决策、旅游行为以及旅游收获评价等都有显著的影响。对旅游目的地的感知包括人们在前往某一旅游目的地之前对该目的地的感知，也包括对旅游目的地亲眼所见并身临其境时的感知。前者的感知结果影响人们对目的地的选择，后者的感知结果影响人们的消费行为和后续行为。

一、对旅游目的地的感知

旅游者做出到甲地而不到乙地或其他旅游目的地的旅游决策，很大程度上取决他们的感知。在旅游行为的不同阶段，感知的信息来源不同。在行为决策阶段（即人们前往某一旅游目的地之前），感知的信息来源于自己或他人的经验，对旅游目的地的感知信息以间接信息为主，如新闻媒介的有关文章、专题报道、旅游广告、书刊、旅游手册、电影和电视等，这种感知结果影响其对旅游目的地的选择。在旅游活动阶段，感知的信息来源于旅游者亲眼所见及其身临其境的感受，以直接信息为主，其感知结果影响旅游者的消费行为。

在旅游过程中，旅游者对旅游区的感知印象取决于：①旅游景观必须具备独特性和观赏性，这样才能把旅游景观的吸引力和旅游者的需要结合起来。②旅游设施必须安全、方便、舒适，并在标准化的同时，注意特异性。③旅游服务必须礼貌、周到、诚实、公平。

二、对旅游距离的感知

人们在选择旅游点时，还要考虑从居住地到旅游区的距离，因为距离的远近也常常影响人们的旅游决策。旅游距离对旅游行为的影响，通常表现为两个方面。

1. 阻止作用

旅游是需要付出代价的消费行为，距离越远，要付出的金钱、时间、体力等代价就越大。这些代价往往使旅游者望而生畏。只有旅游者意识到，能够从旅游行为中得到的益处大于所要付出的代价时，他们才会做出有关旅游的决策。这些和距离成正比的代价，抑制人们的旅游动机，阻止旅游行为的发生。所以，一般情况下，如果受到时间、金钱、身体状况等条件的限制，人们就不会选择远距离的旅游点。

2. 激励作用

人们出去旅游的动机之一，是寻求新奇和刺激。远距离的目的地，有一种特殊的吸引力，能使人产生一种神秘感。此外，从心理学的角度看，人们在感知对象时，距离增加了信息的不确定性，给人以更广阔的想象空间，因而产生一种距离美。正是由于这种吸引力、神秘感、距离美，有的人舍近求远，宁愿到陌生、遥远的地方去旅游。从这个意义上讲，距离对人们的旅游又会产生激励作用。另外，旅游是在一定的时间和空间中发生的。人们对旅游距离的感知，也常常用时间来衡量。例如，从沈阳到大连，人们很少说要经过几百里，而是强调要坐几个小时的火车。

总之，距离对人的旅游行为既有阻止作用，又有激励作用。但是，哪种作用更大，则取决于很多因素。这些因素除了旅游者自身的时间、金钱、身体状况、兴趣等以外，还和旅游景点的开发、建设、宣传等因素有关。所以，为了吸引游客，旅游工作者首先应该提供高质量的旅游产品，充分利用各种方法，积极开展旅游宣传，引导游客的旅游决策。

三、对旅游交通的感知

人们外出旅游，不可避免要借助于各种交通工具。随着现代社会的发展，可供选择的交通工具越来越多，不同的交通工具有各自的特点，能满足不同层次旅游者的需要。但是由于不同的旅游者有着不同的动机和需求，选择交通工具就表现出差异性，旅游者对旅游交通的感知会对其旅游决策和行为产生重要影响，如表 2-1 所示。

表 2-1　主要交通工具感知要求比较

交通工具的选择	感知要求
飞机	快捷、安全、舒适、直达
汽车	舒适、安全、宽敞、便捷
火车	安全、快捷、直达、便于游览
邮轮	舒适、娱乐性强

四、对旅游广告的感知

旅游广告是指由旅游目的地政府部门和企业出资，通过各种媒介进行有关旅游产品、旅游服务和旅游信息的有偿的、有组织的、综合的、非人员的信息传播活动。按传播媒体划分，旅游广告有报刊广告、电视广告、广播广告、橱窗广告、户外广告、网络广告。按旅游企业类型划分，旅游广告有旅行社广告、酒店广告、旅游城市及景区广告、旅游节日庆典广告、会展广告。

1. 旅游广告要引起注意的特征

（1）新异性。新奇独特的事物容易引起人们的注意，相应的宣传作用也就比较大。

（2）强度性。反复出现的事物，次数越多、强度越大，越容易形成深刻印象。

（3）运动性。对于平静的背景，相对运动的事物更容易被人所感知。

（4）对比性。与已知事物或本事物的过去式相对比，会很好地突出本事物的优缺点。

（5）重要性。对相对需要的事物，在关注度上就会加强。

2. 旅游广告的定位策略

（1）强势定位策略。知名度高的景点采取强势定位，如了解中国五千年的文化就到西安。

（2）独特功能定位。要突出旅游产品的特殊功能，如休闲养生地大美长白山。

（3）关联分类定位。不知名的旅游产品，与现有品牌有联系又有区别，如北方小桂林冰峪沟。

（4）市场细分定位。定位在特定人群，如送我到北京上大学的爸妈之旅。

3. 旅游广告诉求策略

（1）心理需要策略。满足特殊需要、激发低层次需要、诉诸高层次需要、激发新需要。

（2）旅游广告诉求的方法。比较法（自我比较、竞争比较）、双面论证法（接受者态度的好与坏、接受者受教育程度、传播者的可信性）、幽默广告（遵循一定的原则）、恐惧诉求、重复性诉求。

【本章小结】

本章首先讲述了感觉和知觉的含义，旅游感知的含义以及特性；其次介绍了影响旅游感知的主观因素和客观因素；最后阐述了旅游者对旅游条件的感知，包括对旅游目的地、旅游距离、旅游交通及旅游广告的感知。

【复习思考题】

1. 简述感知的特性。

2. 简述影响旅游感知的主客观因素。

3. 简述酒店怎样利用晕轮效应这一心理定势。

4. 说明旅游距离对旅游行为的影响。

5. 简述旅游广告的定位策略。

【即测即练】　　　　　　　　【拓展资料】

第三章 学习与旅游消费者行为

【学习目标】

1. 了解学习的定义与基本理论。

2. 熟悉旅游者学习对旅游活动的作用。

3. 掌握旅游者的学习内容及学习过程。

【能力目标】

1. 了解学习的特征与过程，将理论运用于旅游消费者行为分析中。

2. 熟悉旅游消费者学习的主要内容，并应用于旅游产品设计的实践工作。

3. 掌握旅游消费者学习的基本规律，能制定创新的旅游营销策略。

【思政目标】

1. 了解旅游者学习的作用，强化自身的不断成长，培养良好的自学能力与进取心。

2. 熟悉学习的过程及相关内容，把握正确的学习方向，树立良好科学的发展观。

3. 掌握学习的理论及应用，塑造终身学习的能力，从而不断完善与提高自我。

【思维导图】

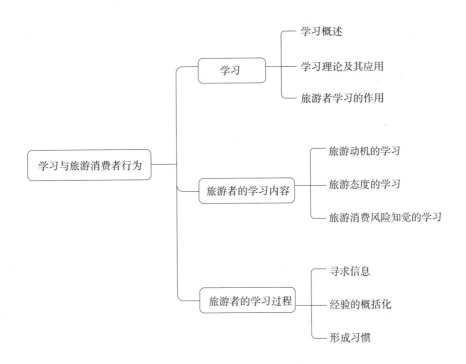

【导入案例】

校友们的帮助

初到长春求学的外省新生孙影钧，准备在军训之后的"十一黄金周"和几位老乡在长春市区转转。但是由于缺乏对长春的了解，就请教了辅导员老师。老师建议让她先搜集一下资料，同时建议她在校友群里咨询一下，会有意想不到的收获。

在旅行社做兼职导游的师姐杨晓蓓，凭借多年的导游经验，给出了旅游线路的建议；几个从事餐饮行业的师兄师姐推荐了长春的特色美食；校友们还推荐了可以带给家人的长春特色纪念品；还有校友建议听一听东北的二人转；家住长春的校友还介绍了便捷的交通换乘方式；还有校友提供了长春的游玩经历及注意事项。"天时地利人和"，孙影钧和老乡们度过了愉快的假期。

她对校友们推荐的食、住、行、游、购、娱等项目非常满意，并根据校友们的推荐及自己的经历整理成一份详细的"长春初体验旅游攻略"分享给所有的新生。

问题：

1. 校友们都为孙影钧同学提供了哪些信息？

2. 校友的经验和自己的经历让自己收获了什么？

第一节　学　习

一、学习概述

1. 学习的概念

学习有广义和狭义之分。广义上，学习是人和动物在生活中获得个体行为经验的过程。学习是机体适应环境变化的基本途径，是动物和人类生活中普遍存在的一种现象。狭义上，学习是指人的学习。人在社会实践中对客观现实的认识过程，主要是指以语言为中介，通过各种方式和途径，直接或间接地掌握人类社会历史经验，积累个体经验，有计划、系统地掌握知识、技能和行为规范的活动。

人们对旅游产品的知觉是建立在学习的基础上的，通过不断的学习，掌握新知识和信息，积累经验，从而可以更有把握地做出旅游决策，成为更成熟的旅游者。旅游工作者通过分析旅游者的学习行为，可以有针对性地完善其旅游产品，满足旅游者的需要，适应旅游市场的竞争。

2. 人类学习的特点

（1）掌握人类社会历史经验。人除了和动物一样可以通过直接同周围事物打交道的方式获得个体经验外，还可以通过个体掌握的方式去继承前人的经验，并将其变为自己的精神财富。这就使得人的学习内容无限扩大、无限丰富了。人类有几千年的文明史，积累了大量的知识经验，对人类社会历史经验的掌握在人的学习中占有重要地位。当然，人并不满足于掌握已有的社会历史经验，还要自己的实践活动中去发现新事物、揭示新规律，将人类对自然和社会的认识向前推进。

（2）以语言为中介。语言是各种事物和关系概括化和抽象化的符号系统。语言代表一定的事物、关系、思想，又能以一定的声音和视觉形象的形式客观存在着，从而被人所感知。语言使得它能够将人类活动的成果作为精神现象的知识经验物质化，使其变为可以传授和接受的对象，从而开辟了人类个体掌握社会历史经验的可能性。借助语言这一工具，个人可以把前人创造的社会历史经验转化为自己的精神财富，同时又能把自己在社会实践活动中获得的新知识、新经验记录下来并加以概括，传给别人，留给后代，丰富人类的知识宝库。

（3）具有积极主动性。人的学习是自觉的、有目的、有计划的。人的意识在学习中起着支配和调节作用。能动性是意识的基本特征，表现在人的学习活动中就是自觉地、有目的地、有计划地去学习各种知识经验，并使之成为认识世界和改造世界的一种内在力量。

3. 学习的过程

（1）第一步，感知。通过眼、耳、鼻、舌、身等感觉器官来感知。

（2）第二步，大脑联合作用。经过大脑的判断、评价、决策等联合作用。

（3）第三步，产生反应。最终由反应器官产生反应，做出语言、行为、使用等反应。

4. 学习的本质

人出生以后，从牙牙学语到掌握高深的科学知识，从蹒跚学步到掌握各种复杂的运动技能，始终贯穿着学习这一主题。学习是因经验而产生的行为或行为潜能的比较持久的变化。学习的本质可归纳为以下三种。

（1）学习因经验而生。因经验而产生的学习有两种类型：①由有计划的练习或训练而产生的学习，如学习某种技能，在学校的学习等。②由偶然的生活经历而产生的学习，如读杂志中的一篇游记而学习到一种旅游经验，于是在自己的旅游过程中加以仿效，或者在旅游活动中获得一种新的体验也是一种学习。

（2）学习伴有行为或行为潜能的改变。有些变化是显性的，如游客学习潜泳、打高尔夫球，从个体的行为变化中就可观察到学习的发生。有些变化则是隐性的、是潜移默化的，如对于历史文化的学习可能会影响到个体的价值观和将来对待事物的态度，从而改变人的行为潜能。对于旅游消费者，这种潜移默化的影响是深远的。例如，一个人平日喜爱读三国故事，对其中的情节了如指掌，一旦他到三国古迹游览，就会比一般游客体会到更多的乐趣，也会更加注重游览中的细节，甚至会产生更为强烈的感知需求。

（3）学习所引起的行为和行为潜能的变化是相对持久的。无论是外显行为，还是行为潜能，只有发生较为持久的改变才算是学习。当然，学习所获得的行为也并非是永久性的，因为遗忘是每一个人都会体验到的事实。学习所引起的行为和行为潜能的改变能维持多久，与学习的材料和练习的程度相关。尽管如此，相对于暂时的变化，学习所带来的变化所保持的时间是相对长久的。

二、学习理论及其应用

1. 经典性条件反射理论

俄国的生理学家巴甫洛夫（Ivan Pavlov）以实验法研究狗对外界刺激的反应，从而提出了经典性条件反射理论。巴甫洛夫的实验是把一个原本不会引起狗分泌唾液的中性刺激（铃声）与一个能引起狗分泌唾液的无条件刺激（食物）联系起来，在每次给狗喂食前半分钟响铃。如此实验多次后，巴甫洛夫发现仅响铃而不喂食，也会引起狗的唾液分泌。此时，狗学会了把铃声和食物联系在一起。经过条件联系的建立，铃声由中性刺激变成了条件刺激，具备了类似食物诱发狗分泌唾液的能力。狗一听到铃声就联想到食物，并分泌唾液，这种现象就是条件反射的过程，如图 3-1 所示。

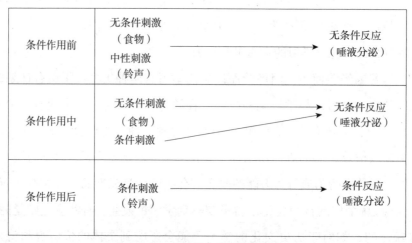

图 3-1　经典性条件反射的过程

经典性条件反射理论表明，如果能引起消费者反应的无条件刺激持续不断地与条件刺激同时出现，消费者将学习到这两种刺激之间的关系。在条件刺激下，消费者会产生原本仅在无条件刺激下才做出的反应。这一原理在市场营销实践中得到了广泛的运用。许多广告都试图激发消费者的遐想，促使消费者把广告产品和服务与某些美好的事物联系起来，进而形成对该产品和服务的好感。一般来说，在消费者投入程度不高的情境下，比较容易形成经典性条件反射。消费者最初可能并没有关注产品或产品广告，也不大关心它所传达的具体信息。然而，在多次被动接触刺激物后，消费者可能会由此而建立起各种各样的联想或联系，形成对刺激物的情感反应。正是这种情感反应，促使消费者进一步搜集产品的信息或试用产品。在经典性条件反射理论作用过程中，有以下几类常见的现象。

（1）刺激泛化。刺激泛化是指当条件刺激能引起条件反射后，与这种条件刺激相似的其他刺激无须经过条件作用过程也可以引起同样的条件反射。换言之，消费者对某种特定刺激的反应会扩大到对其他相似刺激的反应中。泛化现象对旅游广告宣传有重要的启示，即把宣传内容与游客以往所熟悉并有好感的旅游产品或目的地联系起来，可以取得很好的效果。有些旅游目的地在推介新景点时，给新景点冠上"小桂林""小三峡"等与知名景点相似的名称，或赞美新景点有"黄山之奇""峨眉之秀""华山之险"等，这些做法就是运用了刺激泛化原理，以引发旅游消费者的旅游意向。

（2）刺激辨别。刺激辨别是指当条件刺激能引起条件反射后，消费者能够把其他类似的刺激与这一刺激区分开来，予以不同的反应。此时，消费者学会使某种反应只能在某种刺激下发生，而不能在其他相似的刺激下发生。例如，消费者在熟悉了某知名品牌后，仅购买此品牌的产品，而不购买便宜的复制品。新的旅游产品要最终获得成功，必须使旅游消费者感到它具有某些不同于已有旅游产品的独特性，与属于同一类的其他产品有区别。

（3）刺激消退。刺激消退是指由于条件刺激不再与无条件刺激相伴出现，条件反射会逐渐减弱直至消失。在巴甫洛夫的实验中，虽然狗的条件反射与无条件反射均是分泌唾液，但在连续多次响铃后并没有食物出现，狗的唾液分泌会减少，直至完全停止。

2. 操作性条件反射理论

经典性条件反射理论解释了学习者如何建立条件刺激与条件反射之间的关系，但无法解释为什么学习者在遇到某种刺激时，会从各种各样的反应中选择特定的反应。例如，当旅游者需要前往目的地时，他可以选择乘坐飞机、火车、旅游巴士或自驾车出行，但在一定的环境条件下，他为什么会做出这样的反应而不是其他反应呢？操作性条件反射理论要回答的正是学习者如何把特定的刺激与特定的行为反应对应起来。

操作性条件反射理论又称为学习的强化理论。新行为主义心理学创始人之一的斯金纳进行的一个经典实验：把小白鼠放进特制的笼子里（斯金纳箱），笼里有一个伸出的杠杆，下面有一个食物盘，只要笼中的小鼠按压杠杆，就会得到一粒食物。起初，小鼠在笼子里还是上蹦下蹿，但每次按过杠杆后就能有吃的，小鼠就学会了饿了要去压杠杆。实验发现，动物的学习行为是随着一个强化作用的刺激而发生的。斯金纳通过实验，提出了操作性条件反射理论，认为人的行为是行为结果的函数。人们通过尝试与错误过程，了解哪些行为反应能够获得满意的效果，然后会重复那些能产生有利结果的行为，减少那些会带来负面结果的行为。

根据强化理论，如果一个行为反应发生后，接着施加一个强化刺激，那么这一行为反应出现的概率就会增加；由条件作用强化了的行为反应，如果出现后不再尾随强化刺激，该行为反应出现的概率就会降低，直至不再出现。由此可见，在消费者对刺激与反应之间联结关系的学习中，强化物扮演着重要的角色。根据强化的性质和目的，强化可以分为正强化和负强化。正强化可以加强旅游消费者的反应并促使他们表现出适当的行为。例如，一名旅游者参加了航空公司的常客飞行计划，用积分换取了不少令人羡慕的礼品。今后，旅游者就更可能继续乘坐该航空公司航班出游。负强化所强化的，是个体成功地消除厌恶性刺激物的行为。例如，一家订票公司也许会做这样一个广告：一个旅游者收拾好行囊却无法出行，原因是他没法买到车票。广告传递的信息是：只要他享受该订票公司的服务，就可以避免这种负面结果。因此，负强化与惩罚是不同的。正强化和负强化都会加强反应和结果之间的未来联系，因为这两种强化作用都会带来愉快的经验，而惩罚意味着一种行为反应导致了不愉快的事件。

强化理论对营销工作的启示在于提醒旅游企业应格外重视营销宣传与服务质量的一致性和服务质量的稳定性，并做好游后服务，以更好地满足消费者的需要。企业可以通过提供奖券或给予折扣，鼓励旅游消费者进行第一次购买；营造良好的消费环境，使旅游消费场所成为一种强化因素；通过发送赠品等强化刺激，对旅游消费者购买行为给予奖励；在广告宣传中，强调客户群体卓尔不凡，以此对消费者行为予以强化。

一些旅行社、酒店等旅游企业以为游客到某地旅游大多是一次性行为，很少重复光顾，因此把与游客之间的交易视为一次性交易，不重视为客户提供始终如一的优质服务，尤其不重视对游客的游后服务工作。根据强化理论，注重游后服务有着非常独特的意义，它能在很大程度上增加游客的好感，即使游客自己不重复光顾，也会向他人进行良好的口碑宣传。企业可以建立游客游后反馈制度，通过电话、感谢信、问候卡，了解游客的游后感受，鼓励游客提意见和建议。这对游客来说就是一种强化，因为这使游客感到旅行社对他格外重视。旅游消费者获得了强化，再度购买或宣传该旅游产品的概率将会增加。

此外，企业要注重控制强化的频率。欧美学者发现，如果在每次正确反应后就给以强化物，个体习得正确反应的速度很快，但当强化物不再出现或中止强化时，正确反应的消退速度也很快。相反，如果强化是间断性的，即不是对所有正确反应，而是对部分正确反应予以强化，虽然最初对正确反应的学习速度较慢，但在强化物消失后，行为消退的速度也比较慢。在营销工作中，企业通过降价或赠品促销，往往能在短期内刺激消费者的购买行为，但当企业取消这些手段后，销售收入可能马上下降。因此，企业要与客户保持长期的关系，还需采取变动性的间隔强化手段。

3. 认知学习理论

认知学习理论是通过研究人的认知过程来探索学习规律的学习理论。根据上述两种学习理论，人们所习得的刺激与行为反应之间的联结，经过反复练习和强化就会形成习惯，指引人们在遇到类似的刺激情境时如何做出反应。然而，人类许多复杂的学习行为都无法用习惯来解释。例如，儿童学习加法，由 2+2=4，2+2+2=6，……养成连加的习惯，但在学过乘法之后，如果遇到"2+2+2+2+2+2=？"之类的题目，他往往不再采用已有的习惯算法，而是改用简捷的乘法运算。有时，学习者并不需要经历尝试与犯错的过程，而是通过洞察情境中各种条件之间的关系，然后找出行动方案。德国心理学家柯勒把此类学习称为顿悟。

根据柯勒的黑猩猩取香蕉实验：在单箱情境中，将香蕉悬挂于黑猩猩笼子的顶板，使它够不着，但笼中有一箱子可利用。识别箱子与香蕉的关系后，饥饿的黑猩猩将箱子移近香蕉，爬上箱子，摘下香蕉。在更复杂的叠箱情境中，黑猩猩把握了箱子之间的重叠及其稳固关系后，也解决了这一较复杂的问题。研究结论是：人和类人猿的学习不是对个别刺激做出个别反应，而是通过对一定情境中的各事物间关系的理解构成一种"完形"来实现的，是一种顿悟形式的智慧行为。从完形心理学（又称为格式塔心理学）的角度看，顿悟是学习者对目标和达到目标的手段之间关系的理解。顿悟式学习不一定依靠练习或经验，只要认识到整个情境中各成分之间的相互关系，顿悟就会自然发生。

美国心理学家托尔曼等人在柯勒的研究基础上进行了白鼠的三路迷津实验，托尔曼认为，白鼠在迷津中经过到处游走之后，已学到了整个迷津的认知图。这使得它在迷津中的行为是有目的导向的，而不是操作性条件反射理论所说的反应导向。因而得出，个体的行为并不是由行为结果的奖赏或强化所决定，而是由个体对目标的期待所引导的。在既无正强化也无负强化的条件下，学习仍可能以潜在的方式发生。现实生活中的许多现象都可以支持这一观点。例如，在接触各种广告的过程中，消费者可能并没有有意识地学习广告的内容，其行为也没有表现出受某则广告影响的迹象，但并不能由此推断消费者没有获得某广告的某些知识与信息。也许，当某一天消费者要做出某项购买决策时，会突然从记忆中提取出源自某广告的信息，此时，潜在的学习会通过外显行为表现出来。

迄今，除了顿悟学习理论和潜伏学习理论以外，还有许多种认知学习理论。这些理论的共同特点是强调学习者的内部思考过程在解决问题、适应环境中的重要性。认知学习理论认为经典性条件反射理论和强化理论只能用来解释较为简单的学习。学习并不是在外界环境支配下被动地形成刺激与反应之间的联结，而是主动地在大脑内部形成认知结构。学习是新旧知识同化的过程，即学习者在学习过程中把新信息归入先前有关的认知结构中去，或在吸收了新信息之后，使原有认知结构发生某种变化，而认知结构又在很大程度上支配着人们的预期，支配着人们的行为。简而言之，学习实际上是学习者大脑内部认知结构的变化，人们会积极地利用从周围世界得到的信息来适应他们所处的环境。

4. 社会学习理论

社会学习理论又称为观察学习理论，其主要倡导者是美国斯坦福大学教授班杜拉，这一理论的特点是强调学习过程中社会条件的作用。班杜拉认为，人的许多行为是在社会情境中，通过观察他人的行为表现方式以及行为后果（得到奖励或惩罚）间接学到的。在观察学习过程中，被观察或模仿的对象称为榜样，榜样可以是活生生的人，也可以是以符号形式存在的人和物。例如，在学习如何搭建露营帐篷时，有关产品的使用手册或用户指南就是观察或模仿学习的榜样。

（1）对榜样的学习过程。对榜样的学习过程包括注意过程、保持过程、再造过程和动机过程。第一个过程是注意过程。要使学习有效，学习者首先应对榜样或示范影响予以足够的注意。一般而言，预期导致较大奖惩力度的示范、具有影响力和吸引力的榜样、熟悉的事物或与学习者有相似之处的个体，较容易引起学习者的注意。第二个过程是保持过程。学习者有意识地观察榜样还不足以完成学习，而必须以符号或言语编码形式，把他们所观察到的东西储存在记忆中，以便日后据此指导自己的行为。第三个过程是行为再造，即个体把以符号形式编码的示范信息转化为适当行动的过程。学习者在演习和再造示范行为时，可能会发生偏差，需要经过大量的实践后，才能达到榜样的水平。第四个过程是动机过程。经过注意、保持和再造过程后，学习者基本上掌握了示范行为，但他们不一定表现出所学到的所有内容。只有存在积极的诱因时，如学习者认为示范行为能导致有价值的结果，或观察习得的行为能提高行为满意感，这时行为才会由潜伏状态转化为行动。

（2）观察学习的特点。首先，学习者对榜样的观察或模仿可能表现为外显的行为反应，也可能只是在内心汲取楷模的行为方式；其次，在没有强化作用的情况下，观察学习同样可以发生；最后，观察学习并不等同于对榜样行为的简单复制，而是从他人的行为及其后果中获得信息，它可能包含模仿，也可能不包含模仿。例如，两位旅游者结伴到陌生的地方游玩，一位旅游者出于好奇，购买了当地的"风味小吃"，结果发现口味不对，后一位旅游者就不买了。在这个例子中，后一位旅游者的行为是观察学习的结果，而不是简单的模仿。

与其他类型的学习相比，观察学习有很多优点。首先，通过对榜样行为的观察，可以避免在尝试和犯错误中付出各种不必要的代价。其次，观察是学习某些新行为的最好甚至是唯一的手段。例如，通过看旅游电视节目，人们很快就能自行到一个新的旅游目的地游玩。再次，观察学习可以缩短行为学习的时间。想象一下，如果人们只有通过亲身经历才能学习，那将要花多么漫长的时间才能学会使用各式各样的产品。最后，在尝试和犯错误中学习有时是相当危险的，而观察学习可以避免对学习者造成伤害。

（3）在旅游营销中的应用。旅游是一项费时、费力又费钱的活动，任何一个游客都不可能广泛地"试错"，因而游客会更注重观察学习。为了减少错误行为带来的代价和危险，游客会主动从别人那里学习旅游，如倾听朋友和熟人的介绍、观看旅游电视节目、阅读其他旅游者写的旅游日记等，通过观察和思考来掌握旅游知识，形成正确的旅游态度。对旅游企业而言，这意味着每一位游客都是一则广告，每位游客在本企业的消费经历都可能成为若干旅游者模仿的内容。因此，旅游企业必须始终如一地为每位游客提供优质服务。

三、旅游者学习的作用

人类的学习，具体地来讲就是人类在社会实践中不断积累经验，习得知识和技能，用来调整、改变、加强自己行为的过程。

1. 学习对旅游者的作用

（1）获取信息。旅游者在出游之前，需要掌握充足的信息，以此作为旅游选择的参考和依据。旅游者的学习一般有两种方式：①通过自身体验旅游活动积累直接经验。②通过各种媒体或其他人对旅游的评价等间接学习旅游经验。在学习过程中，旅游者需要对所得到的旅游信息进行加工整理，汲取其中有用的信息，指导自身的行为。例如，一个旅游者要到异地去旅游，旅游之前，必然先进行一系列的学习活动，大体包括：查阅地理、历史资料以了解旅游目的地的气候状况、民族风俗传统；从报纸、杂志、电视、网络及相关旅游企业的宣传中了解旅游线路和服务的情况；向周围的亲朋好友、同事、邻居打听去此目的地旅游的经验等。这就是一个信息搜集和学习的过程。

（2）激发动机。在马斯洛需要层次理论中，旅游是一项与人的高层次需要相联系的活动，因而，旅游者不可能直接从自身的生理需要上产生旅游动机。也就是说，旅游动机的产生，必然是旅游者学习的结果。旅游者从自身的旅游经历中或从别人的旅游经验中逐渐认识到：通过旅游可以获得大量的、多方面的知识和经验，丰富自己的信息量；旅游可以增进人与人之间的交往，改善人际关系，满足归属的需要；旅游可以使人享受到旅行社、酒店、景点景区等所提供的各项服务，从中获得尊严感；商务游、出国游、太空游等一些特殊形式的旅游还是个人身份地位的象征。由此可见，旅游是满足人的高层次需要的一个良好途径，因而使得人们对旅游产生浓厚的兴趣，并能在学习中激发自身参与旅游的动机。

（3）积累经验。学习本身是一个积累自身经验以及外界经验的过程。而这些外界的经验，经过旅游者自身的加工改造之后，转化为旅游者自身的经验，对旅游者消费行为产生指导作用。对旅游的学习越深入和广泛，旅游者的经验就会越丰富，也就越能起到指导其行为的作用。

2. 学习对旅游消费行为的作用

人的行为主要是一种习得行为。人的语言、知识、技能、生活习惯、宗教信仰、价值观念以及情感、态度、个性都会受到后天学习的影响。人与动物的一个重要区别就在于动物的行为主要是一种本能行为，而人的行为则主要是一种习得行为。习得行为是可以通过学习加以改变的，因此，人类通过学习能够更好地适应复杂多变的外部环境。正是学习，使人类得以不断调整自己的行为，保持与外界环境的平衡。从旅游消费者行为角度看，学习对消费行为的作用主要表现在以下方面。

（1）通过学习获得关于旅游及其消费知识的信息。旅游消费者的购买决策是以获得有关旅游知识和旅游消费信息为前提的。信息获取本身就是一种学习，而怎样获得或通过哪些渠道获得信息、获得哪些方面的信息，均需要借助学习这一手段。在现代社会，每个人每天都要接收大量的信息，其中包括旅游方面的信息，如有关新的旅游项目的信息、如何购买某项旅游产品的信息、新的旅游线路信息、他人使用产品的行为和体验的信息，等等。消费者主动或被动地接收信息，而其中被消费者接受并能够影响消费者的行为和行为潜能的可能只有一小部分，但正是这一小部分信息，使消费者的行为不同以往，使其在进行购买决策时更富于理性和趋于优化。

（2）通过学习建立与旅游相关的联想机制。联想是指个体由此事物而想到彼事物的心理过程。人们谈到避暑就会想到海边，会想起北戴河、大连、青岛等滨海目的地；说起西双版纳就会想到大象。之所以能够产联想，是因为平日学习积累的信息储存在记忆库中，一旦有外部刺激便产生联想机制。联想在旅游者行为中有着非常重要的作用，它既能促发旅游者的购买行为，又能抑制或阻碍其购买行为。经由学习而产生的联想，经多次重复，时间久了，便会形成习惯。旅游者选择什么样的目的地与旅游者的学习有密切关系。

（3）影响旅游者对旅游消费的态度和购买的评价。旅游者关于某种特定产品或服务的态度也是通过学习逐步形成的。例如，对于某些口碑很好的旅游胜地，旅游者往往会形成肯定的态度，这种态度是从其他旅游者的态度学习而来的。当旅游者经过学习具有更多的知识和经验以后，他对产品的评价及选择标准也会发生变化，经验丰富的旅游者与初级旅游者会对同一类型的旅游产品给出不同的评价，其原因在于前者有更丰富的参照标准。

第二节　旅游者的学习内容

学习是人在生活过程中获得行为经验的过程。人类的绝大部分行为都是后天学习的结果。人的旅游行为是在生活水平达到了一定程度的情况下为满足较高层次的需要而产生的，比起其他行为，更具习得性。因此，掌握学习规律，可以帮助我们深入认识旅游者的心理和行为规律，为做好旅游服务工作带来有益的启示。

旅游者的学习内容主要包括：关于旅游商品本身的信息，包括旅游线路、价格、旅游目的地的资源特点、游程需要多长时间等；关于旅游服务的信息，包括旅行社、酒店、交通部门等将分别提供的服务；关于旅游目的地其他方面的信息，包括旅游目的地的气候、物产、民风民俗、消费水平等；关于旅游常识的信息，包括旅游淡旺季的知识，到沿海地区旅游的经验，到北方参加冰雪旅游的经验，参加探险、漂流的注意事项等。对这些信息的加工处理结果主要体现为对旅游动机的习得、对旅游态度的习得和对旅游消费经验的习得。

一、旅游动机的学习

旅游动机是激励人们进行旅游活动的内因和动力。人的一切有意识的旅游活动都是在动机驱使下进行的。

人类探索的需要是先天需要，几乎每个人一出生就有探索的需要，如婴儿在出生后就想见到外面的事物。除了探索需要这个基本内驱力外，影响旅游者旅游行为的其他大多数动机是后天学习得来的。这种后天的习得对旅游者的旅游行为，包括对旅游地点、交通运输工具和食宿条件的选择都会产生巨大的影响。

旅游者的需要和动机是可以通过学习得到的，使旅游行为不仅成为可能，而且随着以某种新的方式重新学习得到而有可能发生变化。

二、旅游态度的学习

态度是个人对待外界对象（包括人、事和物）较为稳固的，由认知、情感、行为倾向三种成分所构成的内在心理倾向。如果一个人对旅游持有积极的态度，并且有闲暇时间和经济能力，他就会去旅游。个体旅游者所持的态度产生于学习的过程。这种态度在很大程度上是以他的认知、信念和见解为基础的。人们从家庭、学校、亲友、同事和邻居处学习到这些信念和见解，从自己所参加的团体、所生活的社会和从新闻媒体上学习这些信念和见解的信息。通过这些信息的学习，形成自己一定的信念和见解，促使人们产生一定的态度。家庭、亲友、老师、同学、同事和邻居也给人们提供了榜样，告诉人们对各种事物应该持有何种情感——这些情感也促使他形成态度。态度是个体的心理倾向，是个体行为的内在准备，对个体行为具有强烈的促进作用。人们可以通过以下几种途径来习得旅游态度。

1.通过担当角色学习

态度也可以通过人们担当的角色而学习得来。这里所说的角色是指人在社会上所处的地位、从事的职业、承担的责任以及据此而应有的行为模式。社会角色的学习有两方面：一是根据行为判定职业；二是对有关角色的社会认识。

每一个人在生活的各个阶段和社会中都担当着各种角色。例如，在家庭中是丈夫或妻子，对子女是父母，对父母是子女；旅游企业里是经理或导游员，参加旅游是游客等。每一角色都是学习得来的，而且部分学习要求每个人对自己既定的角色采取适合这个角色的态度。通常一个人在选择某一特定的态度上具有某些灵活性，但是假使完全拒绝采取一种适当的态度时，就意味着拒绝担当这一角色。例如，父母对其子女的态度可以在慈爱而又随和或者慈爱而又严厉两者之间选择，但总体上要求父母对子女的态度是既要爱护关怀，又要严格要求。从父母那里，子女将学习到对旅游的某种态度，他们也同样被教会怎样旅游。

2.通过教育学习

教育的价值就在于给人们树立一个很好的榜样。社会实践证明，不少深深铭刻在人们心中的态度是通过接受教育获得的。在旅游这个问题上，教育有重大影响。的确有不少人本来可能不打算旅游，而当旅游被认为是有价值的教育目的服务时，旅游就成为比较容易接受的事情了。

3.通过提高知觉能力学习

知觉是人对外界事物的整体反映，是人将感觉获得的信息进行选择和组合，从而形成完整映像的过程。它通过头脑的感受来察觉对象的含义。这里是说对人的知觉，它包括对别人的态度、动机、感情等的知觉，所以知觉是态度形成的基础。态度的学习也受到知觉的极大影响。正是人们有对事物的认知、理解和正确评价，才形成对这事物的正确态度。

旅游者通过提高知觉的能力，就能对旅游对象、旅游环境条件、旅游景点、旅游活动项目和旅游设施进行正确的、全面的类化和标定，就能划分旅游地区、规划旅游线路和确认旅游交通、住宿、饮食等服务设施能够满足自己的需要。

4.通过社会实践学习

社会实践是在一定社会态度支配下的社会活动。这种社会实践不仅对支配它的态度进行验证，好的社会实践也能对支配它的态度起强化作用。一个对旅游持否定态度的人，本来是不会参加旅游活动的，如果他在一个偶然的机会下或在自己的组织里，参加了一次很有趣的旅游活动，并且获得了亲身体验，对旅游产生了兴趣，他的这种改变，就是态度学习的结果。

然而，还应看到，作为实践经验结果而形成的态度，还要受到旅游者本人对旅游活动期望的影响，这些期望又是从学习怎样进行旅游消费过程中形成的。这又表明，态度也可以通过旅游者的旅游经历、购买旅游产品和接受旅游服务而获得。

三、旅游消费风险知觉的学习

1. 旅游消费风险知觉的种类

旅游消费者需要学会如何去解决各种风险问题。为了理解旅游者应如何减少风险，首先必须理解常见的可觉察到的风险，包括功能风险知觉、安全风险知觉、经济风险知觉、心理风险知觉以及社会风险知觉。

（1）功能风险知觉。功能风险知觉是涉及旅游产品质量的知觉。当旅游消费者购买的旅游产品和服务可能不如预料中那样好或者不像其广告上和承诺中那样好时，就存在功能风险。例如，飞机出现机械故障，旅游巴士半路抛锚，旅行社没有履行其所承诺的服务，某风景区因故突然不接待游客，酒店客房长途电话不通，卫生间无热水等。

（2）安全风险知觉。旅游中的安全风险知觉包括对身体、财产等方面的安全的考虑。旅游者在旅游中比较注意景点、旅游活动对身体是否有危害，食宿是否安全，交通是否含有保险等，如到黄山的老年游客就不会轻易去登天都峰，因为那是对身体体能的严酷考验。此外，安全风险还体现在对他人有无人身威胁以及对环境有无危害上。

（3）经济风险知觉。经济风险知觉是指旅游者对其旅途花销能否购买到与之相应的旅游产品与服务的考虑，包括对住宿和游玩的开支是否合理，旅游购物花费是否值得的考虑。

（4）心理风险知觉。旅游者的心理需求是多方面的，旅游者的心理风险知觉指旅游者对旅游活动总的印象是否满意，购买的旅游产品和享受的服务能否增强个人的幸福感和尊严感，是否会改善个人的自我形象。当人们感到所购买的旅游产品花费不值得，可能导致时间、金钱的浪费时，就形成心理风险。

（5）社会风险知觉。社会风险知觉是指旅游者对外出旅游能否得到亲友、同事及周围的人理解和赞许的考虑。如果不被他人认同，旅游者就会感到这次旅游不值得。旅游产品具有象征性，人们不仅注重自己在消费旅游产品中的感受，还会注重他人对自己所购买旅游产品的评价。如果花费时间和金钱购买一个不符合潮流或者在旅游中体会不到地位提高的旅游产品，就会构成一种社会风险。

2. 减少旅游消费风险知觉的方法

在对待旅游风险知觉上，现代旅游者为了保证旅游活动更好地进行，逐渐学会了采取某些措施来减少或消除风险知觉，带着更少的顾虑去享受旅游带来的乐趣。减少风险知觉的方法主要有以下几种。

（1）对旅游产品和服务的期望不要过高。旅游者有兴趣去旅游，就是对旅游目的地的景点有憧憬，并期望能观赏到平常不易见到的奇景，如山东蓬莱的"海市蜃楼"等不是经常出现的景观。期望本身意味着乐趣，对旅游来说，尤其如此。但是旅游者可能没有想到，登山旅游因多日天气晴朗而观赏不到云海，一些奇景也不是这次旅游能遇到的，有些旅游区宣传的所谓"八大景"，实际上却是有名无实，而且有些景点只是凑数的，看了使人失望。所以旅游业或旅行社人员必须担负双重任务：一方面全面介绍旅游景点的特色风光，增强旅游者的兴趣和想象；另一方面又要说明不足之处，让他们对旅游景点的现实有思想准备，将期望降低，使之不会对旅游景点大失所望。

（2）购买名牌产品，寻求高价格的旅游活动。参加办社时间长、收费合理、服务周到的旅行社。如果是自助旅游，到旅游目的地时选择当地有名的宾馆和餐厅。选择名牌的行为并不意味着个体旅游者对此完全满意，这可能仅仅说明对于他而言这样的选择更稳妥一些，因为他觉得没有任何理由花费精力、时间或承担风险去寻找更好的旅行社或旅游企业。

对旅游业来说，这一情况十分重要，他们只有向旅游消费者提供有信誉的旅游产品和优质服务，才能稳定现有的游客，争取更多的新游客。如果在不清楚当地的旅游产品哪个最能满足自己的需要不能更好地做出选择时，肯定是"一分价钱一分货"，高价格就代表着高信誉度。

（3）广泛搜集更多的旅游信息，认真比较衡量。一般来说，旅游消费者获取旅游信息越多、越可靠，那么他在购买旅游产品时感觉到的风险就越小。因为一个旅行社的信誉、服务状况、收费是否合理，不仅有别人经历的口碑信息，而且还可与多家旅行社相比较。这些信息使旅游者感到跟随这家旅行社旅游很少发生令人意外的事，不会给他带来多大的风险。

第三节　旅游者的学习过程

学习是个体旅游者行为改变的因素。旅游者的旅游消费行为的变化是实践和信息学习的结果。换句话说，旅游实践和接触信息的过程就是学习的过程。

一、寻求信息

信息是学习的一个重要来源。当一个旅游者接触相关旅游的信息并对信息进行归类时，学习就开始了。旅游消费者关心的是与旅游相关的信息，这个信息主要来自两个渠道：旅游商业环境和个体社交环境。

1. 旅游商业环境

旅游商业环境包括广告、推销等宣传和销售方式。旅行社应用图片和文字向潜在旅游者传递有关旅游信息，介绍各旅游景区的特色和具体美景来推销自己的产品。这些信息从下列几个方面对潜在旅游者和旅游者施加影响。

（1）创造性地传递旅游产品信息，可以引起潜在旅游者和旅游者的兴趣，强化他们已开始有的旅游动机，激发他们对眼前的旅游做出决定。

（2）商业信息也可以通过说服旅游者改变其做出旅游决定的方式来影响他的旅游决定。例如，一个旅游者对旅行社的某一旅游地区的收费标准有异议，表示不想旅游时，旅行社常用算细账的方式来说服他。

（3）对于没有经历可以借鉴的旅游者，旅游书刊信息的作用可能更明显。这样的信息往往可以帮助一个没有经验的旅游者学会如何做出重要的旅游决策。

（4）旅行社也可以通过传递信息改变或增加潜在的旅游者挑选多种旅游景点。

（5）以旅游者为宣传对象的商业信息，也可能无意地提醒了旅游者某项具体旅游服务或旅游产品可能会有的消极方面。

2. 个体社交环境

个体社交环境包括家庭、亲属、朋友、同事和同学等，这是个人获得信息的主要来源。来自社交环境的信息与来自商业环境的信息在效果上稍有不同。这种不同主要是因为与亲属、朋友等人有着紧密的私人关系。他们在传递信息时，常常是自己实践过的、毫无保留的，并且还会详加解释和说明的。不仅是由于旅游者认为这种信息比来自商业环境的信息更为真实可信，而且因为在与亲属、朋友交往中，可以相互沟通信息，交流看法和评价。社交环境允许个人提出问题，获得具有评价性的信息，从而减少风险，并使自己心中有数。

二、经验的概括化

概括化就是将客观事物的共同特征或本质特征在头脑中进行概括以形成规律性的认识，并将认识应用推广到其他事物中去。旅游消费者往往希望把做出决策所需要的时间和精力减少到最低限度，要做到这一点就必须进行概括。在旅游消费中，消费者在经历了某一次消费之后，可能推断出在同一旅行社、饭店甚至是同一地区，不管享用何种服务都会得到相同的享受。

概括化原理对旅游营销具有重要价值。旅游企业应利用旅游消费者的这种概括倾向，有针对性地引导旅游者做出旅游消费决策，采取措施将自己的各种产品和服务联系起来，或采取措施避免或隔断这种联系。在旅游产品和服务营销过程中，一方面设法使旅游者对所推销的系列旅游产品和服务中的某一种产品和服务产生好的印象，使旅游者通过概括化把经验推广到这个系列的产品和服务中，从而扩大销售量，以优质的产品让旅游者获得最大的满意；另一方面设法使一些低水准的产品和服务与其他系列的产品和服务区分开来，以免使旅游者的概括化把使用这一不合格产品和服务的经验推广到系列产品和服务中的其他方面，从而破坏其他旅游产品和服务的声誉。

三、形成习惯

行为主义心理学家认为，学习过程就是习惯形成过程。旅游者通过学习养成知觉、态度和行动的习惯。在习惯的作用下，旅游者往往会做出顺应性学习行为。旅游者通过学习形成习惯，如一提起酒店，就会联想到他所熟悉的酒店，如有需要又会习惯性地光顾，在光顾中又知道了该酒店的客源市场、经营范围、服务质量等，这就是顺应性学习。如此，又加深了对该酒店的知觉、态度和行动上的习惯。

旅游从业者在开发旅游产品时应设法满足旅游者的消费习惯，在景点的规划、设施的建设以及服务等方面都要考虑旅游者的消费习惯。

【本章小结】

本章主要介绍了旅游者的学习，包括学习概述、学习对旅游者的作用、旅游者学习的内容以及学习的过程。人的全部行为都包含着某种形式的学习，学习是影响人们行为变化的重要心理因素之一。旅游者学习的内容包括旅游动机、态度以及消费风险知觉的学习。信息和经验是学习旅游消费行为的重要源泉。旅游者学习的过程主要是寻觅信息、积累经验并形成习惯的过程。

 【复习思考题】

1. 结合旅游实践讨论成熟的旅游者与不成熟的旅游者有何不同。

2. 简述旅游者学到的经验对旅游决策的影响。

3. 简述旅游消费者获取信息的主要来源。

4. 简述经典性条件反射理论在旅游市场营销中的作用。

5. 论述学习和态度之间的关系。

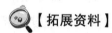 【即测即练】

【拓展资料】

第四章 需要、动机与旅游消费者行为

【学习目标】

1. 了解需要和动机的基本内涵、特点、分类。

2. 熟悉需要、动机和旅游行为的关系。

3. 掌握需要和动机的经典理论。

【能力目标】

1. 了解旅游消费者的需要，能根据旅游者需要开发、设计旅游产品。

2. 熟悉需要的单一性和复杂性，能提供满足二者平衡需要的旅游活动内容。

3. 掌握在实践中如何激发旅游动机，提高满足旅游消费者需要的服务能力。

【思政目标】

1. 了解动机的经典理论，激发学习动机，从而塑造良好的行为习惯。

2. 熟悉马斯洛需要层次理论，培养自信心与实现自身价值。

3. 掌握旅游动机的分类，形成追求美好生活的正确旅游消费观。

【思维导图】

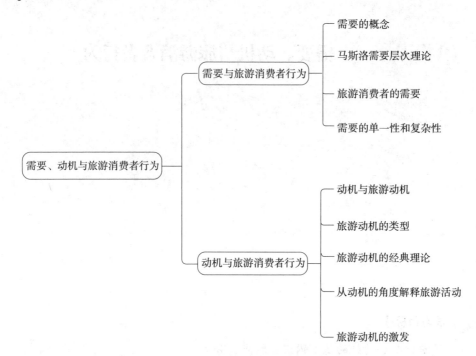

【导入案例】

一个旅游团的特别约定

（1）导游服务：此团为旅游专业教师专家团，要求当地导游服务（特别是讲解）优秀、标准、专业；车轮不停，讲解不止。

（2）食：正餐餐标为 50 元 / 人；每桌 10 人；酒水自理；保证餐食质量；尽量同一包厢用餐。

（3）住：酒店为挂牌四星；位置要在市区二环以内繁华地段；房间要在同一楼层。

（4）行：长春 / 成都 / 九寨沟 / 武汉 / 长春四段机票；当地空调旅游大巴为两年以内大马力金龙牌大客车；正座 37 座（非改装加座）；车况良好，设施齐全（座椅、电视、音响等）；司机驾驶技术娴熟，服务态度优质，且着正装。

（5）游：行程中所列景点第一门票；景点游览保证时间充裕、参观全面；导游和司机推介自费项目要保证质量；若全团超过 1/3 以上团友不同意参加，则该自费项目取消。

（6）购：一地一家购物店（5 家）；每次进店时间不得超过 60 分钟；导游和司

机不得擅自以各种原因增加购物次数和时间；若客人无购物和增加景点等消费能力，导游和司机不得降低服务质量。

（7）保险：团费中包含每位团员一份旅行社责任险及两份旅游人身意外险。

（8）意见单：全团 30 人，每人均要签署意见单，并回传组团社。

问题：

1. 本文主要表达了旅游者怎样的心理需要？

2. 分析文中需要、动机与行为之间的关系。

第一节　需要与旅游消费者行为

一、需要的概念

现代心理学认为，需要是指个体由于缺乏某种生理或者心理因素而产生的内心紧张，从而形成与周围环境之间的某种不平衡的状态。具体表现在有机体对内部环境或外部生活条件的一种稳定的要求，并成为有机体活动的源泉。需要的实质是个体对延续和发展生命，并以一定方式适应环境所必需的客观事物的需求反映，这种反映通常以欲望、渴求、意愿的形式表现出来。

需要是个体活动的基本动力，是个体行为动力的重要源泉。人的旅游活动都是在需要的推动下进行的，需要是动机产生的基础。如果某种需要没有得到满足时，它就会推动人们去寻找满足需要的对象，从而产生活动的动机。

二、马斯洛需要层次理论

需要层次理论是研究人的需要结构的一种理论，是美国心理学家马斯洛所创的一种理论。马斯洛早期曾经从事动物社会心理学的研究，他在 1943 年发表的《人类动机的理论》一书中提出了需要层次论。这种理论的构成根据 3 个基本假设：①人要生存，他的需要能够影响他的行为。②只有未满足的需要能够影响行为，而满足了的需要不能充当激励工具。③需要的层次越低，它的力量越强，潜力越大。人的需要按重要性和层次性排成一定的次序，从基本的（如食物和住房）到复杂的（如自我实现）。在高级需要出现之前，必须先满足低级需要。当人的某一级需要得到最低限度满足后，才会追求高一级的需要，如此逐级上升，成为推动继续努力的内在动力。

1. 基本理论

马斯洛把人类的需要分成生理需要、安全需要、社交需要、尊重需要和自我实现需要五类，依次由较低层次到较高层次，如图 4-1 所示。

图 4-1　马斯洛的需要层次关系图

（1）生理需要。对食物、水、空气和睡眠等的需求都是生理需要，这类需要的级别最低，人们在转向较高层次的需要之前，总是尽力满足这类需要。一个人在饥饿时不会对其他任何事物感兴趣，他的主要动力是得到食物。只有当生理需要得到满足后，才会转向其他层次需要。

（2）安全需要。安全需要包括对人身安全、生活稳定以及免遭痛苦、威胁或疾病等的需求。和生理需要一样，在安全需要没有得到满足之前，人们唯一关心的就是这种需求。旅游者需要保障人身安全，在旅途中不发生交通事故等意外；他们不希望得病，有病则希望尽快治好。旅游者需要在旅游活动中保障自己携带的财物安全，不遭抢劫、不被盗窃或遗失等。对许多旅游部门的员工而言，安全需要表现为安全而稳定以及有医疗保险、失业保险和退休福利等。受安全需要激励的人，在评估职业时，主要把它看作不致失去基本需求满足的保障。如果管理人员认为对员工来说安全需要最重要，他们就在管理中着重利用这种需要，强调规章制度、职业保障、福利待遇，并保护员工不致失业。如果员工的安全需要非常强烈，管理者在处理问题时就不应标新立异，应该避免或反对冒险，而员工们要循规蹈矩地完成工作。

（3）社交需要。社交需要包括对友谊、爱情以及隶属关系的需求，也称为"归属和爱的需要"。当生理需要和安全需要得到满足后，社交需要就会凸显出来，进而产生激励作用。在马斯洛需要层次中，这一层次是与前两层次截然不同的另一层次。人是一种社会性的动物，都有着参与或隶属于某些团体，与他人建立一种亲密关系的需要。当生理需要被部分满足后，人最关心的就是被人接纳、被人爱并且被认为富有吸引力。在旅游活动中，旅游者希望结交新朋友或探亲访友，或与当地人们接触开展社交活动，这就是基于社交需要所发生的行为。对于旅行社等旅游企业来说，这些需要如果得不到满足，就会影响员工的精神，导致高缺勤率、低生产率、对工作不满及情绪低落。管理者必须意识到，当社交需求成为主要的激励源时，工作被人们视为寻找、建立和谐人际关系的机会，能够提供同事间的社交往来机会的职业会受到重视。管理者感到下属努力追求满足这类需求时，通常会采取支持与赞许的态度，十分强调能被共事的人所接受，如开展有组织的体育比赛和集体聚会等业务活动，并且要求遵从集体行为规范。

（4）尊重需要。尊重需要既包括对成就或自我价值的个人感觉，也包括他人对自己的认可与尊重。有尊重需要的人希望别人按照他们的实际形象来接受他们，并认为他们有能力，能胜任工作。他们关心的是成就、名声、地位和晋升机会。这是由于别人认识到他们的才能而得到的。当他们得到这些时，不仅赢得了人们的尊重，同时就其内心因对自己价值的满足而充满自信。不能满足这类需要，就会使他们感到沮丧。"客户是上帝""客户第一"口号的提出，都是针对客户尊重需要的角度提出的。尊重旅游者，就是要尊重旅游者的人格和愿望，就是要在合理而可能的情况下努力满足旅游者的需求，满足他们的自尊心和虚荣心。尊重极为重要，有尊重才有共同的语言，有感情上的相通才有正常的人际关系。旅游者对于能否在旅游目的地受到尊重非常敏感。导游必须明白，只有当旅游者生活在热情友好的气氛中，自我尊重的需要得到满足时，为他提供的各种服务才有可能发挥作用。在旅游活动时，导游要妥善安排，让旅游者进行参与性活动，使其获得自我成就感，增强自豪感，从而在心理上获得最大的满足。

（5）自我实现需要。自我实现需要的目标是实现自我，是指人们希望发挥自己的特长和潜能，实现对理想、信念、抱负的追求，使自我价值得到充分实现。它是最高层次的需要。达到自我实现境界的人，接受自己也接受他人，解决问题能力增强，自觉性提高，善于独立处事，要求不受打扰地独处。

从管理学角度来讲，自我实现需求占支配地位的人会受到激励，并在工作中运用最富于创造性和建设性的技巧。重视这种需要的管理者会认识到，无论哪种工作都可以进行创新，创造性并非管理人员独有，而是每个人都期望拥有的。为使工作有意义，强调自我实现的管理者，会在设计工作时考虑运用适应复杂情况的策略，会给身怀绝技的人委派特别任务以施展才华，或者在设计工作程序和制订执行计划时为员工留有余地。马斯洛还认为，在人自我实现的创造性过程中，产生出一种所谓的"高峰体验"的情感，这个时候人处于最激荡人心的时刻，是人存在的最高、最完美、最和谐的状态，特别是在旅游过程中，如游客经过艰难跋涉，终于登上了高山，会产生"一览众山小"的感觉，忘却了路途的劳累。

2. 理论总结

马斯洛认为在人的精神发展过程中占支配地位的需要先后是上述五种，并总是呈由低级向高级的趋势，高级需要的出现总是以低级需要为前提。只有当低级需要得到满足后，高级需要才能表现出来；但任何一种需要并不因为下一个高级需要出现而消失，只是高级需要产生后，低级需要对行为的影响变小而已。马斯洛还认为，低级需要可以通过外部条件得到满足，高级需要从内部使人得到满足，而且越是得到满足，就越有激励作用。

各级需要呈相互依赖与重叠的关系，这五种主要需要相对突出地渐进变化，只有早期的基本需要高峰过去之后，后一级高级的需要才能开始发挥优势。马斯洛还指出，各种需要层次的产生和个体发育密切相关。马斯洛需要层次理论可以解释旅游者的很多行为表现，有利于了解旅游者的基本需求规律。

三、旅游消费者的需要

旅游消费者的需要是指人的生存需要、享受需要、发展需要，这三种需要在旅游活动中反映的是心理需求。旅游消费者的需要是多方面的，旅游消费者的需要的具体内容具有很明显的特殊性。

1. 生存需要

人要生存、要繁衍后代，这是人的自然属性，这就需要具有生存需要的基本物质资料，包括空气、阳光、衣、食、住、行等。而旅游者需要也反映了生存需要的心理需求，这主要是人们在辛勤劳动或工作后需要休养生息，而旅游是能满足这种需要的。到风景优美的旅游地度假村疗养、休养，或到空气清新的、自然风光奇美的、蓝天碧海的海滨，呼吸新鲜空气并在海水中沐浴，以消除身心疲劳，调节心理机能，使之恢复生机。旅游者需要在炎炎盛夏，去气候宜人的高山或海滨避暑；在秋高气爽时去观赏丹枫绚丽的山林景色；在寒冬腊月，旅游者对葱郁依旧的南国风光情有独钟，它优美、宁静的风光令人恬静、舒适，气候温暖又满足旅游者生理上避寒的生存需要。旅游者生存需要不仅要满足自身的健康，而且也需求自己在精神上有自然美的感觉，有愉快的心情等。

旅游消费者的生存需要对安全的需求也是多方面的。他们需要保障人身安全，在旅途中不发生交通事故等意外；他们不希望得病，有病则希望尽快治好；在旅游活动中保障自己携带的财物安全，不遭抢劫，不被盗窃或遗失等。

2. 享受需要

旅游消费者的享受需要，也包含了生存需要对衣、食、住、行等基本物质需求的内涵，但是又有它的特殊性，它不仅只是为了生存需要的基本物质资料，而是有更高的享受需求。旅游者享受需要的内容有多方面，如旅游者需要的衣服不仅仅是为了御寒，而是需要面料精良、做工精细、式样新颖、色调优雅的中高档服装，尤其是女性对外出穿着的要求更高。他们需要的饮食不仅仅是为了填饱肚子，而是需要适合自己习惯、口味的餐饮，也需要品尝异国或异地的特色佳肴和风味小吃，而且要求质量高、价格合理和卫生达标。旅游者需要的住宿不仅仅是为了睡一个好觉，而是需要有环境优雅、舒适的住房。他们希望住房的被褥清洁卫生，用品齐全且使用方便，有空调，环境寂静，在游览回来后能美美地洗个热水浴，然后睡上一个好觉。旅游者需要的交通要方便、舒适、快捷、安全。他们还需要有各种娱乐，如欣赏音乐、民族舞蹈等文艺演出，参观当地博物馆、文物展览、艺术品展览和欣赏各种自然和人工创造的美好事物。旅游者的享受需要并不是奢求，其实享受、享用和欣赏，是人的天性，是一种生态意识，是人生的一种动力。正因此，通过旅游活动使人的生活越来越多彩亮丽。

3. 发展需要

社会在不断前进，各种事物在持续发展。当前世界各国，尤其是我国的政治、经济、文化都在发展，科学技术更是日新月异，一个人若有一点松懈就会落后，犹如逆水行舟，不进则退。所以，人要跟上时代步伐，适应客观发展规律，就需要发展。旅游者的发展需要主要是，希望通过旅游，走出自己的狭小天地，打破坐井观天的状态，大开眼界，获得新信息、新知识；需要在旅游活动中，结交新朋友或探亲访友，或与当地人们接触，交流感情、增进友谊，开展社交活动展现自己的智力并受到他人的尊重；需要通过旅游，从名山大川、名胜古迹和人文景观的神韵中，领悟到"行万里路，读万卷书"的真谛。旅游者需要求新、求奇、求异、求发展以增加见闻、扩充知识；旅游者需要通过旅游活动去充实、提高、发展自己。旅游能满足人们的发展需要。

四、需要的单一性和复杂性

1. 单一性需要

有人认为，单一性需要也称为一致性需要，是指人们在生活中总是寻求平衡、和谐、相同、可预见性和没有冲突。任何非单一性都会产生心理紧张。因此，人们为减轻心理紧张，便会寻求可预见性和单一性。

按照一致性理论，在旅游的情境中，游客表现出尽量寻找可提供标准化的旅游设施和服务。他们认为那些为大众所周知和接受的名胜古迹、高速公路、餐馆、酒店、商店为旅游者提供了一致性服务，这会给旅游者带来安全和舒适感，从而满足马斯洛的需要层次理论中"安全的需要"。显然，一致性需要可以解释许多在旅游环境中出现的情况，特别是从众行为。

2. 复杂性需要

复杂性需要也称为多样性需要，与单一性需要相反。复杂性需要是指人们期望在生活领域中追求新奇、变化、出乎意料、不可预见的事物。多数人都有切身体会，即过度单一性会让人感到厌倦，会促使人们追求新鲜、刺激以改变单一性生活的单调、乏味。

根据需要的复杂性，旅游者愿意去从未到过的地方，可能选择光顾一家小吃店，而不去大餐馆；可能选择设备不完善却交通方便的住处，而放弃豪华酒店等。这些旅游者感兴趣的是力求避免和他人的一致性，突出自我，他们厌烦了一些老一套和司空见惯的事情。这一类旅游者在旅游中寻求一种变化的需要。

3. 单一性和复杂性需要的平衡

不论需要的单一性还是需要的复杂性都不能单独对旅游行为做出解释。需要将这两种理论结合起来才能对人们的旅游行为做出更为全面的解释。

一个适应性良好的人，希望在生活中将单一性和复杂性结合起来。单一过度会使人感到乏味而去寻求新奇、变化，复杂过度会使人感到焦虑或紧张而去寻求简单、平静。旅游活动既可以满足过多单一性生活的人追求多样性的需要，也可以满足过多复杂性生活的人追求单一性的需要。然而，单一性和复杂性是相对而言的。不同的人所处环境的单一性和复杂性程度是不同的。因此，他们对旅游方式、内容的要求也各不相同。这就需要旅游经营者必须认真分析不同旅游者的单一性和复杂性需要的程度，进行正确的市场定位，根据不同的旅游者开发相应的旅游产品，并进行不同的宣传促销，如图4-2所示。

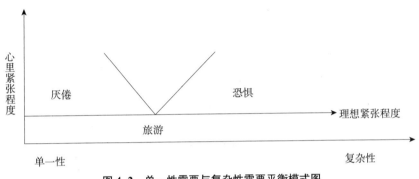

图4-2　单一性需要与复杂性需要平衡模式图

第二节　动机与旅游消费者行为

一、动机与旅游动机

1. 动机的定义

动机是指引起和维持个体的活动，并使活动朝向某一目标的心理倾向。旅游活动作为人的一种自主行为，推动其产生、演进的是旅游活动的主体自身的内部力量，这种力量就是旅游动机。旅游动机是指直接引发、维持个体的旅游行为并将行为导向旅游目标的心理动力。

2. 动机的功能

动机是在需要的基础上产生的，它对人的行为活动具有如下三种功能。

（1）激发功能。动机能激发有机体产生某种活动。带着某种动机的有机体对某些刺激，特别对那些与动机有关的刺激特别敏感，从而激发有机体去从事某种活动。例如，饥饿者对食物、干渴者对水都特别敏感，因此也容易被激起寻觅活动。

（2）指向功能。动机是针对一定目标（或诱因）的，是由目标引导的。也就是说，需要一旦受到目标引导就成了动机。由于动机的种类不同，人们行为活动的方向和它所追求的目标也不同。例如，一个学生确立了从事实践活动的学习动机，在其头脑中所具有的这种表象可以使之注意他所学的东西，为完成他所确立的志向而不懈努力。

（3）维持和调整功能。当个体的某种活动产生以后，动机维持这种活动针对一定目标，并调节着活动的强度和持续时间。如果达到了目标，动机就会促使有机体终止这种活动；如果尚未达到目标，动机将驱使有机体维持和加强这种活动，以达到目标。

3. 动机的种类

1）根据动机的性质划分

（1）生理动机。生理动机是为了满足个体的生理需要而促使人们产生行为的内在驱动力，是一种较低层次的动机。例如，人为了维持生命和发展自己，就需要食品来填饱肚子，这种生理需要就会使人产生寻找食物的动机。

（2）社会动机。社会动机又称为心理动机或习得动机，是指人在一定的社会、文化背景中成长和生活，会产生各种各样的需要，于是就相应地产生了各种各样的动机，如工作动机、学习动机、交往动机、成就动机等。

2）根据动机在行为中的作用划分

根据动机在行为中所起的作用大小，可以划分为主导动机和辅助动机。主导动机是指在活动中所起作用较为强烈、稳定，处于支配地位的动机。辅助动机是指在活动中所起作用较弱、较不稳定，处于从属地位的动机。例如，某个人工作的动机可能有很多种，如满足基本生活，获得社会的认可，体现自我的价值等。其中，满足基本生活是主导动机，其余则是辅助动机。

3）根据动机的引发原因划分

根据动机的引发原因，可以划分为内在动机和外在动机。内在动机是指活动本身引发的推动行为的动力。外在动机是指由外在因素引起的，是追求活动之外的某种目标。两者同时推动人的行为，并在一定条件下，外在动机可以转化为内在动机的。例如，教师和父母的表扬或批评、肯定或否定态度激起学生的学习活动，逐渐地，学生为了获得社会的承认和赞赏也能够专心致志地学习，并把学习看成一种乐趣。

4）根据动机与目标的关系划分

根据动机与目标关系的远近，可以划分为近景动机和远景动机。近景动机是指与近期目标相联系的动机。远景动机是指与长远目标相联系的动机，如有的学生努力学习是为了期末考试取得好成绩，而有的学生努力学习则是为了今后有一份好的工作。前者为近景动机，后者为远景动机。远景动机和近景动机具有相对性，在一定条件下，两者可以相互转化。

4.动机的特征

1）内隐性

旅游动机的内隐性体现在：①旅游消费者不愿披露其旅游动机。例如，一些出境旅游者真正的旅游动机是想借出国旅游炫耀自己的身份和地位，但是当他人询问时则是为了开阔视野，领略异国风情。②旅游者本身没有意识到或不能准确地表达出自己真正的动机。例如，旅游消费者的冲动性购买行为和一些不理智的消费行为，这些由消费者本人都无法完全解释清楚的行为，往往是消费者潜意识的一种外在表现。因此，对于这类旅游动机，旅游企业仅仅通过观察旅游消费者行为和询问旅游消费者是不可能真正了解的，需要对旅游消费者深层的心理需要进行深入分析。

2）多重性

旅游者参加某项旅游活动不仅仅出于一种动机，而是受到多重动机共同驱动，来满足多种需要。例如，城市旅游者参加乡村旅游是为了欣赏乡村的自然风景，品尝农家饭，或是参加农事活动，体验在城市无法获得的经历。这一旅游活动的动机就不止一种，有逃避城市喧嚣环境、感受乡村宁静的动机，有逃避日常工作的烦琐和压力的动机，也有和家人一起感受田园生活的动机。这些旅游动机组成了一个动机系统，共同驱使人们的旅游行为。其中，驱动力度最强的动机是主导动机，其他动机为辅助动机。

3）学习性

旅游动机的学习性是指旅游动机会伴随着旅游者的学习和经验的不断积累和变化而获得。最初的旅行活动并不是出于消遣的需要，而是出于外出经商易货的需要而自发开展的一种经济活动。随着社会、经济、文化的发展，人们接触信息的增多，旅游活动的动机变得多样化，旅游者越来越注重文化和精神方面的需要。由此可见，随着旅游者旅游经历和生活阅历的丰富，以及旅游者学习和日常积累的增多，他们对陌生环境的恐惧感会降低，同时对外部世界的认知也会发生变化，从而会产生更高层次的旅游需求，激发新的旅游动机的形成，因而其旅游消费行为势必会发生新的变化。

4）复杂性

（1）一种旅游活动出于多种旅游动机或者一种旅游动机促使产生多种旅游活动，即相似的旅游活动未必有相似的旅游动机，相似的旅游动机也未必导致相似的行为。例如，入境旅游者来中国旅游，有人出于感受东方文化魅力的动机，也有人出于领略自然景观之美的动机；同样是为了了解中国的历史和文化，有的人选择北京作为目的地，而有的人则可能选择上海，还有的人会选择西安。

（2）旅游动机的冲突。一些情况下，旅游者会有驱动力相当但是方向相反的多种动机，这样就会产生动机冲突。例如，旅游者在假期又想去自然旅游景区观赏大自然的风景，又想到香港购物，两种动机的诱惑力对旅游者都很大，但类型却又有很大的不同，旅游者只能选择其一。对于旅游者来说，动机冲突往往会产生矛盾心理。

5）共享性

旅游者的动机难免会受到同伴出游动机的影响。例如，大众旅游的出游形式大多是参加旅游团或者是亲朋好友集体出游。这类出游形式就意味着所有的参与者之间达成了一种妥协，此时旅游者的旅游动机具有共享性。例如，对一个已有孩子的已婚妇女来说，她的旅游动机可能会因她的同伴的不同而有所不同。如果她和她的丈夫带孩子一起度假，让孩子开心可能就是他们共同的动机；而如果她和她的朋友们一起旅游时，购物和娱乐则成为她们共同的旅游动机。

5. 旅游动机的产生条件

1）旅游动机产生的主观条件

产生旅游动机的首要条件，是个体（潜在的旅游者）对旅游活动的需要。人们紧张的工作会造成体力和精神的巨大消耗，这就会给人们带来身体的疲劳以及巨大的心理压力。因此，人们就需要暂时摆脱这种环境和活动，去寻求一个新的环境，参与一种新的活动，改善自己的生活内容和活动节奏，使紧张的神经得以放松，使身体的和心理的活动节律得到调节。旅游可以使人们暂时摆脱单调、紧张的工作环境和生活环境，成为满足调节身心节律需要的一种活动方式。这是人的生活和工作产生的需要，是基本的、典型的旅游需要之一。同时，每个人都不同程度地对了解自身以外的事物、丰富自己的精神世界感兴趣，对新奇的事物具有强烈的好奇心，这就产生了探索求知的需要。它包括对自然现象的认知、对自然景观的审美以及对不同文化和历史的认识。

2）旅游动机产生的客观条件

（1）时间条件。时间条件是指人们所拥有的闲暇时间，即在日常工作、学习、生活及其他必需时间之外的可以自由支配的时间。人们外出旅游必然要占用一部分时间，如果不能摆脱公务或工作，没有可供自己自由支配的闲暇时间，人们就难以产生旅游动机。

（2）经济条件。旅游是一种消费行为，需要有一定的经济基础。如果财力有限，经费不足，旅游活动就无法实现。旅游是人们生活水平和生活质量提高的一个重要特征，人们在基本生活得到保障之后，才会有旅游的动机。当一个人的经济收入仅能满足维持其基本的生活时，他就不会有更多的财力去支付旅游的开销，也就不太可能产生外出旅游的动机。通常来说，一个国家或地区经济的发达程度与外出旅游的人数成正比。

（3）社会条件。社会条件主要是指一个国家或地区的经济状况、文化因素、社会环境和背景等方面。旅游作为现代人的一种生活方式，不可能脱离社会环境和背景的影响而独立存在。在一个旅游风气浓郁的社会环境中，人们的旅游动机将会非常强烈。同事、朋友、邻居的旅游行为及其旅游精力往往能够相互感染，或者形成相互攀比的心理，使人们产生外出的动机。反之，如果旅游在社会中没有形成风气，人们对旅游的评价太低，人们的旅游动机就很难产生。

6.旅游动机对旅游消费者行为的作用

旅游动机既是旅游者整个旅游活动的起点，又贯穿于旅游活动的全过程之中，并且对旅游者未来的旅游活动和决策有影响。旅游动机对旅游消费者行为的作用，主要表现为以下几个方面。

（1）推动旅游消费者创造必要的旅游条件。旅游活动需要旅游者具备一定的条件。例如，需要相对集中的时间和必要的旅游经费。旅游动机产生之后，就会推动个体对自己的工作和日常生活做出安排，准备旅游所需的闲暇时间；掌握生活的节奏，对家庭生活做出某些必要的安排；调节经费的使用情况，准备旅游必需的资金以及其他物品。

（2）促使旅游消费者搜集和评价旅游信息，制订旅游计划。为了进行旅游活动，旅游者在旅游动机的推动下将从各种渠道搜集旅游信息，分析信息来源的可靠程度及信息的内容，对所得的信息进行筛选和评价，以此作为旅游决策的依据。人们将对所获得的旅游信息和自己的动机需要进行比较，对不同旅游活动的线路和项目等进行取舍，选择最适合自己需要的活动内容和最有利于实现旅游动机的旅游方式，制订一份包括具体的旅游景点、旅游线路、旅游交通方式和旅游时间安排等在内的旅游计划，为进行旅游活动做好充分的准备。

（3）引发、维持旅游消费者的旅游行为。在旅游者做出了旅游决策和制订出旅游活动计划之后，旅游动机将推动个体产生旅游行为，进行旅游活动。旅游活动是一个包括多方面内容的、需要经历一定时间的过程。旅游动机可以推动个体不断努力以维持旅游活动进程，有时还包括克服在旅游活动过程中所遇到的一些困难，它是旅游活动不间断进行的内在驱力。

（4）作为指标对旅游活动的内容进行评价。在具体的旅游活动过程中，旅游动机不仅是维持和推动旅游活动前进的力量，也是旅游者衡量旅游活动效果、进行旅游评价的主观标准。旅游的实际内容以及旅游经历是否符合旅游动机的期望，符合的程度如何以及是否有超出期望之外的惊喜内容，都会使个体产生不同程度和不同性质的心理体验。他们或者感到满意和愉快，或者感到不满意和失望，或者觉得完全平淡无奇，又或者觉得有出乎意料的感受，这些程度不同以及性质各异的评价，将作为一种经验储存在旅游者的记忆之中，影响着他对该次旅游活动的态度和今后对旅游活动的选择。若旅游者产生积极愉快的旅游活动感受以及留下美好的印象，这不仅成为促进新的旅游活动的积极心理因素，而且还可能使旅游者产生再来此地重游的旅游动机。

二、旅游动机的类型

人们外出旅游的动机常常是多种多样的，这一方面是因为人们的需要是复杂多样的，另一方面是因为旅游本身就是一种复杂的象征性行为，是一项综合性的社会活动。因此，对旅游动机的分类就可以从不同的角度来进行。按照产生旅游动机的旅游需要内容、性质进行如下分类。

1. 健康娱乐动机

现代人生活节奏紧张，在工作中面临着激烈的竞争，由此造成了巨大的心理压力。人们都希望能通过外出旅游暂时摆脱平日紧张单调的工作和生活环境，调节身心活动的规律，忘记烦恼，消除心理上的紧张，达到心理平衡，从而可以精力充沛地返回工作岗位迎接新的挑战。在人们诸多的旅游动机中，健康动机（包括生理的健康动机和心理的健康动机）所占的比例是很大的。具有健康娱乐动机的旅游者，在旅游目的地和旅游活动项目的选择上，主要侧重能调节人们身心活动节律、增进身心健康、使人全身心投入的活动，如轻松愉快的参观游览、令人开怀的文化娱乐活动、各种休养治疗活动等。世界各地的许多海滨疗养地、温泉休养地都发展成了旅游度假胜地，每年吸引了大量的旅游者前往度假休养。

2. 社会交往动机

社会交往是人的本性。人们生活在一定的社会关系里，就需要进行社会交往，保持与社会的经常接触，从而满足个体对归属和爱的需要。例如，侨居他乡的游子重归故里，探亲访友，寻根问祖，以及人们在日常生活中寻觅新朋友等都是社交动机的体现。个人、团体的访问、公事往来、文化技术交流活动，都包含社会交往动机的成分。在一个普遍使用高技术的社会里，到处都需要有补偿性的深厚感情。技术越发达，就越需要创造有深厚感情的环境。具有社会交往动机的旅游者，要求在旅游中维持良好的人际关系并希望得到关心。

3. 好奇探寻动机

好奇心和求知欲是人的典型心理性内在驱动力，也是人们获得知识、完善自我、提高自我的重要动力。一方面，好奇探险动机强烈的人，有追求新奇的心理感受和迫切认识新异事物的需要，即使旅游活动具有一定的冒险性，也不会成为他们旅游的障碍，甚至冒险性会让这种动机更加强烈。另一方面，好奇探险动机表现为一种求知的欲望，一种追求新鲜事物的心理需求，名胜古迹、神话传说、奇山异石等，都是激发旅游动机的源泉。因此，好奇探险的旅游动机要求旅游对象和旅游活动具有新异性、知识性和一定程度的探险性。

4. 追求自尊动机

在日常生活中，出于多种原因，人们的自尊需要并不能得到充分的满足，旅游可以对此起到一定的补偿作用。旅游产品是极富象征意义的产品，它的一些设备，如旅游车、网球拍、雪橇、高尔夫球棒、照相机、手机、明信片等，具有很高的象征意义。购买高层次的旅游产品本身就可以赋予旅游者以声望、地位或与众不同的感受，旅游者也可以以此作为向他人炫耀的资本。作为一种象征，旅游可以从多方面反映一个人的情况：事业是否成功、工作是否有成就。任何一个旅游者都希望通过旅游活动改善自我形象，提高自我地位，从而获得更多的自尊。例如，度假过程中选择豪华的五星级酒店等，这些行为本身就是个人取得成功和成就的象征，可以满足个人自尊的需要。追求自尊的动机，往往驱使旅游者去购买某种与众不同或层次略高于现实生活的旅游产品以满足在现实生活中未能充分实现的自尊需要。在现代社会中，旅游又是一种全新时尚的生活方式，是社会的潮流。人们希望通过这种时尚的活动引起他人的仰望和羡慕，以期提高自己的声望和地位。

5. 亲近自然动机

大自然是新鲜感丰富的源泉，人们需要不断地从大自然中汲取生命的活力。在现代社会中，科学技术的高度发展影响了人们社会生活中的方方面面，现在高度技术化和高度城市化的生活暴露出了许多文明的弊病：环境污染，生态环境的恶化，紧张而单一的工作压力和劣质的人际关系使人们普遍感到"窒息"或感到"喘不过气来"。因此，生活在都市的现代人对大自然的需要超出任何一个时代，人们迫切地要去亲近自然，希望能投身于大自然中，从大自然中寻求新鲜感和亲切感。这种亲近大自然的动机自然而然地促成了人们的旅游行为。

6. 宗教朝觐动机

这是以宗教活动为目的的旅游活动，是指人们为了宗教信仰，参与宗教活动和从事宗教考察、观礼等而离开居住地的旅行活动。出自宗教信仰动机的旅游主要是为了满足旅游者的精神需要，寻求精神上的寄托。许多宗教信徒到宗教圣地参与宗教活动，如虔诚的佛教徒去峨眉山等佛教名山的游览等。此外，民间还有许多在特定地点举行的祭祀活动，也有许多非信徒在宗教活动时前往参观。许多地方的宗教庆典已经成为民族的传统节日，这些活动都将吸引大量的游客。

以上是现代旅游者的主要旅游动机，但这并不排除还有其他旅游动机，如审美动机、商务动机、购物动机等。此外，旅游动机是因人而异的，每一个旅游者的行为也并非只受一种动机驱动，常常会有几种旅游动机同时存在，即以某种旅游动机为主，兼有其他动机。

三、旅游动机的经典理论

在旅游学科发展的历史长河中，不少学者对"人为什么出游"这一看似简单的问题进行过长期不懈的探索。在旅游消费者动机领域，目前有如下经典理论是被广为引用的。

1. 普洛格的旅游动机理论

普洛格（Plog，1974）提出的旅游动机模型是学界最广泛使用的模型之一。普洛格关于旅游动机的理论是与旅游者人格分类结合在一起的。普洛格认为，旅游者人格是一个连续统，在连续统的两端分别是"自我中心型"人格和"多中心型"人格，如图4-3所示。

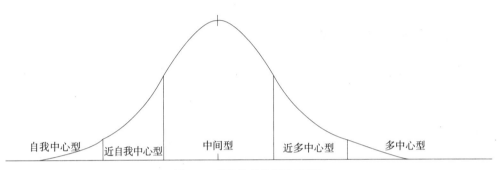

图4-3　普洛格的旅游动机理论

自我中心型人格将思想或注意力集中于生活琐事，他们在旅行模式上更趋保守，偏爱"安全"的旅游目的地，且经常多次重游；多中心型人格则具有冒险精神，持有游览或发现新旅游目的地的动机，很少去同一个地方旅游两次。普洛格还估计，总人口中的人格特征可能接近于正态分布，处于两个极端的自我中心型人格和多中心型人格都是少数的，绝大多数人处于两者之间。这些人当中，接近自我中心型的被称为"近自我中心型"，接近多中心型的被称为"近多中心型"，处于中间的被称为"中间型"。

必须注意的是，尽管普洛格的理论模型为理解旅游者的动机提供了一种有用的方式，但该理论却难以应用，因为如前文所述，旅游者在不同情况下可能持有不同的动机，从而在目的地选择上表现出不同的人格类型。

2. 麦金托什的旅游动机理论

美国学者罗伯特·麦金托什（Mcintosh，1977）将旅游动机分为四类。

（1）身体健康动机。这包括休息、运动游戏、治疗等动机。这一类动机的特点是以身体的活动来消除紧张和不安。

（2）文化动机。这包括了解和欣赏异地文化、艺术、风俗、语言和宗教等动机。这些动机表现出了一种求知的欲望。

（3）交际动机。这包括在异地结识新朋友或探亲访友，并摆脱日常工作、家庭事务等动机。这种动机常常表现出对熟悉东西的厌倦和反感，有着逃避现实和消除压力的欲望。

（4）地位与声望动机。这类动机包括考察、交流、会议以及从事因个人的兴趣所进行的研究等。它的特点是在进行旅游活动的交往中搞好人际关系，满足其自尊、被承认、被注意、能施展其才能、取得成就和为人类做贡献的需要。

四、从动机的角度解释旅游活动

从心理学的角度可以把旅游看作不同于日常生活的生活方式，是人们为寻求补偿和解脱而到别处过一种日常生活之外的生活，因此研究人们为什么旅游就要了解人们日常生活中缺少什么，又多些什么。

1. 旅游者求补偿动机

旅游者求补偿动机是指旅游者需要通过旅游来寻找补偿，使日常生活中所缺乏的那种满足感也就是新鲜感、亲切感、自豪感得到补偿。新鲜感是指通过旅游扩展和更新自己的生活；亲切感是指通过旅游寻求广义的人类之爱；自豪感是指通过旅游提高自我评价。

2. 旅游者求解脱动机

旅游者求解脱动机是指旅游者需要通过旅游来寻求解脱，使日常生活中所多余的精神负担过重、脑体高度失衡、日常事务繁重、人际关系复杂等得到解脱。

3. 旅游者求平衡动机

旅游者求平衡动机是指旅游者在求安、求稳与求新、求变的矛盾心理中寻一种平衡。人们通常有两种相对的心理：一方面人们有求安、求稳的心理；另一方面人们又有求新求变的心理，这也就产生了一个矛盾，安稳的生活意味着没有变化，变化的生活意味着不安稳。旅游活动能使人达到一种平衡。

五、旅游动机的激发

旅游动机的产生是多种复杂因素作用的结果，包括主观因素的影响和客观因素的制约。若要激发旅游动机，就可以针对影响旅游动机的主客观因素采取相应的措施，通过适当的刺激，提高人们参与旅游的积极性，唤起人们的旅游欲望，以促使潜在的旅游者积极地参与到旅游活动中来。激发旅游动机可以采用以下措施。

1. 努力开发具有吸引力的旅游产品

旅游产品是否具有吸引力与旅游动机的激发密切相关。风格独特的旅游产品可以在旅游者心目中形成强烈的印象，引发旅游者的想象力，使其产生外出旅游的动机。开发特色旅游产品和创新传统旅游产品是激发人们旅游动机的关键之一。具有吸引力的旅游产品应具备以下特征：①自然性。在旅游产品的开发上要尊重自然，尽可能地保持其原始风貌，以满足旅游者求真求实的心理。在景区景点的建设过程中，既要维护自然景观原始天然的美，又要利用好现代技术，使人文景观保持原有的风韵，以达到集形、声、色的和谐和美感的目的。只有这样才能激发人们的旅游兴趣和动机。②独特性。独特的个性、鲜明的特色是旅游产品的魅力之所在。因此，在旅游产品的设计上，要显示出与众不同的独特风格，以别具一格的形象去吸引旅游者，并强化它、渲染它，以增加它的魅力，如三亚正是以它的特色和鲜明的个性——阳光、沙滩、大海吸引了成千上万的中外旅游者，成了人人向往的"神话世界"。③民族性。由于各民族所处的生存环境不同，社会经济状况各异，因此带来各民族生活习惯、风土人情、服饰装束、宗教信仰、民宅建筑等的各具一格，烙下了浓厚的民族文化内涵和鲜明的民族个性色彩的印记。典型民族风格的旅游资源，对旅游者充满了吸引力。因此应保持某些旅游产品的传统格调，突出民族性，注重地方特色，如建造具有本地区、本民族风格的小木屋、竹楼、帐篷、草房等，不仅达到了与景区的统一和谐，又给旅游者以美感和新奇感。

2. 完善旅游设施设备

旅游产品的吸引力是旅游动机产生的条件和基础，而使旅游者产生旅游动机的保证是美观、实用、方便、配套齐全的旅游设施设备。旅游设施设备的范围很广，包括交通、食宿、游览和通信等设施设备，它们是保证旅游者顺利完成旅游活动的重要条件。而要激发人们的旅游动机，旅游设施设备应该完善配套，处处使旅游者感到方便。旅游设施设备的数量、规模、档次、位置要充分满足旅游者需要，保证旅游者进得来、住得下、玩得好、出得去。在设计上要造型独特，外观雅致，内部舒适。另外，旅游设施要注意满足不同阶层、不同收入水平、不同心理状态的旅游者的需求，具有满足各种旅游者的供应能力。

3. 提高旅游服务质量

提高旅游服务质量可以消除旅游者在整个旅游过程中的种种不便和顾虑，使旅游者在心理上获得亲切感和自豪感。为旅游者提供优质高效的服务，首先要有一支一定数量的素质较高、熟悉业务、能够按照客户和接待工作要求迅速、灵活、准确地提供优质服务的队伍。旅游服务中，餐饮服务人员要热情、周到；客房服务要标准、娴熟；导游人员要耐心细致、知识面宽；司乘人员要技术过硬、安全意识强，并且旅游线路安排要合理、新颖。也就是高效率、高质量地为旅游者解决在吃、住、行、游、购、娱等方面可能遇到的困难，并提供富有人情味的、体贴入微的服务，使旅游者在旅游过程中处处感到方便和满意。总之，所有的服务都必须从旅游者的需求出发，尽力让旅游者体会到旅游是愉快的、舒适的、安全的，做到让游客"乘兴而来，满意而归"。同时，借助旅游者向周围人宣传旅游的经历和感受，也可诱发周围人的旅游动机，让更多的人加入旅游活动中来。

4. 倡导现代旅游观念并进行宣传

要激发旅游者的旅游动机，应倡导和树立全新的现代旅游观念，使人们认识到旅游是人类自然的、永恒追求的一种消费活动，是现代人生活的必需。旅游不但是提高国民的物质文化水平的一个重要消费领域，还可以起到刺激和扩大内需，拉动经济发展的作用。宣传活动不仅可以倡导现代旅游观念，引起旅游者的兴趣，激发旅游动机，也可以突出旅游企业的形象，扩大企业知名度，争取客源。旅游企业可以通过各种媒介对新开发的旅游景点、新建设的旅游设施、新增加的旅游项目进行突出个性地宣传，根据特点，针对需要，进行连续的宣传推广，以刺激和激发旅游者的旅游动机。另外，应积极地通过宣传，优化社会群体的旅游行为模式，优化社会环境氛围，从而刺激旅游者个体的旅游动机。

总之，人们的旅游动机很大程度上取决于旅游资源、旅游环境和旅游服务等条件。因而，旅游工作者应该深深懂得，开发什么样的旅游资源、提供什么样的旅游设施和服务才能激发游客的旅游动机、满足其旅游需要、调动其旅游积极性，这是非常重要的。

【本章小结】

本章主要介绍了需要的概念，马斯洛需要层次理论，旅游动机的概念、产生条件、作用、分类以及如何激发旅游动机，并从旅游动机的角度解释旅游行为以及旅游动机的经典理论。通过学习使学生了解如何根据旅游者的需要和动机去开发具有吸引力的旅游产品，完善旅游设施设备和提高旅游服务质量。

【复习思考题】

1. 简述旅游动机的特点。

2. 简述旅游动机产生的客观因素。

3. 简述旅游动机对旅游行为的作用。

4. 结合旅游需要的单一性和复杂性解释旅游活动。

5. 结合马斯洛需要层次理论，论述酒店消费者的需要。

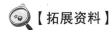【即测即练】　　　　　　　　【拓展资料】

第五章 个性与旅游消费者行为

【学习目标】

1. 了解个性的含义、类型、结构及经典理论。

2. 熟悉生活方式与旅游消费者行为的关系。

3. 掌握个性特征与旅游消费者行为的关系。

【能力目标】

1. 了解个性的基本理论，能根据行为方式识别消费者的个性特征。

2. 熟悉个性的影响及其形成与发展的因素，能分析个性结构与旅游行为的关系。

3. 掌握个性差异对旅游行为的影响，学会通过研究旅游者个性判断其需求差异。

【思政目标】

1. 了解个性与旅游行为的关系，尊重个性的差异，塑造健全的人格。

2. 熟悉个性的相关理论，树立正确的人生观与价值观。

3. 掌握不同生活方式与行为之间的关系，培养积极乐观的生活方式。

【思维导图】

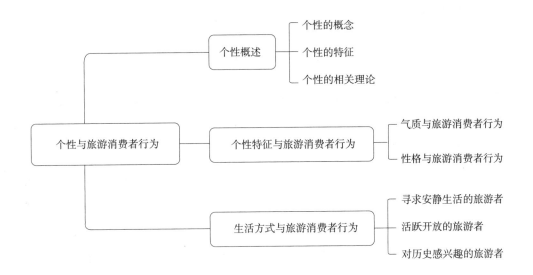

【案例分析】

不同形式的查干湖之旅

查干湖，蒙古语意为白色圣洁的湖，地处吉林省西部，是吉林省内最大的天然湖泊，也是国家级内陆湿地和水域生态系统类型自然保护区。

那么，旅游者通常何时前往呢？当然是冬季！特别是无比经典的查干湖冬捕——听着远处渔工们用铁锹凿冰的声音，还有那烈马拉动绞盘的声音，冰下数百米长的渔网顺着湖水流动，徐徐向前，慢慢散落开来，形成类似椭圆形的大网，圈住了肥美鲜活的胖头鱼。

不同的旅游者通过不同的方式来到查干湖，有的自驾而来，有的随同旅行团前往观光，有的为探亲访友而来，有的为垂钓结伴而来，还有的特地专程前往查干湖购买鲜鱼乃至头鱼……正是由于人们各不相同的个性与爱好，使得冬季的查干湖好不热闹。

问题：

1.为什么旅游者前往查干湖的方式各有不同？

2.面对不同个性的旅游者，服务人员应如何应对？

第一节　个性概述

一、个性的概念

1. 个性的定义

个性一词来源于拉丁语，原意是指舞台上演员戴的假面具，它代表着剧中人的身份。心理学把它引用过来，表示在人生大舞台上每个人扮演的不同角色以及表现出的相应行为。

个性是影响知觉选择的因素之一。例如，不同气质类型的人，知觉的广度和深度就不一样。多血质的人知觉速度快、范围广，但不细致；黏液质的人知觉速度慢、范围较窄，但比较深入细致。此外，有调查表明，自信大胆的人对乘飞机旅游十分积极主动，而胆小谨慎的人对安全问题十分重视，旅游中乐于乘坐火车。

个性是个体在先天素质基础上，在一定的社会历史条件下，通过社会交往或实践活动形成和发展起来，带有一定倾向的，是稳定的心理特征的综合。它是由个人在其遗传、环境、学习等因素交互作用下形成的，并具有很大的稳定性。

2. 个性的内容

1）个性倾向性

个性倾向性是指一个人所具有的意识倾向，也就是人对客观事物的稳定的态度。它是人从事活动的基本动力，决定着人行为的方向。个性倾向性包括需要、动机、兴趣、信念和世界观等。世界观在个性倾向各成分中居于最高层次，决定着人总的意识倾向。

2）个性心理特征

个性心理特征是一个人身上经常表现出来的本质的、稳定的心理特点。个性心理特征包括气质、性格和能力等。人们在认识事物和改造事物的过程中，不仅有各种个性倾向，还会表现出个人的不同特点。由于每个人的遗传因素、生活环境不尽相同，因此，人与人之间在心理风格和气质上存在着差别，这便形成了人的个性心理特征。

二、个性的特征

个性心理学的特质理论研究者认为，个性特质或特征是构成个性的基本单元。每一个人的个性都具有如下特征。

1. 稳定性

个性不是指一时表现的心理现象，而是指人在较长时期的社会实践中，由于适应或改变客观世界而表现出来的个性心理，因而个性心理都是比较稳定的。但是不论是如何稳定的个性，这种稳定是相对的，在一定社会的影响和教育下，都会发生一定的变化，具有不同程度的可塑性。

2. 独特性

每个人的先天素质和后天影响不同，因而人的个性面貌总是千差万别，独具风格，所以个性具有独特性。

3. 社会制约性

人既包括自然的生物特征，又包括社会的本质特征，而后者是主要的。由于人的个性是具有自然生理特征的人，参加到社会关系的历史发展中形成的，因而决定个性发展方向的不是抽象的生物因素，而是现实的社会因素。人的一切个性形成与发展都受一定社会生活所制约，具备明显的社会制约性。

4. 差异性

每个人所具备的先天素质、所处的社会历史条件以及社会交往都是不同的，因此造成了个体独特的风格、独特的心理活动和独特的行为活动。在旅游上，这种差异性对消费决策的影响表现得尤为突出，如追新猎奇型旅游者更喜欢到新开发和充满新奇感的旅游目的地旅游和选择刺激的游乐项目，安乐小康型的旅游者更倾向于选择安静的旅游度假地和传统的旅游项目。

5. 可塑性

个性在形成的过程中受到社会历史条件和社会交往的影响，因此，随着环境的变化、年龄的增长和实践活动的改变，旅游消费者的个性会发生不同程度的变化。例如，一个年轻冲动、追求时尚、活跃但收入不多的旅游者可能会选择富有冒险性但不太注重享受和休闲的冒险旅游，但随着年龄的增长及所处社会地位、收入水平的变化，他可能在中年时转变为一个重视旅游产品休闲性和高品质的旅游者。另外，重大的事件以及环境的突变都可能对一个人的个性改变产生或大或小的影响，如亲人的逝世、工作环境的改变等。

三、个性的相关理论

1. 弗洛伊德的个性理论

弗洛伊德的个性理论，主要可以分为两大主题：个性结构与个性发展。

1）个性结构

在弗洛伊德看来，个性是一个整体，包括彼此关联且相互作用的三个部分，分别称为本我、自我和超我。由于这三个部分的交互作用而产生的内驱力，支配了个体所有的行为。

（1）本我。本我是个性结构中最原始的部分，是遗传的本能。本我包含着一些生物性的或本能性的冲动（最原始的动机），其中又以性冲动和破坏性冲动为主，这些动机是推动个体行为的原始动力。弗洛伊德把这种原始动力称作"力比多"。外在的或内在的刺激都有可能促使其增加，而力比多增加时就会增加个体的紧张与不安。为了降低紧张，本我要求立即满足需求以发泄原始冲动。所以本我是受"快乐原则"支配的，由本我支配的行为不但不受社会规范道德标准的约束，甚至由本我支配的一切都是潜意识的。弗洛伊德认为生物需要在人的一生中持续存在，是个性中永存的部分，在人一生的精神生活中，本我起了最重要的作用。

（2）自我。自我是个体在与环境的接触中由本我发展而来的个性部分。在本我阶段因为个体的原始性冲动需要获得满足，就必须与周围的现实世界相接触，从而形成自我适应现实环境的作用。例如，因为饥饿而使本我有原始性的求食冲动，但是哪里有食物以及如何取得食物等现实问题，必须靠自我与现实接触才能解决。因此，个性的自我部分是受"现实原则"所支配。自我介于本我与超我之间，它的主要功能有：①获得基本需要的满足以维持个体的生存。②调节本我的原始需要以符合现实环境的条件。③管制不为超我所接受的冲动；四是调节并解决本我与超我之间的冲突。由此可见，自我是个性结构中的主要部分。

（3）超我。超我是在个性结构中居于管制地位的最高部分，是由于个体在社会化的过程中将社会规范、道德标准、价值判断等内化之后形成的结果。平常所说的良心、良知、理性等，都是超我的功能。本我寻求快乐，自我考虑到现实环境的限制，超我则明查是非善恶。所以，超我是本我与自我的监督者，它的主要功能有：管制社会所不接受的原始冲动；诱导自我使其能以合于社会规范的目标代替较低的现实目标；使个体向理想努力并达成完美的个性。

本我、自我、超我三者不是完全独立的，而是彼此进行交互作用而构成个性整体。一个正常的人，其个性中的三部分经常是彼此平衡而和谐的。本我的冲动应该有机会在合于现实的条件下，并在社会规范许可的范围内，获得适当的满足。

2）个性发展

精神分析理论关于个性发展有两个前提：①强调发展，认为成人的性格是由婴幼儿时期的各种经验塑造而成的。②性力（即力比多）是一生下来就有的，并随着个体心理的发展而发展。弗洛伊德认为，在儿童发展的不同时期，力比多投放集中于身体不同的特定部位。这些部位对维持生存起着重要的作用，也是快乐的来源。按照力比多投放的部位，个性发展可以分为以下五个时期。

（1）口唇期。婴儿出生后第一年，力比多主要投放在口唇部位，口唇刺激（吸吮、吃手指、咬东西等）是愉快的来源，因为这样能减轻饥饿产生的紧张，并引起吸吮产生的快感。如果在这个时期内婴儿的口腔活动受到过分的限制，使口唇期本能发展顺利，就会影响以后的发展而产生滞留现象。若滞留现象出现在口唇期，长大后可能保留下口唇性格。按照弗洛伊德的说法，具有口唇性格的人，在个性上常偏向悲观、依赖、退缩、猜忌、苛求，甚至对人仇视等。

（2）肛门期。儿童从一岁到三岁，是个性发展的肛门期。幼儿由于排泄粪便解除内急压力可得到快感经验，因而对肛门的活动产生满足。该阶段对儿童进行卫生训练很重要，训练可以影响儿童以后性格的发展。训练过分严格，儿童在情绪上受到威胁恐吓时，可能导致其将来性格冷酷无情、顽固、吝啬、暴躁，甚至生活秩序紊乱。按照弗洛伊德的解释，这种现象是由于肛门期不能顺利发展所产生的滞留作用影响而形成的。因此，弗洛伊德称之为"肛门性格"。

（3）性器期。儿童长到四五岁，开始产生恋母（男孩）或恋父（女孩）情结。这一时期的儿童在行为上有了性别之分，并且开始模仿父母中的同性别者，但却以父母中的异性作为爱恋的对象。与此同时，它们惧怕双亲中与自己同性的一方，"并努力使自己成为双亲中同性的那样，于是就产生了自居作用"。这导致儿童采取父亲或母亲的行为和评价。这样，"超我"就发展起来了。

（4）潜伏期。弗洛伊德认为，儿童到六岁以后，其兴趣不再限于自己的身体，而是注意周围环境中的事物。因此，从儿童性的发展来看，六岁以后进入潜伏期。性潜伏期一直延续到十二岁左右，这段时间正是儿童的小学阶段。在这一时期，儿童由于生活范围的扩大和接受系统的知识，因而他们个性中超我的部分得到了发展。同时，儿童与异性间的交往比较少，团体活动时常常是男女分开。这种现象一直维持到青春期后才发生转变。

（5）青春期。儿童到了青春期以后，开始对异性产生兴趣，喜欢参加两性组成的活动，而且在心理上逐渐发展而有了与性别相联的职业计划、婚姻理想等。

2. 伯恩的个性结构理论

1964年加拿大临床心理医生埃里克·伯恩博士在其专著《人们玩的游戏》一书中，提出了一种新的个性结构理论。该理论认为，个性是由"儿童自我状态""成人自我状态"和"父母自我状态"三种自我状态构成的。这三种自我状态大体上与弗洛伊德的"本我""自我""超我"相对应。每种状态都有其独立性，在任何情况下，人的行为都受到这三种个性或其一的支配。

1）儿童自我状态

儿童自我状态是人最初形成的自我状态，在个性中主管情感和情绪，具备好奇心和想象力，是冲动的主要来源。其行为模式有两种：任性式、顺从式。儿童自我状态负责人们完全不受压抑或表面可笑的行为、天真烂漫的行为以及自然的言行。儿童自我状态在个性中主管情绪和情感的部分，同时人们的欲求、需要和欲望大部分也由它掌管。可见，儿童自我状态表现出的大多是原始的、具有动机或动力性的东西。如果一个人的儿童自我状态较弱，就是一个缺乏活力的、刻板的人。儿童自我状态的表现都是即兴式的，不负责任，追求享乐，玩世不恭，遇事无主见，逃避退缩，以自我为中心，不管他人。这种人讲起话来总是："我要……""我想……""我不管……""我不知道……""我就是要……""我有什么办法……"。

2）成人自我状态

成人自我状态是个性中支配理性思维和信息的客观处理的部分。客观和理智是主要标志。它掌管理性的、非感情用事的、较客观的行为。当一个人的成人自我状态起主导时，往往表现为：冷静、处事谨慎、尊重别人，喜欢探究为什么、怎么样等。其语言特征为："我个人认为……""我的想法是……"。

3）父母自我状态

父母自我状态是人们通过模仿自己的父母或相当于父母的人的态度和行为而形成的一种状态，是以权威和优越感为标志的行为模式。父母自我状态提供一个人有关观点、是非等方面的信息。它是一个"照章办事"的行为决策者。通常以居高临下的方式表现出来，表现为统治人、训斥人等权威式的作风并具有两种行为方式：①慈母式的同情、安慰。②严父式的批评、命令。当一个人的个性结构中父母自我状态成分占优势时，他的行为表现为：凭主观印象办事，独断专行，滥用权威。这种人讲起话来总是"你应该……""你不能……""你必须……"。

对一个心理健康的人来说，三种自我状态处于协调、平衡的关系中并共同作用着。在不同的情境中，哪种自我状态起主导作用，要视当时的具体情况而定。如果一个人的行为长期由某一种自我状态支配，那么，他就是一个心理不健康者。一个由父母自我状态支配自己行为的人，往往把周围的人当成孩子看待。一个总是处于成人自我状态的人，通常被称为是容易惹人生厌的人，他与周围的人可能相处得格格不入，因为他个性中关心他人的父母自我状态和天真活泼的儿童自我状态的侧面都被抑制了。总是处于儿童自我状态的人一辈子都像个孩子，永远也不想长大。这种人从不独立思考，从不对自己的行为承担责任。当然，在日常生活中有的人虽然以某一种自我状态占优势，但他也是正常的。例如，我们常见有的人富有理性、有的人更具责任感、而有的人更浪漫些等，都属正常现象。

3. 个性的特质理论

心理学研究表明，在组成个性的因素中，有两种能引发和主动引导人的行为，并使人面对不同种类的刺激，都能做出相同反应的心理结构。有些心理学家称此心理结构为个性特质，也称行为特质。它是人们最有效的"分析单元"。个性就是由许多这种特质有机组合构成的。特质论者认为，个性是由许多心理要素构成的。所谓特质是指一个人的行动中一贯具有的倾向性的因素。这些因素只有量的不同，没有质的变化。

特质不是习惯，习惯比特质更特殊。例如，一个人也许会有刷牙、勤换衣服、梳头、洗头和剪指甲等习惯。然而，他具有的这些习惯的原因是具有清洁这一特质。

特质也不是态度。一个人对待某件事物，如对一辆崭新的汽车或对游行都有若干种态度。相反，特质更普遍得多。例如，某人基本上是属攻击型的，那么他在对待陌生人、动物、事件等的行为必然是攻击性的。态度与特质的第二个区别是态度意味着评价。就是说，态度常常是赞成或反对某件事的，不是肯定的，就是否定的。而特质则是包含评价的所有行为和认知活动。

下面介绍一些个性特质理论，其代表人物有奥尔波特和卡特尔。

1）奥尔波特的个性特质论

奥尔波特是个性特质论的创始人。他认为特质是个体个性中的"心理结构"，特质既能激发行为，又可以指导行为。它存在于个人内部，不能直接观察到，只有通过推断才能得到。他认为，个性特质是每个人以其生理为基础的，一些持久不变的性格特征。他将人的特质分为以下三类。

（1）首要特质。首要特质是指足以代表个人独特个性的特质。例如，只用"吝啬"二字就足以代表某人的性格，而且所有认识他的人，都认为他真的是吝啬。吝啬就是此人的首要特质。小说或戏剧的中心人物，往往被作者以夸张的手法，特别突出其首要特质。

（2）中心特质。中心特质是指代表个人性格的几方面的特征。中心特质是构成个性特质的核心部分。每个人的中心特质为5~7。平常评价某人时所用的"诚实的""勤奋的""乐观的""开朗的"等形容词就是指中心特质。

（3）次要特质。次要特质是指代表个人仅仅在某些情境下表现的性格特征。有些人虽然喜欢高谈阔论，但在陌生人面前则沉默寡言。单从他的性格表现看，只能说沉默寡言是他的次要特质。

2）卡特尔的个性特质论

美国个性心理学家卡特尔应用因素分析法来探讨个性特质，并认为构成个性的特质彼此不是松散存在的，而是相互关联的。他提出了表面特质和根源特质的概念。表面特质是经常发生的，从外显行为中可实际测到。根源特质是个性结构的最重要部分，是外显行为的内在原因，是构成个性的元素，人的所作所为无一不受根源特质的影响。从表面特质中精选出潜在的根源特质是卡特尔研究的主要方面。他运用因素分析，最后确定个性的16种根源特质，如表5-1所示。

表5-1　个性因素特质表现（卡特尔）

个性因素	低分者特征	高分者特征
乐群 A	缄默孤独（分裂性气质）	乐群外向（狂躁气质）
聪慧 B	迟钝、学识浅薄（智能低下）	聪慧、富有才识（智能高）
情绪稳定 C	情绪激动（自我力量弱）	情绪稳定、成熟（自我力量强）
好强 D	谦逊、顺从（服从性）	好强、固执（支配性）
兴奋 E	严肃、冷静（退潮性）	轻松兴奋（高潮性）
有恒 F	权宜、敷衍	认真负责（高超自我）
敢为 G	畏怯退缩（缺乏自信）	冒险敢为（少顾虑）
敏感 H	理智、着重实际（重现实）	感情用事（敏感）
怀疑 I	信赖随和（依赖）	怀疑刚愎（固执）
幻想 L	现实、合乎成规（求实际）	狂放不羁（重想象）
世故 N	坦白、直率、天真（不造作）	能干、世事（精明）

续表

个性因素	低分者特征	高分者特征
忧虑 O	安详沉着（自信）	烦恼多端（罪恶感倾向）
激进 Q1	服从传统（保守）	批评激进（自由奔放）
独立 Q2	依赖、随群附众（集团志向）	自立、当机立断
自律 Q3	内心冲突（自我概念弱）	严于律己（自我概念强）
紧张 Q4	闲散安静（紧张程度低）	紧张困扰（紧张程度高）

第二节　个性特征与旅游消费者行为

一、气质与旅游消费者行为

气质是一个人典型的、稳定的心理特点。气质是人的高级神经活动在行为上的表现。它主要体现在情绪体验的快慢与强弱、表现的隐显、动作的灵敏与迟钝及言语的速度和节奏等方面。根据气质在行为方式上的特点，一般可以分为四种典型的气质类型，如表5-2所示。

表 5-2　气质类型与行为方式

气质类型	高级神经活动类型	行为特征
胆汁质	兴奋型	急躁、热情、情绪兴奋性高。容易冲动，心境变化剧烈，具有外向性
多血质	活泼型	活泼、好动、反应迅速、喜欢与人交往。注意力容易转移，兴趣容易变换，具有外向性
粘液质	安静型	稳重、安静、反应缓慢、情绪不外露。注意力稳定，善于忍耐，具有内向性
抑郁质	抑郁型	行动迟缓、孤僻、情绪体验深刻、感受性很高。善于觉察别人不易察觉的细节，具有内向性

气质对旅游选择的影响，表现在选择的方式和速度方面。胆汁质和多血质类型的人，往往会较多地选择活动性强、有变化、新鲜奇异甚至带有探险性质的旅游活动，能独立并果断地做出选择，较少表现出优柔寡断。粘液质类型的人，在选择中表现得较为谨慎，他们会多方面搜集资料，细心进行评估，独立做出决断，在认为还没有对所有问题具有充分把握之前，不会贸然下决心。抑郁质类型的人，在旅游选择中往往表现出犹豫不决，所以常常观望别人，受别人选择的影响。与

气质类型相对应，可把旅游者分为急躁型、活泼型、稳重型、忧郁型。

1. 急躁型旅游者

这种类型的旅游者属于胆汁质的类型。他们对人热情，感情表露于外，喜欢与人交往，讲话、办事的速度快，精力充沛，并表现得非常活跃，爱和别人争论问题，平常粗心大意，对旅游活动的气氛有着直接的影响。因为这种类型的旅游者比较直率，如果发现令自己不满或遇到令自己不顺心的事会不顾情面、不顾场合地讲出来。在与他们打交道时，旅游工作者要注意自己的言行，千万不要因为言行不慎而激怒他们，也不要计较他们的一些冲动言行。一旦发生冲突，旅游工作者要主动退让，找到合适的处理方式。

2. 活泼型旅游者

这种类型的旅游者属于多血质的类型。他们活泼好动，动作敏捷灵活，喜欢和人交往。他们喜欢选择活动性强、有新奇感、刺激性强的旅游活动，且常常选择群体性的旅游活动，即使和陌生人出去旅游，他们也一样感觉愉快。旅游工作者在与他们交往时，要特别注意满足他们爱交际的特点，不能不理睬他们。在与他们讲话时，不要过多重复，否则会让他们厌烦。旅游工作者要主动向他们介绍新鲜、刺激的活动项目，以满足他们的兴趣。同时，要注意发挥他们在团队中的作用，使他们成为旅游工作者的好帮手。

3. 稳重型旅游者

这种类型的旅游者属于粘液质的类型。他们平时比较安静，不善于主动与人交谈，自制力强，情感不易外露，很少大声说笑；遇事不易受感动，也不易发脾气，办事稳妥，总是不慌不忙，反应较慢；在导游讲解时，更适应缓慢、清晰的表述方式；易怀旧，喜欢和比较熟悉的人打交道，如出去旅游喜欢固定的旅行社，喜欢和熟悉的导游打交道，喜欢吃自己比较熟悉的食物等；在接待时，要注意满足他们喜欢安静及适应新环境慢的特点，尽量按他们的要求安排楼层和房间。

4. 忧郁型旅游者

这种类型的旅游者属于抑郁质的类型。他们平常沉默少语，不喜欢交际，也不喜欢热闹的场合，感情不易外露，自尊心比较强，敏感，好猜疑。他们总是表现得羞怯、忸怩，不习惯在公开场合讲话。在旅游活动中，如果遇到一些不顺心的事内心会非常痛苦。旅游工作者在与他们打交道时，要特别注意尊重他们，跟他们讲话要避免引起误会，在游览时要多关心他们。

二、性格与旅游消费者行为

性格是人对现实的态度和行为方式中的比较稳定的心理特征的总和。人的个性差异首先表现在性格上。人的性格是个性中最重要的、最显著的心理特征，也是个性心理特征的核心。它是在生理素质的基础上，通过后天的家庭环境、教育条件和社会实践活动的影响而逐步形成的。人的性格形成后，就具有相对稳定性和习惯性，因而了解和分析一个人的性格特征，就可以预见他在某种情况下，将会有什么样的态度和采取什么样的行为。性格与气质既有区别又有联系，如表 5-3 所示。

表 5-3　气质和性格的区别与联系

		表现上	生理上	稳定性上
区别	气质	心理活动、行为	生理因素（制约）神经系统（相关）	典型、稳定
	性格	态度、行为	后天社会生活形成	较稳定
联系	性格有气质特色			
	气质被性格掩盖			
	可能一致，也可能不一致			

性格类型有不同的分类，心理学家已经从多种角度进行过划分，而对人的性格划分的方法，也适用于旅游者性格的分类。这里介绍几种常见的分类方法。

1. 机能类型与旅游消费者行为

这种分类按理智、情绪、意志三种心理机能哪种占优势，将旅游者的性格划分为理智型、情绪型和意志型三类。

（1）理智型旅游者。通常用理智来衡量一切，并支配自己的行动。他们进行旅游选择和决策，往往会认真思考和细心评估，很少受情绪波动和他人的影响，多喜欢选择具有认知价值和审美意义的人文和自然景观，如"中国古丝绸之路专线游"，而较少选择一般的观光或度假旅游以及单纯的娱乐、休闲性旅游活动。

（2）情绪型旅游者。凡事易受情绪支配。他们抉择和处理事情爱凭兴趣和情绪，好感情用事。喜欢选择有趣味、有变化的活动内容及方式，喜爱具有浪漫色彩、温馨情调、神秘气氛和不同寻常体验的旅游活动，如"新、马、泰十日游""云南风花雪月周游"等，而对单纯的度假和专项的旅游少有兴致。他们在旅途中常是团队情绪的激发者、烘托者和活跃的中心人物。

（3）意志型旅游者。做事目标明确，善于自我控制。他们对自己选择的旅游目的地或已经定好的游览行程不会轻易改变，不易受外界和他人的影响。对无目标和轻而易举的旅游活动少有兴趣，而热衷于目的明确的具有挑战性的能发挥个人能力的旅游活动。在旅途中具备吃苦耐劳精神，能适应各种旅游环境，如"爬山旅游""西双版纳原始森林探秘游"等。

2.独立程度与旅游消费者行为

这种分类按个体活动独立性的程度，将旅游者的性格划分为独立型和顺从型两类。

（1）独立型旅游者。善于独立思考，不受外界和他人的影响。进行旅游选择和决策时，往往会认真分析，权衡利弊，一旦做出决断则难以改变。喜欢自主或自主团体型组织方式的旅游，不受约束地安排自己的旅游时间和活动。如若参加团体旅游，往往是旅游活动的策划者、组织者，常受团队成员的拥护信赖，帮助团队客人反映意见或解决问题。

（2）顺从型旅游者。独立性差，易受外界、他人和广告宣传的影响。进行旅游选择和决策，往往按别人的计划或意见行事，喜欢随大流。这类旅游者喜欢参加所属团体组织的集体旅游或旅行社组织的、安排好行程或计划的团体包价旅游。他们在旅行中遇到挫折和困难往往会束手无策，一筹莫展。

3.性格的典型特征与旅游消费者行为

这种分类按个体的情绪稳定性、社会适应性和心理活动的内外向特征，将旅游者的性格划分为A型、B型、C型、D型和E型五类。

（1）A型旅游者。一般情绪不稳定，社会适应性较差，外向。旅游中人际关系不甚融洽，喜欢争强好胜，办事急于求成，性情急躁，他们的言论行为常引起团队成员的注意或议论。

（2）B型旅游者。一般情绪特征和社会适应性都较为平衡。旅游中不善交际，言谈行为缺乏主动性，但为人处事平和；放得下、想得开，从不耿耿于怀。

（3）C型旅游者。一般情绪稳定，社会适应性良好，感情内向。游览中言谈行为反应慢，沉静多思好幻想，常处于被动状态，但人际关系从不紧张。

（4）D型旅游者。一般情绪稳定，社会适应性好，感情外向。旅游活动中活跃开朗，善于交际，与团体成员关系融洽；言行主动积极，肯动脑筋，并有一定的组织领导能力，常是旅游团队的中心人物。

（5）E型旅游者。一般情绪不稳定，社会适应性差，内向。旅游活动中显得清高、孤僻，沉默寡言，少与人交往，但有自己的偏好与兴趣，喜欢独自思考。

第三节　生活方式与旅游消费者行为

生活方式是指社会生活的形式。其数量特征表现为生活水平，包括人们的收入水平、消费水平、社会福利状况等；其质量特征表现为生活习惯、价值取向、人际关系、行为规范、社会态度以及利用闲暇时间的方式等。生活方式作为一种综合的个性特征，与人的日常生活中的各种行为关系密切。一个人的生活方式反映着其在意识支配下的稳定的活动形式，这些稳定的活动形式，如日常生活、需要、兴趣、价值观念等，都反映了一个人的个性品质，所以通过一个人的生活方式可以了解其个性特征。

根据梅奥和贾维斯在其著作《旅游心理学》中对不同的旅游者的生活方式与旅游行为之间的关系的描述，并结合我国的实际情况，大致可以对旅游者做以下几种类型的典型概括。

一、寻求安静生活的旅游者

喜欢这种生活方式的人是以家庭和子女为中心的人。他们重视家庭，关心孩子，维护传统，渴望井然有序、舒适安宁的生活。他们重视清洁和健身，希望旅游活动能够带给其充分的休息和娱乐而且要安全。一般情况下，他们乐于选择安宁幽静的旅游目的地，喜欢清新的空气、明媚的阳光，喜欢去狩猎、钓鱼和与家人野餐，以及其他户外的活动。这类人喜欢安全、不受打扰的环境，不喜欢冒险性的旅游活动，如登山、到沙漠探险等，以免在旅游活动中有意想不到的事情发生。因此，此类人选择的旅游目的地大都是环境宜人幽静的湖滨、海岛、山庄等度假胜地，在"静"中享受度假的乐趣。为激发这一部分人的旅游动机、引导他们的旅游行为，在旅游区开发建设、服务和宣传促销时，应该突出旅游目的地的清洁与宁静，体现大自然的原始性，强调身心健康和放松性，尤其要强调有利于孩子的教育和身心成长，提供可供全家一起度假的机会和场所。

二、活跃开放的旅游者

这种类型的旅游者同前一种类型的旅游者形成鲜明对照，他们外向、活跃、自信、追新猎奇，乐于主动和他人交往。他们喜欢参加各种社交活动，认为旅游度假的含义不能局限于休息和轻松，而应该把它看成是联络老朋友、结交新朋友、扩大交往范围的良好时机。他们乐于主动尝试和接受新鲜事物，追求时髦和潮流，对任何新鲜的经历都有很大的兴趣，喜欢遥远陌生的旅游目的地，最好能周游世界。他们认为假期不能只是休息、疗养，而应该摆脱刻板单调的日常生活，去从事全新的活动，体验更加丰富多彩的人生。他们乐于寻求有刺激性的旅游项目，希望在"动"中获得享受，得到满足。这类旅游者往往被不同国家、不同文化背景的美术馆、博物馆、音乐会、传统戏剧和民俗风情所吸引，喜欢乘坐飞机、租赁汽车，乐于参加秋冬季节的旅游活动。针对这种类型的旅游者，旅游促销和宣传都必须围绕一个"新"字做文章，突出新奇和刺激，体现神秘和独创性，强调经历和体验，显示时髦和新潮。

三、对历史感兴趣的旅游者

这一类型的旅游者的一个主要动机就是登临古迹，缅怀过去。历史人物和事件的遗迹，古代文化旧址等对这类旅游者有很大的吸引力。从某种意义上来说，每个历史人物、遗迹、事件都是人们与过去交流的一种方式。爱好历史的旅游者的受教育程度并不一定比其他人高，但是，他们认为假期应具有教育意义，应该能够增长知识，通过对历史文化的了解，加强对现实社会生活的理解，并由此强烈地激发了他们对具有历史意义的度假胜地的兴趣，而娱乐只是次要的动机。度假是一次了解他人、了解不同的风俗习惯和文化的机会，也是一次了解历史人物事件和丰富个人阅历的机会。这一类型的旅游者重视旅游活动的教育作用，他们对孩子、家庭具有强烈责任感。他们认为，应该为孩子安排好假期，全家人一起度假的家庭是幸福的家庭。他们会选择文化气氛比较浓的旅游地度假，如北京、洛阳、西安、南京、杭州等地，或少数民族居住地去领略异域文化和风情。为了吸引这类旅游者，在旅游景点的宣传上就要突出其所能提供的受教育、长知识的机会和家庭团聚的机会。旅游服务行业可以共同努力建设综合的、具有历史意义的旅游胜地。

【本章小结】

　　本章主要介绍了个性、个性特征、生活方式等基本理论。其重点是对个性特征、生活方式与旅游消费者行为之间的关系进行阐述。学习使学生掌握不同气质类型和性格类型的旅游者的行为方式，并对个性的理论与应用有一个较为全面与深刻的理解。

【复习思考题】

　　1. 简述个性概念及特征。

　　2. 简述如何理解弗洛伊德的个性结构理论在旅游活动中的运用。

　　3. 简述四种不同气质的旅游者的特征。

　　4. 对比气质、性格的区别与联系。

　　5. 如何理解旅游者的生活方式？

【即测即练】

【拓展资料】

第六章 态度与旅游消费者行为

【学习目标】

1. 了解旅游态度的概念、特征以及影响因素。

2. 熟悉旅游偏好与旅游决策的形成过程。

3. 掌握改变旅游者态度的方法。

【能力目标】

1. 了解态度的内容和特点，能够结合实际制定改变旅游消费者态度的基本策略。

2. 熟悉态度的构成因素以及旅游态度的理论，能够清晰识别旅游者的行为倾向。

3. 掌握影响态度的因素及改变旅游态度的方法，并能够应用到实际工作中。

【思政目标】

1. 了解态度及旅游态度的基本理论，树立正确的"三观"，培养积极的生活态度。

2. 熟悉态度与旅游者行为关系，养成表里如一、言行一致的态度与行为方式。

3. 掌握态度在旅游者行为中的作用，引导消费者形成良好审美、求知的旅游态度。

【思维导图】

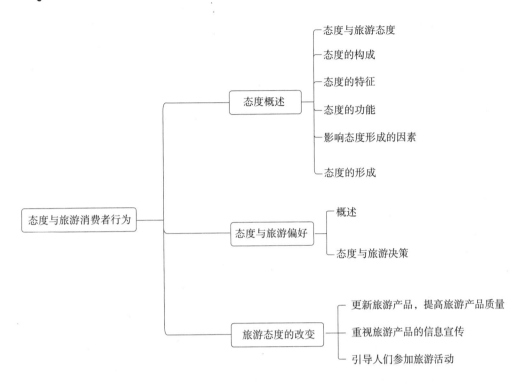

【导入案例】

成功的转型

刘婷婷在大学城附近经营一家西餐厅。起初生意兴隆，但随着人们外出就餐趋于方便快捷和低消费，该餐馆的营业额逐渐下降。分析发现，原来的定位已不合实际，因此，刘婷婷决定改变餐馆的经营策略。

第一步就是改变认知，年轻人期望在中档价格范围内享受轻松随意、无拘无束的进餐体验。那就在既有的硬件条件基础上综合中西方饮食风格，撤掉了桌布，在凹凸不平、光秃秃的桌面上摆放了餐具；同时提供各种随意取食的小吃等免费食物；服务员换掉礼服，穿上T恤衫和长裤或裙子，使服务变得更具个性化、更为轻松；并通过新媒体进行大力宣传。很快客流剧增，效益也非常好，现已成为网红打卡地。

问题：

1.该餐馆是怎样改变消费者态度的？

2.根据案例，分析态度的影响因素有哪些？

第一节　态度概述

一、态度与旅游态度

1. 态度

态度是指个人对某一对象所持有的评价与行为倾向。人们对一个对象会发表赞成或反对、肯定或否定的评价，同时还会表现出一种反应的倾向性。这种倾向性就为人们的心理活动提供了准备状态。态度会影响到他的行为取向。

2. 旅游态度

旅游态度是人们对旅游对象和旅游条件做出行为反应的心理倾向，也可以说是旅游消费者在了解、接触、享受旅游产品和服务的过程中，对旅游本身、旅游产品和服务以及旅游企业较为稳定的心理倾向。它是个人对旅游对象和旅游条件以一定方式做出反应时，所持的评价性的较稳定的内部心理倾向。它虽然不是旅游行为反应本身，也不是旅游行为反应的现实，但却包含和预示着人们做出的旅游行为反应的潜在可能性，因此，一个旅游消费者的态度会影响他的旅游行为。如果个人对某次旅游活动中的旅游景点和吃、住、行等旅游服务具有良好的态度，就包含和预示着他有再次参加旅游活动的可能性。

二、态度的构成

态度是个人的内在结构，由知、情、意三个方面的因素构成，即认知因素、情感因素和意向因素，如图 6-1 所示。

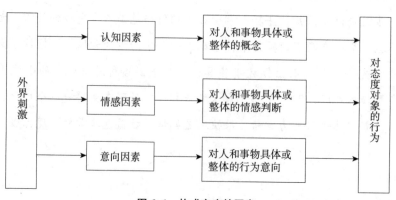

图 6-1　构成态度的因素

1. 认知因素

认知因素是指主体对人和事物的认识、理解与评价。这种认识通过赞成或反对的方式表达出来，有时是直接的，有时是间接的。

2. 情感因素

情感因素是指主体对人和事物的情感的体验，表现在对一定对象的喜爱或厌恶、尊敬或蔑视、同情或冷淡等。

3. 意向因素

意向因素是指态度与行为相联系的部分。它是行为的准备状态，即准备对一定的对象做出反应的意向。

态度的三种成分是相互区别、相互联系的。认知是态度的基础，情感是态度的核心，意向是态度的外在表现。一般说来，态度的三种成分是协调一致的。以事件为例：课后，有 A、B 和 C 三位同学在讨论国庆假期去哪里旅游。A 同学认为北京是个好地方，名胜古迹很多，去北京旅游会使人增长见识。于是 A 同学在国庆假期非常高兴地赴北京旅游。B 同学虽然也认为北京是个好地方，游览名胜古迹会使人增长见识，但他无法忍受北京的交通和空气，他甚至讨厌那里熙熙攘攘的人群。于是 B 同学没有利用国庆假期去北京旅游。而 C 同学也认同北京是个好地方，文化底蕴丰厚，能增长见识，但是他不喜欢旅游，所以假期就待在家里看看书、看看电影。A 同学觉得北京能使他增长见识，情感是友好的，所以他选择去北京旅游，这就是他的反应倾向，而 B 同学虽然认为北京的确能使人增长见识，但是由于北京交通问题，导致他对北京的情感不友好，所以就没选择去北京旅游。但是，态度的三种成分有时也有不一致的表现，C 同学对旅游的审美价值在认识上是明确的，但是在情感上不喜欢旅游，因而缺乏对旅游的兴趣。

三、态度的特性

1. 对象性

态度必须指向一定的对象，若没有对象，就谈不上态度。态度是针对某一对象产生的，具有主体和客体的相对关系。人们做任何事情，都会形成某种态度，在谈到某一态度时，就提出了态度的对象。例如，对某酒店的印象如何，对酒店的收费有何感觉，对服务员有什么看法等。没有对象的态度是不存在的。

2. 社会性

态度是通过后天学习获得的,而不是先天遗传的。态度是个体在长期的生活中,通过与他人的相互作用,受到他人以及周围环境的不断影响逐渐形成的。态度形成后又会反作用于他人,影响他人的态度。例如,客人对酒店的态度,也许是他在接受服务的过程中通过亲身体验观察得来的,或者是他通过广告宣传、其他客人的评价等形成的。

3. 相对稳定性

态度的稳定性是指态度形成后会在相当长的时间内保持不变。态度是个性的有机组成部分,它使人在行为反应上表现出一定的规律性。例如,客人在某酒店接受了良好的服务后,感觉很好,从而形成对这家酒店的肯定态度,以后当他再有这种需要时,很可能还选择这家酒店,这就是"回头客"。"回头客"的多少,既反映了酒店服务质量的高低,也反映出了客人态度的稳定与否。

4. 相对可变性

当然,态度也并非一成不变,当各种主客观因素发生变化时,态度也会随之改变。就以上例来说,如果客人在这个酒店受到某个新来的服务员不太礼貌的接待或发现这家酒店的饭菜质量已不如从前,他就会改变原来对这家酒店的积极肯定的态度,而产生消极、不满的情绪,并且他可能从此不再光顾这家酒店。

5. 内隐性

态度是人的一种内在的心理体验,存在于人的内心,它虽然包含反应倾向的成分,但它毕竟不是行为本身。因此不能直接观察到态度本身,但可以从当事人的言论、表情、行为中间接地进行分析与推测。例如,一个人待人热情且言行如一,就可以推测出他为人持有正确、善良的态度。

6. 价值性

态度的价值性是指人们所知觉的态度对象对自身价值的大小。态度作为一种行为倾向,与人们的较深层次的价值观有着密切的联系。人们的价值观往往是态度的核心,因此,态度显示出很强的价值性。人们对于某个事物所持有的态度取决于该事物对人们的意义大小,也就是事物所具有的价值大小。

事物对人的价值大小,一方面取决于事物本身,如客人对某酒店的态度,主要取决于该酒店能为客人提供什么,如地位(社会的价值)、休息(实用的价值)等;另一方面,也受人的需要、兴趣、爱好、动机、性格、信念等因素所制约。所以,同样一件事，由于人们的价值观不同，因而产生不同的态度。为此，对能满足个人需要并符合人的兴趣爱好和价值观念的事，人们会产生正面的态度；反之，则产生消极的态度。

四、态度的功能

人为什么要形成或保持某些态度，这是一个态度功能的问题。态度具有四种基本功能，即适应功能、自我防御功能、认知功能和价值表现功能。

1. 适应功能

适应功能也称功利功能，是指态度能使人更好地适应环境和趋利避害。人是社会性动物，他人和社会群体对人的生存、发展具有重要的作用，只有形成适当的态度，才能从某些重要的人或群体那里获得赞同、奖赏等。例如，旅游经营者在向游客推销旅游产品时，如果对游客和旅游产品表示一定的赞美，使游客形成正面的好感和态度，那么销售起来可能会比较容易，而且游客在下次遇到这些旅游产品时会做出相同的选择，从而节省了在购买决策上的时间。

2. 自我防御功能

自我防御功能是指对于某些事物的态度能帮助个体回避或忘却那些严峻环境或难以正视的现实，从而保护个体的现有人格和保持心理健康。例如，在旅游过程中，经常可以看到一些收入水平不高的旅游消费者也会不时购买一些高档的手表、珠宝和化妆品，选择入住高档酒店，这实际上就是出于自我防御的目的，有意无意地防御自己各种不安的心理，以保持心理平衡。

3. 认知功能

认知功能是指形成某种态度更有利于对事物的认知和理解。事实上，态度可以作为帮助人们理解世界的一种标准和参照物，人们在已形成的态度倾向性的支配下，可以决定是趋利还是避害，使外部环境简单化，从而能够集中精力关注那些更为重要的事情。此外，认知功能在一定程度上解释了忠诚的影响，对某一品牌形成忠诚，能够减少信息搜集，简化决策程序，并使旅游消费者的行为趋于稳定。

4. 价值表现功能

价值表现功能是指形成某种态度，能够向别人表达自己的核心价值观念。在20世纪70年代末80年代初，对外开放的大门刚刚开启的时候，一些年轻人以穿花格衬衣和喇叭裤为时尚，而很多中老年人对这种装束颇有微词，由此实际上反映了两代人在接受外来文化上的不同价值观念。

五、影响态度形成的因素

态度主要是在后天生活环境中通过学习形成的。影响态度形成的因素，既有社会环境因素，又有个人的主观因素。旅游者的态度是旅游时通过认知活动和受到自己的主观经验和外部环境的影响而形成的。这些因素主要有以下几种。

1. 需要的满足与否

需求是否被满足直接影响态度的形成。人们对于能满足自己的旅游需求或有利于达到目标的对象，一般都能产生满意和赞许的态度；而对不能满足自己需求，阻碍自己达到目标的对象，则会产生排斥甚至厌恶的态度。某些饭店集团之所以能赢得大多数旅游者对其所持有的满意的态度，正是因为这些集团能为旅游者提供种类齐全的服务，满足旅游者全方位的生理和心理需要。如果旅游者在旅游中未能住进预订的酒店、服务不佳或活动计划被改变，则会产生消极的旅游态度。

2. 个体的经验和知识

态度的习得性这一特征决定了个体通过直接或间接经验所获得的知识影响着态度的形成。个体对旅游对象的态度，会受到所获得的关于旅游对象的知识的影响：获得那些关于旅游对象的正面知识，会产生积极的态度；获得负面知识，则会产生消极的态度。譬如，人们对某一酒店的态度，可能受到间接经验的影响，如酒店的商业促销广告或亲朋好友的介绍；也可能受到直接经验的影响，如在住店过程中自己亲身感知到的酒店服务。而旅游者的亲身经历尤为重要，细致入微的服务肯定会给人带来愉快的经历，形成肯定的态度；反之，糟糕的服务必然会给人带来不愉快的体验，导致形成否定的态度。旅游实践显示，旅游者的态度大都来自他们的直接旅游经验，尤其是大多数不愉快的旅游经历通常都会给旅游者留下深刻的印象，从而在头脑中形成消极否定的态度。

3. 群体态度的影响

在现实社会中，每个人都生活在一定的社会群体之中，都与一定的社会群体（如家庭、学校、工作单位、社会活动组织）相关联，而每个社会团体的成员都有一些需要共同遵守的成文或不成文的行为规范，因此社会群体的规范和习惯会形成一种无形的力量，影响群体成员的态度。如果个体的态度与社会群体的态度一致，就会得到群体的认同，得到群体有力的支持，否则就会感受到来自群体的压力。社会群体的态度是影响个体态度形成的一个不可忽视的因素。实践证明，旅游目的地的选择、旅游时间的确定、旅游交通工具的选用、旅游购物倾向等方面都可以显示出社会群体的态度是个体态度的重要调节器和参照系。在一个人们普遍把旅游当作一种时尚，当作生活的必要组成的社会里，个体对旅游的态度必然是肯定的、赞同的。这就是人们在群体影响力的作用下产生的"从众心理"。

六、态度的形成

1. 态度形成的途径

态度是个体对特定对象所持有的一种稳定的心理倾向，包含个体的主观评价以及由此产生的行为倾向性。态度对人的行为产生强烈的影响，在多数情况下促使人做出某些行为，当然在有些情况下，个体态度也会抑制行为倾向，虽然对某件事深感厌恶，但并不显露出来。个体态度的形成主要有四种方式。

（1）环境的同化作用。个体所处的生活和学习环境中群体的态度，对个体的态度有着不可忽视的影响。在某群体中，一些事情被认为是理所当然的，这其实就是同化的结果。很多时候，个体的态度在自己还没有意识到的情况下就已经被同化了。

（2）某种类型的经验引起的情绪效应（一位教师课上得好，每节课都能带给学生意料之外的收获和深刻的认知体验，几次课之后，学生就喜欢上了这个教师，经常盼着他来上课，这就典型事例。若个体在某一特定关系中总是获得不愉快、不满意的情感体验，那么他就会逐渐形成对此问题的负面态度。

（3）创伤性经验。创伤性经验也称之为极端深刻的事例，因为某次刻骨铭心的经验而产生，如极端悲惨的经历"一朝被蛇咬，十年怕井绳"就是如此；还有极端美好的经历"曾经沧海难为水，除却巫山不是云"。

（4）直接的智力过程。当个体了解特定行为的含义，能分析出特定事物或者程序的本质时，个体就会从这种智力分析中获得知识，并对其形成偏爱或者厌恶的态度。

2. 态度形成阶段论及在管理中的应用

社会心理学中有一种关于态度转变的理论，认为人的态度从拒绝到接受一般经历服从、同化、内化三个阶段，如图 6-2 所示。

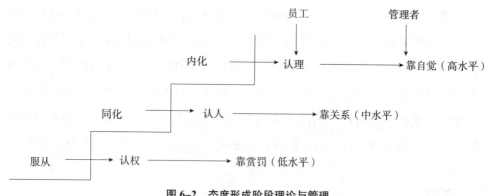

图 6-2　态度形成阶段理论与管理

（1）服从阶段。服从阶段是指人们为获得物质与精神的报酬或避免惩罚而谋取的表面顺从行为。管理人员应建立严格的赏罚制度要求员工必须执行，此时靠的是赏罚，并在严格的赏罚中落实规章制度，而员工认的是管理者手中的权力。

（2）同化阶段。同化阶段是指人们不是被迫而是自愿接受他人的观点和信条，使自己的态度与他人要求一致。此时管理人员靠的是在严格的实践中建立良好的人际关系，而员工认的是你这个人，如果是别人可能就不接受了。

（3）内化阶段。内化阶段是指人们从内心深处真正相信并接受他人的观点而彻底改变自己的态度，并自觉以此来指导自己的思想行为。这时管理人员靠的是员工的自觉，员工认为你说得对，不管是谁或有没有赏罚他们都会按规定做，员工认的是理，如果没道理就不会被接受。

第二节　态度与旅游偏好

一、概述

1. 旅游偏好

旅游偏好是指人们趋向于某一旅游目标的心理倾向。旅游偏好是建立在态度的基础上的。人们对旅游态度一旦形成，便会产生一种对旅游的偏好，这种偏好将会直接导致人们的旅游行为。旅游偏好可以表现为对特定对象的优先选择，即在同样的条件下，旅游者会优先选择他们偏爱的旅游产品。例如，有人喜欢武汉四季美餐厅的美食和服务，即使他已经去过数次，当他到武汉旅游时，他可能还是选择到四季美餐厅就餐。这就与人的偏好有关。旅游偏好也可以表现为对特定对象的选择频率。

　　2. 旅游偏好的影响因素

　　态度是偏好形成的基础，心理学研究表明，态度至少有两个特征对偏好的形成具有重要影响，这两个特征是态度的强度与态度的复杂性。

　　（1）态度的强度。态度的强度即态度的力量，它是指个体对对象赞成或不赞成的程度。一般来说，态度强度越大，态度就越稳定，改变起来也就越困难。人们对某一对象的态度强度与态度对象的突出属性有关，而态度对象的突出属性对人的重要程度是因人而异的。任何事物都有许许多多的属性（形状、外观、价格等），人们对事物的认知是针对事物的具体属性而言的。不仅如此，对于同一个人来说，随着他的需要或目标的改变，其态度对象的突出属性也会发生变化。因此，对于旅游工作者来说，重要的是要按照旅游者所寻求的收获理解旅游者的行为，要能够识别与他们的服务相联系的突出属性。也就是说，要真正做到自己提供的正是旅游者所需要的。当然，做到这一点也是非常不容易的。因为一方面，正如前文所述，每一种属性的相对重要性是因人而异的；另一方面，在有些时候通常被我们看作是非常重要的属性，实际上有的游客并不把它看得特别突出。例如，对于某个大型航空公司来说，它认为空中旅游者很关心航空公司的安全记录，但是他们往往以为所有大型航空公司的安全记录都差不多。因此，当人们在选择两个大城市之间的飞机航线时，安全就不是一个突出的属性了。其他因素如航班时间、舒适程度、价格和飞机类型等就可能成为突出属性。

　　（2）态度的复杂性。态度的复杂性受人们对态度对象所掌握的信息量和信息种类的多少的影响，它反映了人们对态度对象的认知水平。人们对态度对象所掌握的信息量和信息种类越多，所形成的态度就越复杂。例如，对于某个特定航空公司的态度就可能很简单，除了起飞时间、直达服务及其他时间方面的便利外，人们往往觉得相互竞争的大航空公司之间差别很小。然而对于整个航空旅行的态度则比对于个别航空公司的态度要复杂得多。对航空旅行的态度涉及速度、方便程度、节约时间、费用、身份、声望、空中服务、行李携带等多方面的问题。对于旅游者来说，最复杂的态度也许是对国外旅游目的地的态度。这些态度至少涉及陌生的旅馆、异国风味的食品、外国人、陌生的语言、不同的传统等很多方面。

　　一般说来，复杂的态度比简单的态度更难以改变。例如，对旅行支票的态度属于简单态度。如果一位旅游者之所以对旅行支票持否定态度，只是因为他并不认为这些旅行支票真的有用，那么只要向他指出一个人离家在外时丢失钱包是多么不方便，他就会改变这种态度。然而，一个对于出国旅游持否定态度的人，要改变他的态度倾向就非常难。即使他相信别人所说的出国旅行的费用很合理，他可能仍然会坚持自己的否定态度，理由是文化环境陌生、饮食或传统不同等。要改变他对出国旅游的否定态度，必须改变整个态度中的许多成分。可见，态度越复杂，就越难以改变。

3. 旅游偏好的形成

人们在形成旅游态度的过程中，首先要权衡和评价旅游对象能否使他有所收获。如果经过分析、评价，他认为各种收获都能满足他的需要，他就会对这一旅游对象产生偏好。在选择旅游目的地时，旅游者会考虑各旅游目的地能使他获得哪些利益，即旅游目的地能满足他需要的程度，从而形成他对这一旅游目的地的相对偏好。

一个人对某一旅游目的地偏好态度的形成，取决于该旅游目的地的吸引力。对于旅游者来说，一个旅游目的地的吸引力不仅与他所希望获得的特定利益有关，而且也与该目的地提供这种利益的能力有关（图 6-3）。这个过程也适用于旅游者对于旅行社、酒店、交通工具、休闲度假活动等的决策过程。

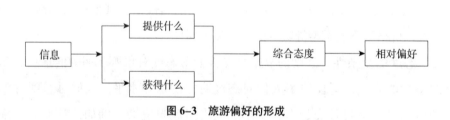

图 6-3　旅游偏好的形成

二、态度与旅游决策

决策就是为了达到某个事先设定的目标，在两种以上备选方案中选择最优方案。态度对旅游行为的影响直接体现在对旅游决策的影响上。旅游决策就是通过对自己的主观需要和客观条件的衡量，提出并选定解决某个具体的旅游问题的方案或者计划，并加以执行的过程。

旅游决策过程是通过一系列环节完成的。旅游者首先要在自己的能力范围内尽量去搜集各种信息，学习各种相关的知识，在此基础上，通过认知、情感、意向三个因素综合，形成对于旅游的基本态度。态度形成之后，根据态度的强度和复杂性，形成旅游者的消费偏好。但是这些偏好和意图并不是完全可以实现的，而是受到各种环境制约的，这些因素包括与此决策相关的社会因素和商业环境等。通过对这些因素的衡量，最终确定哪些决策是可以实现，哪些决策是不可以实现的，旅游者根据可行决策确定旅游决策，最后采取旅游行为。这便是旅游决策的全过程。

第三节　旅游态度的改变

态度具有稳定性的同时又具有可变性。随着外界条件及个体因素的变化，态度可以改变。态度的改变包括方向和强度两个方面。例如由对旅游活动有兴趣到非常喜欢旅游，这是对旅游活动从一般的积极态度变为非常积极的态度，是强度的改变；由反对旅游变为赞成旅游，这是有消极的旅游态度变为积极的旅游态度，是方向的改变。方向和强度之间相互有所联系。一个态度从一个极端变到另一个极端，既是方向的变化又是强度的改变。

旅游者的态度，是旅游者在旅游活动中形成的对旅游商品或服务的肯定或否定的心理倾向。对旅游商品或服务持积极肯定的态度会推动旅游者完成旅游活动，而消极否定的态度，则会阻碍旅游者完成旅游活动。所以，要促进旅游者产生旅游行为，完成旅游活动，就必须把旅游者的消极态度转变为积极态度，把否定态度变为肯定态度。那么如何改变旅游者的态度呢？

一、更新旅游产品，提高旅游产品质量

旅游产品是旅游者在旅游过程中所购买的各种物质产品和服务的总和。从某种意义上讲，更新旅游产品是改变旅游者态度的最基本的有效方法。只有不断更新旅游产品，提高旅游产品质量，才能长期占有稳定的市场，保持源源不断的客源。为了改变旅游者的态度并促进旅游业本身的持续发展，必须更新旅游产品，不断提高旅游产品的质量。

1. 改善旅游基础设施的建设

旅游基础设施包括交通、通信、金融、文化娱乐、酒店等旅游接待方面的设施，设施的建设要跟上时代发展的脚步，要适应日益繁荣的经济环境的要求，要运用

先进技术，提高服务水平。

2. 运用先进的科学技术

运用先进的科学技术，利用人工智能和数字经济的变革，可以简化服务过程。这既节省了时间，又方便了旅游者，有助于旅游者形成更加肯定的态度或变消极的态度为积极的态度。

3. 进行业务训练提高人际交往能力

通过对员工的业务培训可以提高与消费者的人际交往能力。例如美国航空公司对所有雇员进行了"业务分析"的训练，提高一线员工的人际交往能力和技巧。

4. 运用价格策略

对一般人来说，旅游服务项目的价格是一个比较突出并比较敏感的问题。因此，适当运用价格策略，可以使旅游者产生"公平合理"的感觉。例如，在物价上涨的情况下，降低一些产品的价格或保持价格不动，或增加服务的品种和项目，可以收到较好的效果。此外，也可以改变服务的手段和策略，如预订车船票、代办金融信贷等业务，这些都可以改变旅游者的态度。

二、重视旅游产品的信息宣传

态度的形成首先来自对旅游产品的认知，通过旅游信息的宣传，向旅游者传送丰富的信息，有助于旅游态度的形成与改变。在旅游宣传的过程中要注意以下几个方面的问题。

1. 加大宣传力度

要加大旅游宣传的力度，不断开拓新的旅游市场，要进行全方位宣传。

2. 突出特色宣传

要有针对性地组织宣传，突出自身特点。针对特定旅游产品的宣传一定要以自身特点为重点。

总之，通过提高旅游产品形象来赢得游客的信任，有利于旅游消费者对旅游产品服务形成积极的态度，激发旅游者的潜在动机，从而产生旅游行为，这是改变旅游者态度的根本途径。

三、引导人们参加旅游活动

要转变一个人的态度，必须引导他积极参与有关活动。例如，对于一个对体育活动不太积极的人，与其口头劝说，还不如动员他去运动场活动一下。要改变旅游者的态度也是一样，组织一次旅游活动，邀请特定的人来参加，让其亲身体验旅游活动带来的乐趣，他可能从此改变对旅游活动的态度。

除了上述基本方法以外，通过改变知觉或激发人们的潜在动机等也是促使旅游者态度改变的有效方式。

【本章小结】

本章介绍了旅游态度的概念、特征与影响因素，态度与旅游偏好及决策的关系，以及如何通过改变态度影响旅游者的行为，使学生掌握改变旅游态度可以通过更新旅游产品、提高旅游产品质量、重视旅游产品的信息宣传、引导人们参加旅游活动等方法来实现。

【复习思考题】

1. 说明旅游态度的功能。

2. 分析态度与旅游偏好之间的关系。

3. 简述改变旅游者态度的方法。

4. 新到任的管理人员应该如何改变员工态度？

5. 举例说明旅游者态度和行为不一致的原因。

 【即测即练】　　　　　　　 【拓展资料】

第七章　情绪、情感与旅游消费者行为

【学习目标】

1. 了解情绪和情感的定义、特点和类型。

2. 熟悉情绪、情感对旅游活动的影响以及影响旅游者情绪和情感的因素。

3. 掌握从事旅游服务行业的工作人员应具备的情绪和情感。

【能力目标】

1. 了解情绪、情感的相关内容，能自行梳理与调整自己的情绪状态。

2. 熟悉情绪、情感的作用以及有关理论，能分析旅游者的情绪和情感的状态。

3. 掌握情绪、情感对旅游者行为的影响，能在对客交往时引导积极的情绪和情感出现。

【思政目标】

1. 了解情绪、情感的基本理论，培育积极的情绪和情感。

2. 熟悉情绪、情感与旅游者行为关系，培育专业认同感和事业心。

3. 掌握旅游行业工作人员应具备的情绪和情感，培育较高的情感作用能力。

【思维导图】

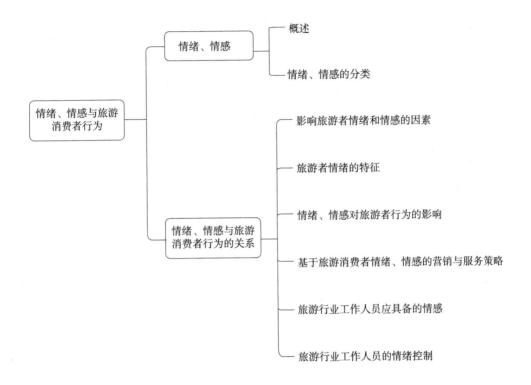

【导入案例】

重视客人的情绪

"冰雪之旅"考察团结束了"吉林市一日游",回到下榻的酒店。不一会,女领队怒气冲冲地向酒店大堂副理王月雯投诉。

原来,早晨出发时,这位领队要求楼层服务员为客人的房间加两瓶免费的矿泉水,值班服务员已经承诺没有问题。但客房清扫服务员只摆放了一瓶免费的矿泉水,忘记了客人的特殊要求,客人回来后勃然大怒……

这件小事至于这样吗?王月雯经向该团的地接导游了解,这位领队因对旅行社当天的行程等一些事情不满,情绪很不好。所以在遇到这个事情时,情绪变得更加激烈。

问题:

1. 为什么很小的事情会引起客人的强烈反应?

2. 情绪、情感会对客人产生什么影响?

第一节　情绪、情感

一、概述

1. 情绪、情感的定义

情绪和情感是人们对客观世界的一种特殊的反映形式，是人们对客观事物是否符合自己需要的态度体验。我们可以从三个方面来理解：

（1）情绪和情感是人们对客观现实的一种反映形式。客观现实中的对象与人们之间的关系是情绪与情感的源泉。因为人们同各种事物的关系不完全一样，对这些事物所抱的态度也不一样，所以对这些事物的情绪和情感的体验也就不同。

（2）人们之所以对客观现实是否符合需要的态度能有所体验，是因为在与客观事物接触的过程中，客观现实与人的需要之间形成不同的关系。例如，有些对象和现象，如清新的空气、悦耳的歌声、高尚的品德等，一般都符合人们的需要，就使人产生趋向于这些事物的态度，从而产生满意、愉快、喜爱、赞叹等情绪和情感的体验。另一些对象和现象，如卑鄙自私、庸俗虚伪、凶恶狠毒等，不符合人们的需要，就使人们产生背离这些事物的态度，从而产生不满意、烦恼、忧虑、厌恶等情绪和情感的体验。

（3）在现实生活中，并不是所有事物都可以产生情绪和情感。例如，我们每天要接触到很多事物，固然有很多事物引起我们的喜爱或厌恶的情绪和情感，也确实有不少事物，对我们来说，是既不讨厌也不喜欢的。这里必须指出的是，和我们的需要有这样或那样关系的事物才能引起我们的情绪和情感。

2. 情绪和情感的关系

（1）从需要的联系看。情绪是和有机体的生物需要相联系的体验形式，如喜、怒、哀、乐等；情感是同人的高级的社会性需要相联系的一种较复杂而又稳定的体验形式，如与人际交往相关的友谊感、与遵守行为准则规范相关的道德感、与精神文化需要相关的美感与理智感等。

（2）从发生的角度看。情绪发生较早，为人类和动物所共有，而情感发生的较晚，是人类所特有的，是个体发展到一定阶段才产生的。新生儿只有悲伤、不满、高兴等情绪表现，通过一定的社会实践才逐渐产生友爱、归属感、自豪感、责任感、道德感等情感体验。

（3）从表现的形式与稳定性看。情绪一般发生得迅速、强烈而短暂，有强烈的生理变化，有明显的外部表现，并具有情境性（由具体情境引发，随情境的变化、消失而变化、消失）、冲动性（爆发力强，力度大）、动摇性（变化快，不稳定）。而情感是经过多次体验概括化的结果，不受情境的影响，并能控制情绪，具有较大的稳定性；情感由于只与对事物的深刻性认识相联系，因而深沉，具有深刻性；情感更多地表达内心体验，很少冲动，具有内隐性。

情绪和情感虽然有各自的特点，但又是相互联系、相互依存的。情感是在情绪的基础上形成的，反过来，情感对情绪又产生巨大的影响，它们是人的感情活动过程的两个不同侧面，二者在人的生活中水乳交融，很难加以严格的区分。从某种意义上说，情绪是情感的外部表现，情感是情绪的本质内容，如表 7-1 所示。

表 7-1　情绪和情感的区别与联系

		从发生角度	从稳定性	从表现形式	从需要的联系
区别	情绪	在前	易变	有外部表现	生理需要
	情感	在后	稳定	不易外露	社会需要
联系	情绪长期积累就会转化为情感				
	情感通过情绪的形式表达出来				

3. 情绪、情感的功能

（1）驱动功能。这是指情绪、情感对人的行为活动具有增力或减力的作用。它能够驱使个体进行某种活动，也能阻止或干扰活动的进行。例如，一个人在高涨的情绪下会全力以赴，克服种种困难，达到自己追求的目标；如果一个人情绪低落，则会畏缩不前，知难而退。从这种意义上讲，情绪和情感具有某种动机的作用。

（2）调节功能。情绪和情感的调节功能是指情绪和情感对个体活动具有组织或瓦解作用：一方面表现为情绪和情感产生时，会通过皮下中枢的活动，引起身体各方面的变化，使人能够更好地适应所面临的情境。例如，面对突如其来的险情，恐惧感会使人产生"应激反应"，引起体内一系列生理机能的变化，使人更好地适应变化的环境。另一方面表现在情绪和情感对认识活动和智慧行为所引起的调节作用，影响着个人智能活动的效率。苏联心理学家基赫尼洛夫就明确提出了思维活动受情绪调节的观点，认为"协调思维活动的各种本质因素正是同情绪相联系，保证了思维活动的重新调整、修正，避免刻板性和更替现存的定势"。实践也证实心情愉快时思路格外灵敏，而心情沮丧时，思路变得迟钝、混乱。

（3）信号功能。情绪和情感的信号功能，首先表现为人与客观事物之间的关系产生了一种意外变化的信号。客观事物作用于人，特别是原有的主观状态不能适应这种客观事物刺激时，人的神经、化学机制就会被激活，并产生特殊信号，促使人改变活动方式，并采取新的应对措施。这时的人就会产生不同的内心体验，或愉快或不愉快，或满意或不满意等。其次，人的各种情绪、情感都具有特定的表情、动作、神态及语调，构成表达者内心世界的信号系统。通过这种信息的传递，个体可让他人识别正在体验着的情绪状态，也可向他人传递自己的某种愿望、观点和思想，从而使自己对事物的认识和态度具有鲜明的外露特色，更容易为他人所感知、所接受。

（4）感染功能。感染功能是指个体情感对他人情感产生影响的效能。当情绪或情感在个体身上发生时，个体会产生相应的主观体验，还会通过外部的表情动作，为他人所觉察、感受，并引起他人相应的情绪反应。心理学研究表明，一个人的情感会影响他人的情感，而他人的情感还能反过来影响个人原先的情感。人与人之间的情感发生相互作用，正是情绪、情感的感染功能所导致的必然结果。情绪、情感的这一功能为人与人之间的情感交流提供了可能性，使个体的情绪、情感社会化，同时也为通过情感影响来改变他人情感开辟了一条途径。

4. 情绪、情感的机理

情绪、情感是在大脑皮层的主导作用下，皮层和皮下中枢协同活动的结果。它们发生时除了产生独特的喜、怒、哀、乐等主观体验外，还伴随着一定的机体生理变化和外部表现。

1）机体的生理变化

伴随情绪、情感的产生，有机体内部会发生一系列的生理变化。这些变化主要表现在呼吸系统、循环系统、消化系统以及内外腺分泌系统的变化上。例如，人在紧张时，肾上腺活动增强，促进肾上腺分泌增多，引起血糖增加，同时呼吸加快，心率加速，血压升高，脑电出现高频率、低振幅的 β 波（频率为 14~30 次 / 秒，振幅为 5~20V），皮肤电阻降低，唾液腺、消化腺和肠胃蠕动减少等。而人在高兴时，肾上腺活动正常，肾上腺分泌适当，呼吸适中，血管舒张，血压下降，皮肤电阻上升，唾液腺、消化腺和肠胃蠕动加强等。这种变化是十分明显的。以呼吸系统为例，在不同的情绪状态下，呼吸的频率乃至于呼气和吸气的比例都会发生明显变化：在悲痛时，每分钟呼吸 9 次，高兴时 17 次，积极动脑筋时 20 次，愤怒时 40 次，恐惧时竟达 64 次。由于情绪的这种独特的生理特性，情绪也就与一个人的健康发生密切关系。我国古代就有"喜伤心""怒伤肝""忧伤气""思伤脾""悲伤肺""恐伤肾""惊伤胆"之说，现代医学更是明确地提出了身心疾病的概念。

2）情绪的外部表现

情绪、情感发生时，人的身体各部位的动作、姿态也会发生明显变化，这些行为反应被称为表情。表情是人际交往的一种形式，是表达思想、传递信息的重要手段，也是了解情绪、情感体验的客观指标。人类的表情主要有以下三种。

（1）面部表情。人的面部表情最为丰富，它通过眼部肌肉、颜面肌肉和口部肌肉来表现人的各种情绪状态。眼睛是心灵的窗户，眼神可以表达不同的情绪和情感。例如，高兴时"眉开眼笑"、悲伤时"两眼无光"、气愤时"怒目而视"、恐惧时"目瞪口呆"等。眼睛不仅能传情，而且可以交流思想，因为有些事情不能或不便言传，只能意会。因而观察他人的眼神，可以了解他人的内心愿望，推知人们对事物的态度。眉毛的变化也可以表现出不同的情绪状态，如"展眉欢欣""蹙眉愁苦""扬眉得意""低眉慈悲""横眉冷对""竖眉愤怒"等。口部肌肉同样是表现情绪的主要部位，如嘴角上提为笑，下挂为气，憎恨时"咬牙切齿"、恐惧时"张口结舌"。就连表情肌肉有所退化的鼻子和耳朵也能表示人不同的心态，如轻蔑时耸鼻、恐惧时屏息、愤怒时张鼻、羞愧时"面红耳赤"等。心理学家埃克曼（Paul Ekman）研究表明，人的面部表情是由七千多块肌肉控制的，这些肌肉的不同组合使人能同时表达两种情绪。所以，人的面部表情是丰富多彩的。

（2）肢体表现。它是通过四肢与躯体的变化来表现人的各种情绪状态。如从头部活动来看，点头表示同意，摇头表示反对，低头表示屈服，垂头表示丧气。从身体动作来看，高兴时"手舞足蹈"，悔恨时"顿足捶胸"，惧怕时"手足失措"。

（3）言语表现。它是通过音调、音速、音响的变化来表现人的各种情绪状态。如高兴时语调激昂，节奏轻快；悲哀时语调低沉，节奏缓慢，声音断续且高低差别很少；爱抚时语言温柔，和颜悦色；愤怒时语言生硬，态度凶狠。有时同一句话，由于语气和音调不同，就可以表示不同的意思，如"怎么了？"既可以表示疑问，也可以表示生气、惊讶等不同的情绪。

二、情绪、情感的分类

情绪和情感是作为对事物的一种反映形式存在的，由于世界上事物的绚丽多彩，构成了人与客观事物之间关系的丰富多样性，使情绪、情感产生了极为丰富和复杂的内容。为了便于理解和把握，根据情绪和情感的性质、状态及包含的社会内容，可以做出如下三种不同的分类。

1. 根据性质分类

（1）快乐。快乐是一种在追求并达到所盼望的目的时所产生的情绪体验。例如，人们在旅游中一路顺利，而且欣赏到了优美的自然风光，参加了富有情趣的活动，此时就会产生愉快和快乐的情绪体验。快乐的程度取决于愿望的满足程度和满足的意外程度。快乐的情绪从微弱的满意到狂喜，可分成一系列程度不同的级别。

（2）愤怒。愤怒是由于妨碍目的达成而造成紧张积累所产生的情绪体验。例如，人们外出旅游时如遇飞机延误、火车晚点等，都能引起人们的不满情绪。如果旅游工作者不能及时地化解这种不满情绪，或者对游客的询问置之不理甚至不屑一顾，就会引起游客的愤怒。愤怒的程度取决于对妨碍达到目标的对象的意识程度。

（3）恐惧。恐惧是企图摆脱危险情境时产生的情绪体验。引起恐惧情绪的重要因素是缺乏处理可怕情境的能力。例如，一个人单独到一个人迹罕至的地方去探险，如果中途迷路或遇见可怕的情景，他就会体验到恐惧。消除恐惧情绪要靠镇定和勇敢，以及战胜一切困难和危险的信念。

（4）悲哀。悲哀是指失去自己心爱的对象或自己所追求的愿望破灭时所产生的情绪体验。例如，游客由于一时疏忽或其他原因，把一路上的旅游风光的照片丢失了，他就会体验到悲哀。悲哀的程度取决于失去的对象和破灭的愿望对个人或社会的价值的大小。悲哀按程度的差异表现为失望、遗憾、难过、悲伤、哀痛。

2. 根据发生的强度、速度、持续时间分类

（1）心境。心境是一种使人的心理活动都染上某种相应色彩的微弱而持久的情绪状态。其特点表现为：①和缓而微弱，似微波荡漾，有时人们甚至觉察不出它的发生。②持续时间较长，少则几天，长则数月。③它是一种非定向性的弥散性情绪体验，在人的心理上形成一种淡薄性的背景，使人的心理活动、行为举止

都蒙上一层相应的色彩。例如，人在得意时感到精神爽快，事事顺眼，干什么都起劲；失意时，则整天愁眉不展，事事感到枯燥乏味。心境产生的原因是多种多样的。个人生活中的重大事件，如事业的成败、工作的逆顺、人际关系的亲疏、健康状况的优劣，甚至自然界的事物，如时令气候、环境景物等，都可以成为某种心境形成的原因。心境有消极和积极之分。积极的心境，使人振奋愉快，能推动人的工作与学习，激发人的主动性与创造性；消极的心境则使人颓丧悲观，妨碍人的工作和学习，抑制人的积极性的发挥。

（2）热情。热情是一种强有力的、稳定而深厚的情绪状态。热情有两个基本特征：①热情是强有力的，它影响人的整个身心，是鼓舞人去行动的巨大力量。②热情是深厚的、稳定而持久的，它使人长久地、坚持不懈地去从事某种活动，并对这种活动产生愉快、满意等积极肯定的情感体验。

（3）激情。激情是一种强烈的、爆发式的、持续时间短暂的情绪体验，如欣喜若狂、暴跳如雷、悲恸、绝望等。激情有四个特点：①激情具有激动性和冲动性。激情一旦产生，人完全被情绪所驱使，言行缺乏理智，带有很大的冲动性和盲目性。②激情维持的时间比较短，冲动一过，事过境迁，激情也就弱化或消失了。③激情具有明确的指向性。激情通常由特定的对象所引起，如意外的成功会引起狂喜，理想破灭会引起绝望，黑暗、巨响会引起恐惧等。④激情具有明显的外部表现。在激情状态下，人的内脏器官、腺体和外部表现都会发生明显的变化，如暴怒时"面红耳赤"，绝望时"目瞪口呆"，狂喜时"手舞足蹈"等。引起激情的原因是多方面的，对人有重大意义的事件（如巨大的成功、亲人的亡故），对立意向的冲突，过度的抑郁和兴奋，都可能导致激情产生。在激情状态下，人的认知范围缩小，理智下降，不能正确评价自身行为的意义及结果，控制自己的能力减弱，不能很好地约束自己，往往会做出令人吃惊的蠢事。激情具有双重作用。激情如果伴随着冷静的头脑和坚强的意志，它可以成为激发人的所有潜能来积极投入行动的巨大动力。激情如果是不符合社会要求的或对机体有害的，就会起消极作用。

（4）应激。应激是在出乎意料的紧急和危险的情况下所引起的高度紧张的情绪状态。当人遇到紧张和危险的情境而又需迅速采取重大决策时，就可能导致应激状态的产生。在应激状态下，人可能有两种表现：①目瞪口呆，手足失措，陷于一片混乱之中。②急中生智，冷静沉着，动作准确有力，及时摆脱险境。应激有积极的作用，也有消极的作用。一般的应激状态能使有机体具有特殊防御排险机能，能使人精力旺盛，使思想特别清楚、精确，使人动作敏捷，推动人化险为夷、转危为安，及时摆脱困境。但紧张而又长期的应激会使全身兴奋，注意和知觉范围变小，言语不规则、不连贯，行为动作紊乱。在意外的情况下，人能不能迅速判断情况并做出决策，依赖于人的意志力是否果断、坚强，是否有类似情况的行为经验。

3. 根据情感的社会内容的性质分类

人的情感是多种多样的，其中有一类是与人的社会需要直接有关的，由人的社会需要是否获得满足而产生的情感，主要有道德感、理智感和美感。这种情感是人对社会生活现象与人的社会需要之间的关系的反映。

（1）道德感。道德感是人们根据一定的道德标准，评价自己和别人的言行、思想、意图时产生的情感体验。道德感是对客观对象与一个人所掌握的道德标准之间关系的心理体验。当思想、行为符合这些标准时，就产生肯定的情感体验，感到满意、愉快；反之，则痛苦不安。当别人的思想、意图和行为、举止符合这些标准时，就对他肃然起敬；反之，则对他产生鄙视和愤怒的情感。例如，看到或听到别人做了一件好事，我们就会对此产生一种复杂的情感。对做好事的人，有一种敬慕之感；和自己的行为一比，有一种惭愧之感，这就是一种道德感。或者，自己做了好事，感到安慰；做了坏事，感到后悔、内疚，甚至痛恨自己，这也是道德感。道德感取决于复杂的情感对象是否符合我们的道德信条，它具有一定的稳定性。

（2）理智感。理智感是由客观事物间的关系（包括由别人或由自己揭露出的）是否符合自己所相信的客观规律所引起的情感。客观事物所表现出来的关系，如果出乎自己所相信的客观规律之外，就会感到困惑不解，甚至痛苦。如果别人发现的客观规律与自己所相信的不符，或自己不懂，也会感到痛苦。在这些情况下，都会感到不愉快。经过调整，消除认识上的矛盾，才能感到愉快。人在认识过程中有新的发现，会产生愉快和喜悦的情感；在不能做出判断而犹豫不决时，会产生疑惑感；在科学研究中发现未知的现象时，会产生怀疑感或惊讶感；在解决了某个问题而认为依据充分时，会产生确信感等，这些情感都属于理智感。理智感是在认识事物的过程中产生和发展起来的，它是认识活动的一种动力。

（3）美感。美感是对客观现实及其在艺术中的反映进行鉴赏或评价时所产生的情感体验。美感是由一定的对象引起的，美感的对象包括自然界的事物和现象、社会生活和社会现象以及各种艺术活动和艺术品。美感受对象外在形式特点的重要影响，同时受对象内容的制约。美感还受人主观条件的影响。人们的审美需要、审美标准、审美能力不同，对同一个对象的美感体验就不同。同一个对象，有的人感觉是美的，有的人不觉得美，这就是由于受审美标准和对美的鉴赏能力的影响。

爱美之心，人皆有之。在人类长期的生活实践中，人的爱美之心在不断的演化过程中已沉淀为一种本能，支配着人的行为。旅游是一种综合性的审美活动，它集自然美、社会美、艺术美于一身，能极大地满足人们的审美需求。虽然旅游者由于文化背景、社会地位、生活阅历等存在着很大的差异，但审美动机始终贯穿在旅游活动的全过程之中。

第二节　情绪、情感与旅游消费者行为的关系

旅游行为是旅游者在旅游活动过程中满足某种需要的社会性活动。旅游者的情绪和情感影响着旅游者的行为，而旅游者的行为也影响着情绪和情感，二者具有相互制约的互动关系。

一、影响旅游者情绪和情感的因素

旅游者在旅游活动中所接触到的一切，都会引起情绪和情感的变化。具体说来，影响旅游者情绪和情感的因素主要有以下几个方面。

1. 需要是否得到满足

人们外出旅游就是为了满足某种需要，如为了身体健康的需要、为了获得知识的需要、为了得到别人的尊重等。需要是情绪产生的主观前提。人的需要能否得到满足，决定着情绪的性质。如果旅游能够满足人们的需要，旅游者就会产生积极肯定的情绪，如高兴、喜欢、满意等。如果旅游者的需要得不到满足，就会产生否定的、消极的情绪，如不满、失望等。

2. 活动是否顺利

需要是动机的基础，为了满足需要，人们在动机的支配下产生行动，不仅行动的结果会影响情绪，而且在行动过程中是否顺利也会引起不同的心理体验。在整个旅游过程中如果活动一切顺利，旅游者就会产生愉快、满意、轻松等情绪体验；如果活动不顺利，旅途或游览过程中出现差错，旅游者就会产生不愉快、紧张、焦虑等情绪。旅游者在旅游过程中的情绪表现，我们应当加以注意。因为旅游活

动进程本身就是一个很好的激励因素，其中就有情绪的产生，并反过来对旅游活动的继续产生积极或消极作用。

3. 客观条件

客观条件是一种外在刺激，它引起人的知觉从而产生情绪、情感体验。旅游活动中的客观条件包括游览地的旅游资源、活动项目、接待设施、社会环境、交通、通信等状况。此外，地理位置、气候条件等也是影响旅游者情绪的客观条件。例如，优美的自然景色使人产生美的情感体验，整洁的环境使人赏心悦目；脏乱的环境、刺耳的噪声使人反感、不愉快。

4. 团体状况和人际关系

旅游者所在的旅游团队的团体状况和团体内部的人际关系也能对旅游者的情绪产生影响。一个团体中成员之间互相宽容，互相信任，团结和谐，就会使人心情舒畅，情绪积极；如果互不信任，互相戒备，则会随时都处在不安的情绪之中。在人际交往中，尊重别人，欢迎别人，同时也受到别人的尊重和欢迎，就会产生亲密感、友谊感。

5. 身体状况

旅游活动需要一定的体力和精力作保证。身体健康、精力旺盛，是产生愉快情绪的原因之一。身体状况欠佳或过度疲劳，容易产生不良情绪。因此，旅游工作者应该随时注意游客的身心状态，使其保持积极愉悦的情绪，以保证旅游活动的正常进行。

二、旅游者情绪的特征

1. 兴奋性

从某种意义上说，旅游是人们离开自己所居住的地方，到别处去过一段不同于日常生活的生活。因此，外出旅游就给旅游者带来了一系列的改变：环境改变、人际关系改变、生活习惯改变、社会角色改变等。这种改变在给旅游者带来新奇的同时，还给他们带来情绪上的兴奋。这种兴奋性常常表现为"解放感和紧张感两种完全相反的心理状态的同时高涨"。外出旅游使人们暂时摆脱了单调紧张的日常生活，而且在现实生活中受到的监督和控制，在某种程度上也有所减轻，这给人们带来了强烈的解放感。另外，到异地旅游可能接触到新的人和事物，对未知事物和经历的心理预期使人感到缺乏把握感和控制感，人们难免会感到紧张。无论"解放感"还是"紧张感"，其共同特征是兴奋性增强，外在表现为兴高采烈和忐忑不安。

2. 感染性

旅游活动是一种高密度、高频率的人际交往活动。在这种交往活动中，既有信息的交流和对象的相互作用，同时还伴有情绪状态的交换。旅游服务的情绪和情感含量极高，以至被称为"情绪行业"。在旅游活动中，旅游者和旅游工作者的情绪都能够影响到别人，使别人也产生相同的情绪。一个人的情绪或心境，在与别人的交往过程中，通过语言、动作、表情影响到别人，引起情绪上的共鸣。例如，旅游中导游讲解时的情绪如果表现出激动、兴奋、惊奇等，游客就会对导游的讲解对象表现出极大的兴趣；如果导游表现得厌烦、无精打采，游客肯定会觉得索然无味。反过来也是一样，游客的情绪也会影响导游的情绪。

3. 易变性

在旅游活动中，旅游者随时会接触到各种各样的刺激源，而人的需要又具有复杂多变的特点，因而旅游者的情绪容易处于一种不稳定的易变状态。例如，旅游者对某个景物在开始的时候，可能感到新奇，情绪处于积极状态，兴致很高；当到达顶点之后，便可能由激动转为平静，兴致会逐渐减退；再后来如果感到疲劳的话，他甚至会产生厌倦。因此，导游为了尽可能地满足每个人的需要，使个人的情绪能保持积极的状态，就必须随时观察旅游者的情绪反应。

三、情绪、情感对旅游者行为的影响

人的任何活动都需要一定程度的情绪和情感的激发，才能顺利进行。情绪和情感对旅游者行为的影响，主要表现在以下几个方面。

1. 对旅游者动机的影响

动机是激励人们从事某种活动的内在动力。人的任何行为都是在动机的支配下产生的。因此，要促使人们产生旅游行为，首先要激发人们的旅游动机，而喜欢、愉快等情绪可以增加人们活动的动机，增加做出选择决定的可能；消极的情绪会削弱人们从事活动的动机。

2. 对活动效率的影响

人的一切活动，都需要积极、适宜的情绪状态，才能取得最大的活动效率。从情绪的性质来讲，积极的情绪，如热情、愉快，可以激发人的能力，引起动机性行为，提高活动效率；而消极的情绪，如烦恼、悲哀、恐惧等，则会降低人的活动能力，导致较低的活动效率。从情绪的强度来讲，过高或过低的情绪水平都不会产生最佳的活动效率。因为过低的情绪不能激发人的能力，而过高的情绪会对活动产生干扰作用。

3. 对人际关系和心理气氛的影响

人在良好的情绪状态下，会增加对人际关系的需要，对人际交往表现出更大的主动性，并且容易使别人接纳，愿意与之交往。因此，在旅游活动中，旅游工作者应该细心观察旅游者的情绪变化，主动引导他们的情绪向积极方向发展，并利用情绪对旅游者行为的影响作用，协调旅游者与各方面的人际关系，创造良好的心理气氛，达到旅游服务的最佳境界。

四、基于旅游消费者情绪、情感的营销与服务策略

在熟知情绪和情感的定义、特征和类型以及旅游消费者情绪和情感特征的基础上，旅游目的地和旅游企业的营销与服务人员可以展开有针对性的活动，以便更好地激发、调控旅游者的情绪和情感。从市场营销的角度，基于旅游消费者情绪和情感的营销策略主要有情感营销。从旅游服务的角度，基于旅游消费者情绪和情感的服务策略主要有调控旅游消费者消极的情绪和情感和激发旅游消费者积极的情绪和情感两种。必须指出的是，情感营销策略与旅游消费者情绪和情感的调控及激发策略是一脉相承、互相促进的。

1. 情感营销

情感营销是把旅游消费者个人情感差异和需求作为旅游企业和旅游目的地品牌营销战略的核心，借助情感包装、情感促销、情感广告、情感口碑、情感设计等策略来实现旅游企业和旅游目的地的目标。在情感消费时代，消费者购买商品所看重的已不是商品数量的多少、质量的好坏以及价钱的高低，而是为了一种感情上的满足、心理上的认同。情感营销从消费者的情感需要出发，唤起和激起消费者的情感需求，引起消费者心灵上的共鸣，寓情感于营销之中，让有情的营销赢得无情的竞争。从营销的角度来看，做好旅游目的地的情感营销，主要有如下三个策略。

（1）以旅游者的情感为主诉求，注重旅游产品的情感属性开发。旅游产品具有无形性、生产和消费同步性的特点，这就决定了情感营销在旅游目的地和旅游企业的整个营销过程中占有举足轻重的地位。正面的情感能促进旅游产品的销售、

提升游客满意度，从而带来良好的口碑效应，并有利于培养旅游者的忠诚度和树立目的地形象和企业形象。旅游产品本身无思想和情感，如何以情动人，发挥情感的影响力、心灵的感召力，使旅游者在购买、消费产品过程中，得到正面的情感满足并形成情感共鸣？对此，应从旅游产品的心理需求角度出发，进行深层次的产品设计，也就是产品概念的设计——对潜在的消费需求和消费心理的迎合和挖掘，以旅游者的心理特征、生活方式、生活态度和行为模式为基础去设计符合人们精神和心理需求的旅游产品，重视产品所体现的品位、形象、情感和情调的塑造，营造符合目标旅游者需要的求新、求异、求知等心理属性，提供情感体验舞台，将潜在的需求转化为实在的消费行为。

（2）激发旅游者潜在情感，体现互动性与参与性。旅游是一种情感体验，是旅游者与景区或产品的互动。在快节奏的生活压力下，人性中很多需求往往被压制，旅游对旅游者而言是一次寻求释放的过程和体验。旅游目的地可以利用他们的这种心理特点，充分发挥"编剧"的作用，引导旅游者主动参与旅游活动，成为旅游活动的主角。"开心农场"为什么曾经很受欢迎？因为它给网友提供了一个全新的角色体验，给他们提供了参与的机会，所以即使是种菜、偷菜这种简单的体验，也会令网友有跃跃欲试的激动。北京郊区的一些生态农场还将"开心农场"搬到线下，从而使旅游者获得了丰富的情感体验，大大提高了旅游者的复游率。

（3）挖掘旅游产品的魅力，迎合旅游者的审美情趣。体验旅游是观光旅游的深层次发展，强调以人们感受外界事物的五种感官——眼、耳、鼻、舌、身为主要体验渠道，而这五种感官的综合体验总离不开"美"的基础，按照美的规律去开发旅游资源，建设和利用旅游景观，配以美的主题，提供美的服务，增加美的魅力，以迎合游客的审美情趣，引发游客的购买兴趣并增加产品附加值，使游客在旅游中获得美的享受，留下美好的体验。旅游体验就是一种特定的心理体验活动，它是在一个特定旅游地游览参观所形成的，带有浓厚的旅游者个人情感色彩。这就让旅游企业很难把握住游客的需求，很难用固定的标准来衡量服务质量的高低，在这种情况下，尊重游客的情感，为他们提供人情化、个性化的服务就显得非常重要。

2. 旅游消费者积极情绪和情感的激发

旅游者在外出旅游前和旅游过程中总是带着某种希望。有些旅游者希望在旅游中获得日常生活中所缺少的新鲜感、亲切感和自豪感，也有些旅游者希望在旅游体验中摆脱日常生活中的精神紧张，还有旅游者希望旅游后自己的生活能发生些许变化。当然，这些希望是可以同时出现在单个旅游者身上的，因为旅游者总是对外出旅游充满期待。因此，旅游目的地和旅游企业，在旅游者进行旅游体验的前、中、后三个阶段，都应该想方设法激发旅游者积极的情绪体验。

3. 旅游消费者消极情绪和情感的调控

大部分的旅游者外出旅游是为了放松身心，追求一种愉悦体验。因此，调控旅游者的消极情绪就显得非常必要。旅游从业人员要多花时间和精力去关心和了解游客的情绪状态，特别是对那些群体内的意见传播者要尤其关注，因为他们在很大程度上能决定群体内所有旅游者消极情绪的产生和发展。心理学研究表明，尽管事实和感情性质不同，感情代替不了事实，但旅游者在旅游的过程中更容易被他人的消极情绪所感染。

由于旅游者品行不一，不排除极少数旅游者品行不端、时时刻刻想占便宜。这些人在观光游览中总是在寻找各种机会和借口，一旦出现些服务缺陷，他们马上就跳出来扩大事态，并且提出过分的要求和赔偿，不达目的誓不罢休。这不仅影响正常的旅游秩序，也会引起整个旅游团队不稳定的消极情绪状态。因此，导游人员应当在带团的整个过程中，时时以敏锐的目光观察，运用管理策略掌控整个团队的各种情绪状态，化解消极情绪于萌芽状态。

一般说来，情绪不好，但积极性高的旅游者心理状态最危险，管理策略应当是提供迅速而谨慎的服务，既不要过分殷勤，也不要引导其多消费，以避免冲突为最佳选择；情绪不好，积极性也不高的旅游者管理难度最大，管理策略是首先调动其情绪，然后再调动其积极性，如表 7-2 所示。

表 7-2　日常旅游活动中的情绪反应

线索	含义
请您……	自然、随和、令人愉快的、高兴的
我想要……	清楚明确的期望，可能是愉快的或要求很高
我需要……	同上
我说的是	困难的、要求很高
我听到的不是如此	不耐烦、沮丧、有争议、气愤
低、慢	自然、随和、高兴、疲倦
欢欣的	高兴、愉快

续表

线索	含义
讽刺的	不耐烦、不高兴、找麻烦的
强烈的	要求很高
仪表整洁	体面、令人愉快、有较高期望
运动衣	可能在度假、随便、轻松愉快
领带松垮	疲倦、不舒服
西装多皱	不在意的、粗心的
挺立	坦率、直爽、不说废话
弯腰驼背	疲倦、被冒犯、不耐烦、不高兴
膝盖抖动	不耐烦
手指关节作响	不耐烦
走路快速	热情、要求很高
说话或倾听时扬眉毛	不喜欢或不相信对方
踱步	闲散、不慌不忙、随和
歪头倾听	集中注意力、感兴趣的

五、旅游行业工作人员应具备的情感

1.要有良好的情感倾向性

情感倾向性是指一个人的情感指向什么和为什么而发起。例如热情，如果指向旅游业自身或服务对象，它就是高尚的情感；如果指向的是损害国家利益、企业利益或只能为自己提供私利，它就是卑劣的情感。在旅游服务工作中，只要旅游工作者具有良好的情感倾向性，就可以焕发出对本职工作的热爱和对游客的尊重。

2.要有深厚的情感

深厚的情感是指旅游工作者对游客和服务工作的浓厚情感。具有深厚情感的旅游工作者是情感倾向性高尚的旅游工作者。他们在服务工作中的热情不是偶然发生的因素，对游客的热情也不是一时的冲动，他们的热情服务能够在服务工作的方方面面上表现出来。

3.要有较高的情感作用能力

稳定而持久的情感与情感的深厚性是联系在一起的。只有拥有稳定而持久的情感的旅游工作者，才会把积极的情绪稳定而持久地控制在对服务工作的热情上，控制在为客人服务上，保证积极的工作态度始终如一。

4. 要有较高的情感效能

情感的效能是指情感在人的实践活动中所起作用的程度。它是激励人们行为的动力因素。情感效能高的旅游工作者，能把情感转化成促进其积极学习、努力工作的动力。而情感效能低的旅游工作者，尽管有时对工作也有强烈的欲望，但往往是挂在嘴上而缺乏具体的行动。为此，要使旅游工作者主动、热情、耐心、周到地对待服务工作，就要对旅游工作者的情感效能性提出更高的要求。

六、旅游行业工作人员的情绪控制

1. 旅游工作者良好心境的培养

心境有好坏之分，积极的心境有助于充分发挥旅游工作者的主观能动性。消极的心境则会使旅游工作者陷入困境，甚至不能自拔。引起心境的根本原因是个人的意愿和欲望是否得到了满足。然而，当自己的需求得不到满足时，主动调节自己的心理活动，正确认识和处理主观与客观之间的关系，这对于保持良好的心境有着非常积极的作用。

（1）把握自己，做心境的主人。外因只有通过内因才起作用，人才是自己心境的主人，旅游工作者应以主观意识控制心境及其发展方向。只有具有良好的心理素质，并树立科学的世界观，才不会迷茫。要正确认识工作和他人。当然，要真正深刻认识到这一点，并不是一件容易的事，特别是正确认识自己的需要、理想。因此要正确分析自己的能力、性格及环境，树立较为实际的奋斗目标，不断强化良好心境，抑制不良心境。

（2）创造保持良好心境的氛围。心境产生的原因有多种，但表现方式却大致相同。因此，管理者应注重掌握员工的心境及产生的原因，有针对性地做工作和分配适合其特点的工作任务，通过适当的安排，稳定员工的情绪。管理者对于员工的家庭、子女、身体、学习等的关心，也是使员工保持良好心境的重要原因。

2. 旅游工作者激情的控制

积极的激情是采取正确行为的巨大动力，可以提高旅游工作者的工作和活动能力。一般来说，可以不必过分抑制。消极的激情是有害的，会降低人的思维能力，从而对工作和生活产生影响，应该加以控制。常用的激情控制方法有以下三种。

（1）语言调节法。语言调节就是利用暗示语言来控制激情，调节行为。研究表明，调控情绪需通过一定的心理信息传递才能实现，而心理信息传递的通常形式是暗示语言。暗示语言对调控激情具有有效作用。当激情不可遏制时，嘴里不断默念语调，以暗示自己，就能起到显著的自控作用。这是因为默念暗语既能增强理智思维强度，又能驱散外界刺激引起的狭窄兴奋。例如碰到危急事件时，只要暗自默念"没有什么，一切都会平安的"，情绪就会很快平静下来。

使用语言调节法要注意：①暗语可根据自己的目的而定，但暗语的制作应遵循四项原则，即简短、具体、直接和肯定。②为加强自我暗示的强度，暗语在心中必须反复默念。③默念暗语时，要在头脑中浮现相应的形象。

（2）行为调节法。行为调节法是指当激情趋向极端、冲动传遍全身时，当即脱离现场，用其他的行为方式取而代之。脱离引起激情和冲动的现场，是为了转移注意力，让其他新鲜、有益的主题来冲淡、缓解自己的情绪，制止自己去思考、想象那些引起冲动的场景和可能发生的后果。

脱离冲动现场后，取而代之的行为方式是多种多样的。最有效与常用的是慢步小跑并数步。数步的目的，是为了使注意力集中在跑步上，忘却冲动的场合，驱散心中的激情，使神经逐渐敏锐，理智恢复正常。还可以进行自己喜欢的文体活动，或听听音乐，力图以新的感知材料来充实、占领自己的意识世界。

（3）呼吸调节法。调整呼吸能转移"注意力"，平心静气即能恢复理智。一个人只要理智恢复正常，通过理智的作用，就能对自身进行调控。呼吸调节法有多种技巧，其中最简单的是"深呼吸调节法"。具体做法是：先闭上眼睛，努力使自己的心情平静下来，然后深深吸气，吸时要慢，充分吸气之后，几秒钟之内停止呼吸，然后把气徐徐吐出，吐气要比吸气时更慢。通过呼吸调节，很容易将自己的"注意力"从激情的冲动源头转移到自身的呼吸上，将自己的精神统一到呼与吸的行为上，从而达到控制冲动、平息激情、恢复理智、实现自制的目的。

3. 旅游工作者应激能力的培养

随着我国旅游业的发展，游客数量和类型会越来越多，不可预料的事件也将会不断发生。因此，旅游工作者的应激能力便成为旅游工作者所具备的基本能力之一，而提高旅游工作者应激能力的方法有以下几种。

（1）丰富旅游工作者的经历与经验。有丰富阅历的旅游工作者能够临阵不乱，能迅速做出准确判断并采取有效措施，做到化险为夷。

（2）加强旅游工作者的责任感。有高度责任感的旅游工作者，每遇突变总会产生一种积极的态度，自觉地控制和调节情绪，以保持适中的应激能力；反之，则会产生一种消极的态度，使自己陷入进退维谷的境地。

（3）优化旅游工作者的个性。一般来说，身体健康、思维敏捷的旅游工作者会急中生智，调动一切有利因素；反之，身体虚弱、反应迟缓的旅游工作者则可能会惊慌失措，使事态变得更为复杂。

连续不间断的旅游接待工作会造成旅游工作者身心高度紧张，而长期处于应激状态，会损害人的生物化学保护机制，甚至引起疾病。因此，旅游工作者在工作中，应学会把握自己的情绪，准确判断应激状态下所付出的精力与体力，以适应长期旅游工作的需要。

【本章小结】

本章介绍了情绪、情感的定义、区别和联系，以及情绪、情感的分类。其重点和难点是掌握影响旅游者情绪和情感的因素。通过学习使学生学会分析、把握游客和自己的情绪和情感。情绪和情感一旦产生，就会影响人的思想和行为。由于脱离了日常生活环境，旅游者情绪和情感的表现是相当明显的，而旅游业是人际交往较多的行业，这就要求旅游工作者要去了解、把握旅游者的情绪和情感，善于利用分析和调控情绪和情感的各种方法，并将之运用到旅游服务的实际工作中。

【复习思考题】

1. 简述情绪和情感的功能。

2. 简述人的基本情绪形式、情绪状态及高级情感。

3. 对比情绪、情感的区别与联系。

4. 结合自身岗位论述旅游行业工作人员应具备的情感。

5. 论述情绪、情感对旅游行为的影响。

【即测即练】

【拓展资料】

第八章 文化与旅游消费者行为

 【学习目标】

    1. 了解文化、亚文化、文化差异、中国文化的基本理论。

    2. 熟悉文化差异、中国文化对旅游消费者行为的影响。

    3. 掌握文化、亚文化与旅游消费者行为的相互影响。

 【能力目标】

    1. 了解文化与亚文化的内容，提高探究文化与亚文化内涵的能力。

    2. 熟悉文化的差异，尊重文化差异，能对比分析不同地域的文化差异。

    3. 掌握中国文化的特点，培养对中国文化规律性认识的能力。

 【思政目标】

    1. 了解中国文化的特点，培养文化自信与民族自豪感。

    2. 熟悉文化与旅游消费者行为的相互影响，培养探究与弘扬中国文化的能力。

    3. 掌握文化、亚文化及文化差异，增强跨文化沟通能力，树立人类命运共同体意识。

【思维导图】

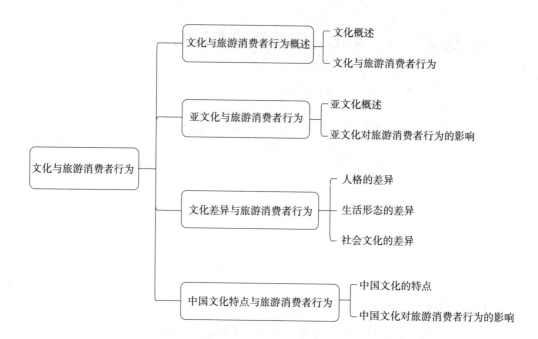

【导入案例】

诗 与 远 方

欢迎大家来到导游王硕的直播间——远程介绍她美丽的家乡——新疆：

新疆作为一个多民族聚居的地区，少数民族的服饰色泽艳丽、华丽富贵、种类繁多。维吾尔族、哈萨克族等少数民族每逢喜庆节日都穿上民族盛装，色彩斑斓，令人目不暇接。

新疆也是语言文字使用的大区，海纳百川，兼容并蓄。主要使用国家通用的汉语和维吾尔语、哈萨克语等少数民族语言。

新疆美食十分受外地旅游者的喜爱，长久以来牛羊肉美食在新疆长期占据主导地位；新疆拉条子、炒面片无一不是现在新疆面食的典型代表。

欢迎大家有机会来新疆，感受不一样的美。

问题：

1. 新疆的独特魅力在哪里？

2. 如何理解旅游不仅是食住行游购娱？

第一节　文化与旅游消费者行为概述

一、文化概述

1.文化的含义

文化具有非常广泛和人文意味的概念，简单来说，文化就是人们生活要素形态的统称，即衣、冠、文、物、食、住、行等。给文化下个准确或精确的定义，的确是一件非常困难的事情。对文化的解读，一直众说不一，文化通常是指特定社会中存在的独特生活形态，即在思想、认知、情感、信仰、行为上，与其他社会代代相传的不同方式。文化有广义与狭义之分：广义的文化是指人类在社会历史发展的实践过程中所创造的物质财富和精神财富的总和；狭义的文化是指人类精神活动所创造的成果。在消费者行为研究中，由于研究者主要关心文化对消费者行为的影响，所以将文化定义为一定社会经过学习获得的、用以指导消费者行为的信念、价值观和习俗的总和。

（1）信念。信念是指人们对自己的想法、观念及其意识行为倾向，强烈的坚定不移的确信与信任。就心理过程进行分类，信念可分为信念认知、信念体验与人格倾向。信念会使个体意识到唤醒意志行为，意志行为从来源上讲它是对自我本能本性（无条件反射与条件反射）的意识与唤醒的结果，是个体本能本性中可与其行为志向、志趣相统一的结果，或者说是个体意识到的有益于实现其行为志向、志趣的结果，没有信念也就没有个体的意志行为。例如，个体在饥饿状态下随着饥饿程度的逐渐增加，求取食物的信念会越来越强，饥饿状态的唤醒对求取食物的行为有决定性的作用。信念对行为的唤醒除了意志行为，也会唤醒人们的潜意识行为，只是人们的潜意识行为动机表现得没有那么具体和强烈。信念具有稳定性和多样性的特征，即信念形成后难以改变，即使以后在认知层面上对信念产生疑惑，情感上强烈的认同也会在相当程度上支持既定的信念；而不同的人，由于社会环境、思想观念、阶级利益要和个人具体经历的不同，会形成不同的乃至截然相反的信念。

（2）价值观。从广义上讲，价值观和信念都是心理意象，它使人们对事物产生具体的态度，这些态度进而又影响一个人在特定情景中可能做出反应的方式。从心理学的角度看，价值观是基于人一定的思维感官而做出的认知、理解、判断或抉择，也就是人认定事物、辨别是非的一种思维或取向，从而体现出人、事、物一定的价值或作用，价值观对动机有导向的作用，同时反映人们的认知和需求状况。若从社会学的角度解读，价值观是关于理想的最终状态和行为方式的持久信念。它代表着一个社会或群体对理想的最终状态和行为方式的某种共同看法。因此，价值观为社会成员提供了关于什么是重要的、什么是正确的，以及人们应追求一种什么样的最终状态的共同信念。它是人们用于指导其行为、态度和判断的标准，而人们对特定事物的态度一般也是反映和支持他的价值观的。一般来说，价值观具有稳定性和持久性、历史性与选择性，以及主观性的特点。

价值观对消费者行为的影响，近年来开始得到营销学术界的关注。从市场营销学的角度看，价值观被认为与态度和消费者行为相关。因此，与消费者行为有关的价值观，大致可以分为他人导向的价值观、环境导向的价值观和自我导向的价值观等。

（3）习俗。习俗从字义上理解就是习惯和风俗之意。"习"字最早见于商代甲骨文，字形作习，上部是鸟羽毛的象形，下部是声符，在《礼记·乐记》中有相关记载。东汉学者许慎将习字解释为"数飞也"，即多次练习或学习飞行的意思，这是"习"字的本义。"习"字随着人类社会文化的发展，在本义基础上又演变出多种重要含义，习惯、习性便是其中的一种。俗字最早见于西周金文（铜器铭文）。《说文解字》说："俗，习也。"这是用转注的方法来解释"俗"字的含义，表示"俗"与"习"在意义上具有同一性。综合上述解释和实际情况剖析可以认为，凡有一定流行范围，一定流行时间或流行区域的意识行为，无论是官方的、民间的，均可称为习俗，这亦是习俗的基本定义。与信念和价值观相比较，习俗是外显的行为模式。这些行为模式在特定文化环境中被认可或被视为可接受。习俗构成了一定社会中人们的日常行为。例如，在传统的饮食习俗中有：南甜北咸；又如，湖南、湖北人爱在菜肴中加辣椒，四川、重庆人爱在菜肴里添花椒、辣椒等麻辣香料，广东人和福建人则讲究饭前喝汤，并注重食物本身的鲜味。这些日常行为都是习俗。因此，如果说信念和价值观是人们行为的指南，习俗就是常见的和可以接受的行为方式。

2. 文化的功能

人类由于有共同生活的需要才创造出文化。文化在它所涵盖的范围内和不同的层面上发挥着重要的功能和作用。

（1）整合功能。文化的整合功能是指它对于协调群体成员的行动所发挥的作用。社会群体中不同的成员都是独特的行动者，他们基于自己的需要并根据对情景的判断和理解采取行动,文化是他们之间沟通的中介。如果他们能够共享文化,那么他们就能够有效地沟通,消除隔阂、促成合作。

（2）导向功能。文化的导向功能是指文化可以为人们的行动提供方向和可供选择的方式。通过共享文化,行动者可以知道自己的何种行为在对方看来是适宜的、可以引起积极回应的,并倾向于选择有效的行动,这就是文化对行为的导向作用。

（3）秩序维持功能。文化是人们以往共同生活经验的积累,是人们通过比较和选择认为合理并被普遍接受的生活方式。某种文化的形成和确立,意味着某种价值观和行为规范的被认可和被遵从,也意味着某种秩序的形成。只要这种文化在起作用,那么由这种文化所确立的社会秩序就会被维持下去,这就是文化维持社会秩序功能。

（4）传续功能。从世代的角度看,如果文化能向新的世代流传,即下一代也认同、共享上一代的文化,那么文化就有了传续功能。

3. 文化的特点

不同的时期、地域和人群,在文化信念、价值观和习俗上存在一定的差异。根据以上对文化的定义和相应概念的阐述,我们就容易理解,对一定社会各种文化因素的了解将有助于营销人员预测消费者对其产品的接受情况。一般而言,文化具有以下几个特点。

（1）文化的群体性。信念、价值观或习俗,必须被特定社会中大多数成员共享,才能成为该社会的文化特征。共同的语言,对符号和生活方式的共同理解,以及共同的沟通方式和信息传递方式,促进了同一文化中成员之间的相互了解、同一文化群体的内部和谐以及群体的相对独立。每个民族、国家、城市、企业都会形成不同的文化特质,从而构成各自特有的社会群体文化。所以,文化在特定社会的共享性,实际上也确定了不同群体之间的边界。

（2）文化的习得性。文化不同于生理特征,无法通过基因传承。但人们从幼年期起,就开始从社会环境中通过学习获得一系列信念、价值观和习俗。孩子通过模仿家庭成员的行为,或听从长辈教导,或在正式的教育环境中,在教师指导下,学会应该做什么、怎么做、为什么要这样做。

（3）文化的社会性。文化是人们通过大量的社会实践积累而成的。它告诉人们什么是对的、好的和重要的,以及在各种不同环境下应该做什么、不应该做什么。这些基本的行为准则和规范,为人们满足个人和社会需要提供了方向和指导。

（4）文化的无形性。文化是人们用来观察产品和服务的"透镜"，它就像一只无形的手，影响和引导着人们的行为。这种影响是如此自然，以致人们几乎察觉不到文化在他们身上的作用。

（5）文化的动态性。文化不是静止不变的。尽管变化十分缓慢，但文化确实会随着社会前进的步伐而改变。新技术的诞生、人口流动、资源短缺、战争、外来文化的侵蚀等许多因素，都可能使人们的价值观念、行为方式、生活习惯、偏好和兴趣发生适应性改变，形成新的文化内容。

二、文化与旅游消费者行为

社会文化观念普遍渗透于社会群体每个成员的意识中，影响着他们对事物和活动的态度，并从不同方面影响着人们的消费行为。由于旅游消费活动的本质是一种精神文化活动，因此文化对旅游消费者行为的影响更为明显，从根本上确定了旅游消费者行为的方式和性质。人们对旅游的态度，对旅游活动内容的期望，对旅游服务人员的服务标准的期望，对旅游条件、旅游设施的要求等，都与人们的社会文化价值观念有着密切的联系。由于人们的旅游消费者行为受特定文化和传统的支配，旅游者在消费活动中往往不知不觉地扮演了文化传送载体的角色。旅游者在感知和体验目的地文化的同时，有意无意地将自身的文化传播到目的地。有人甚至认为，旅游消费者行为在一定程度上造成了文化趋同的现象，地方特色在全球旅游消费中将会逐渐消失。

1. 文化对旅游消费者行为的影响

作为特定社会中的一员，旅游消费者的心理与行为必然体现出所属文化的色彩。文化因素对旅游主体消费行为的影响主要表现在以下几个方面。

（1）文化因素制约旅游消费者的某些心理欲求。不同文化背景的旅游消费者都有相对独特的文化追求与禁忌，这引导、约束和限制旅游消费活动中的行为。例如，信奉伊斯兰教的旅游者在旅游目的地的选择上，往往把伊斯兰教圣地——麦加作为首选，在饮食上也严格遵守伊斯兰教的饮食习惯及有关规定。再如，在传统的阿拉伯文化中，人们对男子外出或旅游采取赞许或较宽容的态度；但是，妇女要外出和旅游就会受到诸多限制和反对，妇女甚至无法参加群众性的社会活动。又如，一些虔诚的佛教信徒，尤其是持五戒的信徒是禁酒的，有的甚至是常年吃素，外出旅行也不例外。

（2）文化因素影响旅游消费者的旅游动机和需要。旅游消费者的群体行为在表现出共性的同时，又具有突出的文化个性特点。西方文化推崇冒险、创新的价值观。在旅游活动种类的选择方面，欧美游客往往倾向于参加探险性、刺激性的活动。一般来说，欧美游客到中国的主要目的是满足"求新求异"的心理需求。他们在选择旅游目的地时，除了基本的观光外，更多地选择那些与其生活环境差异较大，具有浓郁的中国特色和悠久历史的旅游目的地、旅游项目。

（3）文化因素决定了旅游者在消费活动中的消费观念和行为标准。受文化观念的影响，有的人把工作看作生活的主要乐趣，非生产性的休闲会使他们产生负疚感。有的人认为，休闲是生命中的欢乐时光，他们很少会因为享受休闲的乐趣而感到不安。在不同的文化背景下，人们的旅游消费者行为准则也是不同的。例如，在美国文化里，等级和身份观念比较淡薄。美国旅游者在人际交往的态度上较少受到等级和身份的影响，他们更注重的是旅游服务的公平性，喜欢直率地表达自己的意愿和要求。

（4）文化因素通过社会风气、参照群体影响旅游消费者行为的发展方向。文化因素对一定时代和地域的社会风气的形成起着关键性的作用，而任何一个相关个体的旅游消费趋向都与当时的文化背景密切相关。例如，人们对生态旅游的兴趣与可持续发展观念的普及有密切关系；乡村旅游最初在部分知识分子群体中兴起，他们作为参照群体对相关群体起到潜移默化的作用。

总的来说，文化因素对旅游消费者行为的影响是相当普遍的，这些影响是动态的。社会经济、文化条件的改善，会引起人们观念的变化，进而转变个体对旅游活动的态度和对旅游产品的偏好。例如，人们由最开始认为旅游浪费时间和金钱，转而认为旅游是有社会价值、象征意义和纪念意义的一项有趣味的社会活动，甚至把它作为奖励方式和馈赠品，用以代替物质的奖励和馈赠。

2. 旅游消费者行为对文化的影响

旅游消费与文化有着不可分割的关系。旅游消费不仅会受旅游者原有文化的制约，而且会反过来影响文化的发展。

（1）旅游消费本身是一种文化。旅游是文化消费、文化创造的过程。旅游的本质是满足旅游求知与审美需求的社会文化现象。随着人类文明的进步，人们对精神生活的追求越来越强烈。旅游消费者越来越不满足于浅层次的山水鉴赏，而追求文化的高品位，自然、人文景观和文化的契合点，以求获得一种审美的愉悦，探求和感悟一种文化的底蕴。

在大众旅游时代，许多旅游消费者表现出共同的爱好，遵循一套跨文化交往的行为准则。无论是美国、日本、中国还是南非，不同民族、不同国家的旅游消费者在旅游活动中都会相对地抛开原先的文化身份，进入旅游者的角色。他们乘坐交通工具到达旅游目的地，居住类似的旅店和宾馆，体验被旅游业"包装"了的异域文化或休闲活动。他们用大量的照片、录像等，真实、直观地向人们展示他们的旅游生活和旅游吸引物的艺术特色。随着互联网的普及，越来越多的旅游消费者会将自己的旅游生活以文本形式记录下来，会在博客或一些旅游论坛上分享旅游心得，吸引更多的旅游者参照他们的路线进行出游。现在，每年节假日出国旅游的群体规模都特别大。这些现象都表明旅游已经成为一种重要的社会文化活动，成为现代社会人们不可或缺的生活方式。

（2）旅游消费影响旅游目的地文化。旅游活动为来自不同地理区域、不同文化背景和具有不同经济状况的人们创造了相互接触的机会。因此，我们可以把旅游消费视为一种文化交流。旅游者不仅感受旅游目的地的文化，同时也把客源地的文化带到旅游目的地。例如，从欧洲和北美洲经济发达地区到第三世界的旅游者在经济上有明显的优越感，他们大方和阔绰的消费行为和生活方式，给当地居民原有的价值观念和生活习惯都带来了复杂的影响。

根据史密斯对旅游者的分类，不同类型的旅游者对目的地的影响是不同的。越是大众化旅游，旅游者对目的地文化的适应程度就越差，影响也就越大，见表8-1。在大众旅游蓬勃发展的今天，目的地居民长期与一批又一批的旅游者接触，这使得旅游者自身的文化有可能反客为主，成为指引旅游目的地文化发展方向的一股主要力量。

表 8-1　旅游者对目的地社会文化的适应与影响

旅游者类型	旅游者数量	适应情况	影响程度
探险者	极为有限	完全接受	无影响
精英分子	很少见	完全适应	基本无影响
不因循守旧者	并不普遍，但能见到	很适应	基本无影响
偶尔到访的散客	偶然可见	有时适应	影响较小
新出现的游客群体	形成批量	寻求西方模式	影响较大
大众旅游者	持续地批量到达	期待西方模式	影响非常大
包机旅游者	大量到达	要求西方模式	影响非常大

　　大众旅游者通过消费活动嵌入旅游目的地的社会文化空间，将自己的意识、日常生活方式向旅游目的地延伸，使当地的社会秩序、市场化程度、人员流动规则等发生一系列变化，并引起许多旅游地居民思想和行为的变化，从而影响着旅游目的地文化的发展方向。这种影响主要体现在 3 个方面：

　　（1）对目的地居民思想和行为的影响。来自发达地区的旅游消费者的意识和消费方式往往会产生示范效应，吸引目的地居民模仿和学习，从而改变目的地居民的行为举止、穿着打扮、卫生习惯，一些目的地居民甚至为了追求旅游者的生活方式，寻求较高质量的生活而离开自己的居住地。

　　（2）对旅游目的地社会生活的影响。随着大众旅游者的涌入，旅游者的消费偏好和行为甚至会改变当地的就业结构、基础设施条件和社会文化活动内容。例如，由于日本旅游者是澳大利亚昆士兰黄金海岸的主要客源，为了迎合日本旅游者的口味，昆士兰地区出现了越来越多日式的基础设施、日式餐馆和符合日本人居住习惯的酒店。

　　（3）导致泛文化现象的出现。为了使旅游者能体验到当地文化，许多旅游区都推出了文化旅游产品。例如，在我国许多旅游景点有模拟的结婚典礼等，这些具有文化魅力的表演既有积极的效果也有消极的影响。一方面，它们成为保护当地传统的方式之一；另一方面，篡改传统习俗来满足旅游者体验的"文化旅游产品"，实际上造成了真正传统的失真甚至消失。许多传统节日以及风俗习惯经过人为的预先安排，以娱乐的形式介绍给旅游者，失去了其原有的意义。此外，大众旅游者对文化纪念品的需求，一方面增强了当地居民的自豪感，使一些民间工艺和艺术得以延续发展；另一方面也改变了旅游地工艺品的艺术风格和形式，使一些原来富有宗教和礼仪意义的工艺品变成了纯粹的商品。

　　综上所述，文化与旅游消费之间相互影响。文化因素赋予旅游活动、旅游产品和服务特定的象征性意义，并通过文化传承、广告营销和时尚，将这些含义渗透在旅游者的意识和行为中。不同文化背景的旅游者在旅游动机、消费观念、行为标准等方面存在差异。文化因素会影响旅游者对旅游目的地、旅游产品和服务的选择，他们在旅游活动中的情感体验以及表现旅游体验的方式。尽管旅游者的消费行为会受到民族和文化的影响，但是仍有一些动机、需要和行为是普遍存在和一致的。例如，旅游者的怀旧思绪，对浪漫情怀的需要，对观赏美景的渴望，希望安全地享受旅游刺激的心态等。换言之，旅游者有自己的文化，有共享的价值观念和行为准则。此外，在大众旅游盛行的时代，旅游者携带的文化还可能对目的地的文化形成影响和冲击，导致地区间文化差别日益缩小。

第二节　亚文化与旅游消费者行为

一、亚文化概述

每一种文化都包含着能为其成员提供更为具体的认同感较小的亚文化。亚文化群体成员除了拥有社会主流的信念、价值观和行为模式外，还具有与同一社会中其他成员不同的信念、价值观和生活习俗。因此，可以把亚文化理解为在某个较大的社会群体中的一个较小的群体所共享的独特的信念、价值观、爱好和行为习惯。

消费者可以同时属于几个亚文化群体。例如，一名 16 岁的少女可能同时属于藏族、佛教徒、青少年、四川人等群体。每一种不同的亚文化成员身份，都为她提供了一套独特的信念、价值观、态度和习惯。这些亚文化成员身份往往预示了一些消费变量，如接触媒介的种类、食物偏好、衣着、休闲活动，甚至尝试新产品的愿望。因此，营销人员可以根据各亚文化群体所具有的不同信念、价值观和习惯，判断该群体成员是否会成为具体营销策略的目标。

亚文化有许多不同的分类方法。通常将文化分为东方文化和西方文化；或者按国籍和民族来划分文化，如中国文化、法国文化、美国文化等。实际上，任何一个具有共同信念与习惯的群体都可归为一种亚文化。目前，比较有代表性的分类方法是按民族、种族、宗教、年龄、地理、性别划分亚文化类别。

二、亚文化对旅游消费者行为的影响

与文化对旅游消费者行为的影响一样，亚文化对旅游消费者行为的影响也是多方面的。下面主要按亚文化的不同类型来展开对旅游消费者行为影响的阐述。

1. 族群亚文化及其对旅游消费者行为的影响

族群是指在较大的社会文化体系中，由于客观上具有共同的渊源和文化，因此主观上自我认同并被其他群体所区分的一群人。其中共同的渊源是指世系、血统、体质的相似；共同的文化是指相似的语言、宗教、习俗等。这两方面都是客观标准，对其的区分一般是通过这些标准来确定的。主观上的自我认同意识即是对人群的认知，大多是集体无意识的，但有时也借助于某些客观标准加以强化和延续。

族群亚文化是某一族群在长期共同生产、生活实践中产生和创造出来的能够体现本族群特点的物质和精神财富的总和。族群亚文化对旅游消费者行为的影响，可以从处于不相同族群的旅游消费者行为的差异来考察。例如，整体而言，日本出境旅游者由于受其偏好长时间工作的文化传统的影响，更加偏好短假期，在旅游目的地的停留时间也相对较短。而一些欧美发达国家的旅游者外出度假的时间则会更长一些。他们一般会在度假地待上一周，甚至更长的时间。

2. 宗教亚文化及其对旅游消费者行为的影响

宗教是人类社会发展进程中的特殊文化现象，是人类传统文化的重要组成部分，影响人们的思想意识、生活习惯等。广义上讲，宗教本身是一种以信仰为核心的文化，同时又是整个社会文化的组成部分。宗教文化对旅游消费者行为最为明显的影响体现在两个方面：动机和实地行为。在动机方面，受特定宗教文化的影响，宗教朝拜本身成为一种特殊的出行动机。例如，即便是普通的宗教文化旅游者在造访宗教场所时一般也会严格遵守相关的规定，尊重特定的宗教文化。

3. 地理亚文化及其对旅游消费者行为的影响

与地理亚文化密切相关联的学科是文化地理学。文化地理学是研究人类文化空间组合的一门人文地理分支学科。它研究地表各种文化现象的分布、空间组合及发展演变规律，以及有关文化景观、文化的起源和传播、文化与生态环境的关系、环境的文化评价等方面的内容。

地理亚文化，实际上就是指在特定的地理空间、地域范围内的亚文化。也就是说，某种特定的文化会因为地理空间、地域的差异而出现差异。因此，地理亚文化与族群亚文化会在一定程度上有重叠。地理亚文化对旅游消费者行为的影响，与宗教亚文化对旅游消费者行为的影响类似，也显著地体现在动机和实地行为两个方面。实地行为最典型的例子就是美食文化。例如，中国的美食文化源远流长，但地域差异明显，在长期的历史演变中，形成诸多菜系。不同地域的中国人在国内旅行时，总是难以摆脱各自地域饮食文化的影响。与此同时，中国的饮食文化，又很大程度上有别于其他国家。因此，中国游客在海外旅行时的饮食行为也深受他们的饮食文化以及整体文化价值的影响。

4. 年龄亚文化及其对旅游消费者行为的影响

即便是在同一个族群内部，在同一宗教亚文化和地理亚文化的熏陶下，不同年龄段的群体也会表现出文化的差异，从而影响他们的旅游消费者行为。在日常生活中，年龄亚文化最为直观的表现就是不同年龄的群体对音乐、电视剧、休闲娱乐活动的不同偏好。例如，年轻人喜欢摇滚乐、街舞和极限运动。年龄亚文化同样也会影响旅游消费者行为。徐惠群等人（2007）的研究发现，中国城市老年人出游的动机主要是提升生活质量、逃离日常烦琐事务、社交、提升知识、对国家有自豪感与爱国情怀、奖励自我以及怀旧。当然，上述动机并非老年群体独有，但在中国特定的文化背景与历史渊源下，老年人"对自己国家的自豪感与爱国情怀""犒劳自己昔日的辛劳"以及"怀念往昔美好时光"的动机比年轻一代更加强烈。

5. 性别亚文化及其对旅游消费者行为的影响

性别有生理性别和社会性别之分。在生理或生物学意义上，生物中有许多物种可以划分为两个或两个以上的种类，称之为性别（对应英文"sex"）。社会性别（对应英文"gender"）是指个人或人性中所带有的阳刚气质（masculinity）或阴柔气质（femininity）。社会性别是相对于生物学意义中的生物性别而言的，更接近身份认同与气质，又称性别气质。因此，社会性别可以理解为社会中的一个人，其自身和其所处的环境对性别（生理上的）的期待。这些期待将在这个人的行为（以及环境中的群体的行为）中充分体现出来。与上述亚文化类似，性别亚文化也叫性别文化，是一种独特的文化因素。不同性别的群体，会表现出文化上的差异，进而也会影响旅游消费者行为。例如，谢晖、保继刚（2006）以黄山市为样本收集地的研究发现：①女性游客比男性游客搜集更多的信息类型，其中更倾向于搜集旅行费用、食宿状况和线路安排信息。②女性游客比男性游客更倾向于通过人际交流的方式获取旅游信息。③对于游览民居和购买旅游纪念品这两种旅游活动，女性游客比男性游客具有更强的偏好。

第三节　文化差异与旅游消费者行为

在旅游活动过程中，旅游者同旅游地东道主之间在旅游景区、餐饮、住宿、交通、购物商店、娱乐场所等方面发生的一切联系，都不可避免地在同时进行着客主之间的交互活动与相互影响。这种交互活动既是经济的交流，同时又是不同文化之间的碰撞。旅游者文化是由旅游者在旅游时所呈现的文化，主要包括旅游者的本民族文化和本国文化。东道主文化则是与旅游者相接触的东道主国的文化。当旅游者和东道主相遇时，他们身上所带有的本国、本民族文化以及在旅游过程中所表现出的特有文化混合在一起，形成一种特殊的文化，即客主交互的文化。这种文化既不完全等同于客源国文化，也不完全等同于旅游地文化，而是混合了各国文化、目的地文化以及旅游文化所形成的一种特殊文化形态。

文化差异是从文化形成那一刻起就出现的，是在人类对自然环境的应战和挑战中产生的。有什么样的环境，就会创造出什么样的独特文化。东西方在社会制度、文化教育体制、思想意识、宗教乃至饮食、民俗等方面都表现出极大的不同，从而形成了文化差异。环境在文化的形成和发展过程中起了很大的作用，但影响文化的因素纷繁复杂，而且人类的文化越发达，环境影响文化的程度就越低。

一、人格的差异

西方人的人格构成是以内在自我为核心的，是在内在自我的基础上生长出人际自我和社会自我，表现为人格上自律、个性上具有极强的独立性。与此相反，中国人是以人际自我为核心来铸造自己的人格的，是从人际关系上考虑人和定义人的。

1. 姓名

姓名是每一个社会成员的标志和符号，是人们借以相互区别的标志。人们在选择姓名时会考虑各种原因，所以它隐含着一个民族的语言、历史、地理、宗教和文化传统信息。由于历史发展和文化传统的差异，东西方之间形成两种不同的姓名体系。首先，姓和名的顺序是不同的。西方人的名字在前，族姓在后，通常是"重名轻姓""妇随夫姓"；东方人则相反，"重姓轻名""妇夫各姓"。在姓氏来源上，东方人多以祖先的图腾、封地、居住地、官职、职业、颜色名称等为姓；西方人的姓氏主要以职业名称为姓，以居住地的地形、地貌为姓，以自然现象、动物名称为姓，以表示人的外貌和体形的词为姓。

2. 地址

在西方文化里，地址的组成首先是个人居住的门牌号码，然后是街道、区、市、省份、国家，体现的是从小到大，从个体到群体；东方文化却是刚好相反，先国家、省份、市、区、街道，然后才是个人具体居住地的信息。东西方文化差异体现的是：东方人先国家后个人，强调大家；西方人先个人后国家，强调小家、个人。

3. 时间

东方文化里的时间是按照年、月、日、时、分、秒的顺序，是由大到小；西方文化则相反，是按照从小到大的顺序。这表明，不同文化群体具有不同的时间观。

时间观念是文化深层结构的一部分，它影响着人们对外部世界的感知，左右着对事物的判断，进而控制人们的行为。

4. 语言

语言符号是人们见到的最直接、最丰富的文化载体。按照工具论的观点，它是表情达音、创造文化产品的工具和手段，因而也是过去心智创造的文化载体。中西方语言形式差别很大：西方语言为形态语，它以形同意，用严密的形态变化来表现语法范畴和语义信息；而汉语为非形态语，它以意同形，通过语言环境和语言的内在关系来表现句子的词法、句法和语义信息。汉语组织以达意为主，追求语句中各自意群、成分的内在关系的联结与对应，"不滞于形而以意统形"。

5. 思维方式和方法

西方人的一贯传统是注重理性思辨，认为只有思辨理性才是最真实、最完善、最美好的。因此，从古希腊时代起，自然科学家和哲学家都把抽象的逻辑思维方式作为认识和把握事物真理的最基本手段，并把"分析学"或"逻辑学"视为一切科学的工具。文艺复兴时期随着近代科学的兴起，这种实证和分析的思想方法更得以发展，逻辑思维和实证分析便成为西方人的思维方式和方法。"与讲究分析、注重普遍、偏于抽象的思维方式不同，中国思维更着重于从特殊、具体的直观领悟中去把握真理"，中国人认识世界的方式是"体知"而不是"认知"。老子首创"体道"说，就是以心灵体验的方式去把握宇宙的根本之道。儒家强调的是以一种充溢伦理精神的道德体验来达到对客观外物的认同。孔子所说的"吾日三省吾身""见不贤而内自省也""见其过而内自讼"的修身经验和孟子所提出的"反身而诚"等，是把认识的对象作为人类自我意识外化的伦理情感的整体来体验，并从中寻求对主体伦理、价值规范的印证，从而最终以"反求诸己"的内倾性和伦理反思获得对外在事物的把握。直观领悟的思维方式在对事物的研究方法上具有整体性的特点。

二、生活形态的差异

1. 饮食结构

从饮食结构来看，西方人以肉类、蛋白质为主，并把谷类的地位放在所有食品之上，这样既保证谷物和其他食物能够营养互补，也保证饭和菜的比例适合。东方人以谷类和淀粉为主，且口味稍咸。营养是人类生存的基本条件，更是反映一个国家经济水平和人民生活质量的主要指标。中华饮食文化渊源是东方古老的阴阳学说，这是一种带有浓厚浪漫色彩的哲学，至今仍在影响人们的饮食生活。中国饮食追求的是"美味享受，饮食养生"和"食疗同源"，把饮食的味觉感受摆在首要位置上，注意饮食审美的艺术享受。西方人则把饮食当作一门科学，以现实主义态度注重饮食功能。近代科学文明对西方饮食习俗影响极大。西方人通过分析食物的成分含量，掌握具体的营养要求；对待饮食，讲究有什么营养、能产生多少能量，味道则是其次，如果食材加热烹调会造成营养损失，那就少加热甚至干脆生吃。

2. 服饰

从服饰方面来看，东方服饰讲究修饰、注重内省；注重装饰与和谐；重视线条感，宽大、线条流畅；样式不固定，具有飘逸的风格。在注重内省方面，中国服装文化属于一元文化范畴，具有整体性和大同观念。对服装穿着以"自尊""自爱"为主，心理定向是"内省型"。对服装的穿着行为不求标新立异而注重"自我调节"，在调节新旧观念的冲突与外界观感的反省中寻求新的和谐。在装饰方面，传统中国服装在造型上体现出和谐、对称统一的表现手法，服装倾向于端庄、平衡，不太追求倾斜感和非对称性。西方的服饰更加崇尚显露（尤其是欧洲文艺复兴运动之后），注重表演，注重造型的立体感、挺拔感。西方有崇尚人体的传统，要求服装穿着者能更好地表现和反映人体美。西方人对服饰追求的价值观念是"个人本位"，以自我为中心；对服装穿着的动机是看重"自我表现"；心理定位是"外倾型"的，敢于标新立异，讲究个性的表露；在服装造型上，常以抽象的形式美来追求服装外在造型的视觉舒适性，表现出非对称性、非协调性的造型方式。

3. 建筑

从建筑来看，东方建筑体现的是天人合一，人与自然的和谐。例如，中国的传统建筑除对称这一特点之外，更以其独特的形制和风格，体现了稳重、平和、和谐的民族传统文化特征。中国的传统建筑主要为砖木结构，其主体结构为柱、梁等组成的木构架。由于木构架采用榫卯结合方法，十分牢固，所以抗震性能好，故有"墙倒屋不塌"之说，具有很强的稳定性。与中国的传统建筑相比，西方诸多的传统建筑往往体现的是人类征服自然，清楚地表现出多样性和个性化鲜明的风格和特点。西方传统的对称式建筑，之所以没有中国传统建筑的平稳、稳重的感觉,一个重要的原因就在于建筑的轮廓和线条不是平直、柔和的,而为几何形(三角形、锥形等)线条、大弧度曲线等,起伏错落多变,给人以动感,打破了对称的稳定性,这也是个性化的表现。西方的传统建筑在形制和风格上也具有异彩纷呈、风格多样、富于变化的特点。

三、社会文化的差异

1. 交往习俗

从社会习俗来看,在东方,人与人之间互相依赖和依存,讲究亲情和友情。"人情"是东方习俗中很重要的元素,如常讲的"有朋自远方来,不亦乐乎"。而在西方,人与人之间要保持适当距离,讲究隐私、个性、独立。东西方交际礼仪不同。东方人见面时不一定要握手,只要笑一笑打个招呼就行了,即使是第一次见面也是这样;而西方人则视握手为基本礼节。西方人见面时喜欢直呼其名,这是亲切友好的表示。西方人很少用正式头衔称呼别人,如不用局长、经理、校长等头衔来称呼别人,正式头衔只用于法官、高级政府官员、军官、医生、教授和高级宗教人士。在与人交谈时,西方人忌讳谈及个人隐私,如年龄、婚姻、收入、信仰等,而东方人的个人隐私界限并不清晰。

2. 社会伦理道德

从社会伦理道德来看,西方伦理是人与人之间建立的一种约束机制,是法律法规约束,希望对社会实行"事后被动制约",用法律和组织措施来解决问题,是以理智为基础的。从英国的经验主义到美国的实用主义,从路德的宗教改革到韦伯的新教资本主义理论,以及穆勒的功利主义,都透露出一种理智精神。而中华传统文化以家庭血缘关系为本位,家庭伦理处于社会关系的核心,家庭是人们最初和最重要的社会组织方式,家庭成员间具有强烈的责任和义务约束。中国的伦理是家族伦理,"孝"是家族伦理的核心,同法律和道德一起来制约社会。西方强调个体本位,而中国人提倡群体本位。中西方道德本位的不同,使中西方的伦理体系和道德规范具有不同的特点:西方重契约,中国重人伦;西方重理智,中国重人情;西方重竞争,中国重中庸、和谐;西方的伦理道德以人性恶为出发点来强调道德教育,中国儒家从人性善的观点出发来强调道德修养。

第四节　中国文化特点与旅游消费者行为

一、中国文化的特点

1. 安土乐天的文化心态

中国传统的社会生产形态是农业经济，在浓厚的农业经济氛围中，人们习惯于通过农业生产从土地里获取主要的生活来源。这种生活模式经过长期的演变，变成了人们对土地的高度心理依赖。这种依赖逐步发展成为一种价值判断标准，把获取并保有土地视为一种最根本的财富价值观。这种价值观再加上农业生产本身的连续性、周期性和相对稳定性的特点，使人们热衷于追求安居乐业的生活方式。人们生活在一个固定的熟人社会，日出而作，日落而息。此外，传统农业社会受制于交通不便、信息不通等因素的影响，多数中国人视离家外出为危途，轻易不离开故土。简而言之，传统农业社会安土重迁的生产和生活方式，使中华民族形成重实际轻幻想的务实精神和自给自足的观念。

2. 重视家庭，享受天伦之乐

中国传统文化特别重视家庭。在人际交往中，中国人最重视以家庭、血缘为中心的人际交往原则，以血亲为基础确定人们的亲疏远近关系。在农业经济狭小的生活圈子中，这种人际交往原则使人们更强调家庭的和睦与团结，追求家庭的幸福与快乐。在许多中国人心目中，最大的幸福与快乐莫过于能享受天伦之乐、子孙绕膝、团圆平安。当然，随着时代的发展，社会的进步，尤其是中国改革开放以来，都市化进程的加快，传统的乡土社会受到了极大的冲击，中国传统文化不可避免地也受到很大的影响。但是，这种重视家庭和享受天伦之乐的观念，在老一代中国人心中依然存在。

3. 重整体、倡协和、尚中庸

中国文化具有重视整体、提倡协和，并通过协和达到和谐的文化特点。中国文化把天、地、人视为整体，以"人与天地万物为一体""天人合"为最高境界。在政治领域，表现为"大一统"的观念；在社会领域，表现为个人、家庭、宗族和国家不可分割的情感；在文化领域，表现为兼收并蓄、求同存异的宽容精神；在伦理领域，表现为顾全大局、必要时不惜牺牲个人或局部利益以维护整体利益的价值取向，等等。这些观念构成了中华民族集体至上的思维趋向和共同心理。

在重视整体的同时，中国文化也强调群体及其成员的和谐与统一。中西方文化的一个重要差异，就是中国文化重和谐，西方文化重分别和对抗。在中国文化中，和谐是最理想的状态。通过人与自然、人与人之间的和谐关系，构建从个人到家庭、宗族，再到国家，逐级扩大的理想社会。个人并不因为是集体的部分，而丧失个体的自我。这正是儒家文化在处理个体与群体关系上的思想精髓所在。和谐与中庸是联系在一起的。在儒家看来，中庸是实现和谐与统一的根本途径。"中"既指事物的"度"（即不偏不倚），也指对待事物的态度。"贵和尚中"观念在中华民族和中国文化的发展过程中发挥着十分重要的作用，它促进和推动了社会的稳定和发展。做事不能走极端，着力维护集体利益，求大同，存小异，保持人际关系的和谐，是中国人普遍的行为准则。

4. 求真务实，讲求勤俭

求真务实是许多中国人的信条。中国文化历来反对不切实际的清谈和玄想。务实的人生态度和价值取向对中国人的行为有重要的影响，如强调做事脚踏实地，生活中讲求勤俭、朴实、实用，轻视华而不实的东西。

此外，长期自给自足的小农经济也使中国人普遍有一种节制欲望的心态。节欲思想加上农业经济低水平的生产力，使中华民族形成艰苦朴素的生活方式，甚至把节俭作为立国的重要前提。因此，在价值评判方面，传统的中国人不赞成高消费，也不会认同流行时尚。即使受到西方消费主义和享乐主义的影响，当代中国人在购买产品和服务时，往往更注重实际效用和价值，反对攀比和铺张浪费。

5. 多样性与异质性并存

中国是一个多民族国家，幅员辽阔，各地的自然条件和地理环境差异很大。不同民族、不同地理区域的人们形成不同的生活方式、思想观念和风俗习惯。文化的多样性和异质性不仅表现在不同民族之间，也表现在农业区与周围地区之间、不同农业区之间以及同一农业区的内部。

（1）众多各具特色的民族亚文化共存发展。虽然汉族占总人口的90%以上，但是各民族也都继承和保留着传统的宗教信仰、消费习俗、审美意识与生活方式。

（2）显著的地域特点更加突出了文化的多样性和异质性。例如，中原农业民族对土地的依赖发展成为重农轻商、安土乐天的观念。北方游牧民族由于生存条件比农业民族恶劣而只能以迁徙和战斗来对付异族的压力，因此尽管他们很早就接触到汉族文化，但并没有全盘接受。一水相隔的湖北人和湖南人，虽有不少文化的共同之处，但也存在许多差异：湖北人被认为有商业头脑，很精明；湖南人则被认为具有革命精神，有以天下为己任的豪情和务实作风。

二、中国文化对旅游消费者行为的影响

一国的文化特征在很大程度上决定了它的民族性格、思维模式、行为习惯和生活方式。价值观念、规范、习俗、物质文化等文化因素对消费者行为和企业营销的影响是广泛而深远的。其中，最具根本性的影响因素是价值观念。从总体上讲，中国传统文化的价值取向是内倾型的。内倾型文化的民族性格喜静不喜动，不事张扬，在消费观念方面往往趋于保守、低调。但随着西方文化的东渐，中国人的价值取向和消费观念正在逐渐地发生变化。中国文化对旅游消费者行为的影响主要体现在以下几个方面。

1. 旅游动机

虽然中国古代有"读万卷书，行万里路"的说法，文人士大夫们还把山水之游作为修身养性的对象和工具，但是，安土乐天、不尚远行的文化特征也具有抵制旅游和反对旅游的倾向。人们缺乏冒险精神，求稳怕变，甚至把旅游看作不务正业。所谓"在家千日好，出门半日难""金窝银窝不如自己的草窝""父母在，不远游，游必有方""孝子不登高、不临渊"等，就是这种心态的反映。

此外，重视家庭、提倡节俭的价值取向决定了中国人会多方位地考虑子女的抚养、教育、就业、婚姻以及自身的养老等问题，节制当前消费，储蓄资金。在消费内容上，中国人更热衷于饮食消费，购买生活用品、家电、住房等，以满足家庭生活的需要，而不会优先考虑旅游消费。即使在满足基本生活消费的情况下，中国人仍然会习惯性地节制消费、增加储蓄，以备不时之需。

迄今为止，许多中国人仍把旅游视为奢侈的消费行为。在安土乐天和勤俭节约观念的影响下，他们或多或少地抑制自己的旅游需要，尽量不考虑参加这种"花钱买罪受"的活动。这种心态对旅游动机的激发无疑是起阻碍作用的。

随着我国社会生产力水平的提高，人们的社会生活发生了翻天覆地的变化。在现代人的文化价值观念中，旅游成为人们回归自然、提高生活质量的重要途径，抵制旅游的观念在逐渐瓦解。我国民众观光游玩和消费的热情达到了前所未有的高度。花钱买愉快、买服务的旅游消费观念正逐渐为人们所接受。

2. 旅游活动的选择

随着近年来我国旅游业的日趋成熟，人们的出游选择逐渐多样，但现代中国人的娱乐观念、出游目的地的选择、休闲游历活动的形式等，仍在不同程度地受到传统文化和民俗习惯的影响。

大多数中国旅游者都恪守"游必有方"的信条，每次出游都有一个较为固定的目标和日程。在旅游目标的选择上，中国旅游者往往不自觉地继承了中国传统的审美观念，延续着以儒家学说为中心的旅游观。人们偏好以观赏为主的园林游览和风景审美活动，喜欢优美和谐的自然景观、社会知名的历史文化古迹以及发展较成熟的景区，尤其偏好文化和自然风景互相渗透所孕育出来的包含人文精神和自然态势的旅游目的地。此外，中国人对中华民族始祖的发源地及故乡也比较热衷，这主要缘于寻根访祖的文化情结。在旅游活动项目的选择上，中国旅游者偏爱的活动较为舒缓，缺少刺激性和对抗性的项目，注重精神内涵和亲情交融，在安闲自在中享受旅游之乐。

与中国旅游者相比，西方旅游者较喜欢独特、新奇、不同寻常的旅游目的地。他们在对景观的选择上，更偏好原始古朴的自然景观或保持原始风貌的历史文化景观。他们喜欢参加充分展示自身智力和体力的活动项目，乐于接触他们不熟悉的异质文化和民族，并期待在旅游中有所收获和发现，在经受旅游考验后享受成功的喜悦。在中西方文化相互交流、融合的当今社会，中国人的旅游偏好也会发生一些变化，出现新的内容。但总体来说，中国旅游者受"以静养身""不登高，不临渊"等传统观念的影响和制约，仍遵循适度旅游的原则，强调"求稳""求静"，反对过于张扬和冒险。

3. 购买决策方式和出游方式

中国旅游者受儒家文化的影响，在思想意识、思维模式上追求群体取向。这种群体意识，表现在行动上就是倾向于集体行动，强调相互依赖、相互合作，每个团体成员都为不被排除在"圈外"而努力。相应地，在远程或出国旅游中，中国旅游者多选择组团的形式；在短程或假日旅游中，则往往选择全家出游或亲友同游的方式，较少个人单独出游。因此，中国的旅游市场以家庭为单位的消费者居多。人们往往以集体为单位做出旅游决策。例如，家庭成员的大部分收入都集中由一名"当家人"统筹安排。在具体旅游购买决策中，特别是单笔支出较大的购买决策中，还需要家庭成员集体讨论。个人的旅游行为与整个家庭紧密联系在一起。一个人不仅要考虑自己的旅游需要，还要考虑整个家庭的需要。在旅游产品和品牌选择上，中国旅游者较少标新立异。他们重视亲友的意见，尽量与他人保持一致，减少购买风险。

4. 旅游消费水平与消费结构

我国旅游者的消费水平呈现出明显的两极分化现象。

（1）从国内旅游来看，中国仍是一个旅游低消费国家。农村外出旅游人数的比重偏小，消费水平也很有限。从旅游消费结构看，国内游的旅游者讲求经济实惠，重视物质产品和饮食消费，在交通和住宿的选择上偏重经济性。我国居民的旅游消费主要还停留在大众产品上，对非物质形态的劳务性消费的重视程度相对较低。

（2）中国公民出境旅游的高消费行为引起了世人的关注。进入 21 世纪后，中国公民的出境旅游消费开支更是一路攀升，成为世界上出境旅游消费较高的国家之一。目前，中国公民境外旅游消费水平不仅远远高于国内消费支出水平和全国城镇居民消费支出水平，而且超过了人均年收入达 1 万多美元的发达国家出境游客的消费水平。

研究显示，中国出境游游客主静不主动，不愿在参与性更高、冒险性更强的旅游项目上花费。除交通、住宿、餐饮等必需消费项目外，购物是中国旅游者在境外自主消费的大项。这体现了中国传统文化对旅游消费者行为的影响。以家庭为中心的思想决定了中国人非常注重通过旅游购物与家人分享快乐。一般来看，旅游者在境外的旅游行为并不仅仅是个人行为，出境旅游者往往是家庭甚至是家族的代表，其购物特点表现为密集式、积累式、家庭式。除了以家庭为中心的消费行为外，人情消费也促进了中国游客在旅游过程中的购物行为。中国人有强烈的集体主义导向，并重视人与人之间的联系，旅游后馈赠礼品是中国人拉近心理距离、加强社会联系的一个重要途径。因此，出境游游客旅游消费开支的相当一部分是购置礼品，用于人情消费。

5. 主客互动

在从国内旅游向国外旅游发展的过程中，文化反差是促使中国游客旅游的重要原因之一。但是，在旅游观念上，中国游客大多注重自我交流和心领神会，与旅游目的地居民的交往意愿不强。中国传统文化在对待不同民族和文化方面，历来承认其他民族和文化的价值主张，在主导思想的规范下，不同民族或群体之间思想文化兼容并蓄。因而，出门在外的中国游客常常给人以谨慎、保守和内向的印象，既尊重目的地文化，又在穿着、举止、生活方式等方面坚持自己的价值标准，在出境游中尤其如此。现阶段的中国游客对西方文化主要持探寻和观察的态度，不易融入异乡社会。中国公民与目的地居民之间的接触和文化互动非常有限。中国游客对当地居民友好和尊重的态度得到了人们的认可。文化冲突现象在目前的出境旅游活动中，没有成为旅游的障碍。

 【本章小结】

　　本章从文化与亚文化方面展开介绍，使学生了解文化的概念、特点、功能等以及亚文化所包含的内容，熟悉文化差异与旅游消费者行为的知识。本章还探讨了中国文化特点对旅游消费者行为的影响，通过学习使学生更好地掌握文化与旅游消费者行为的知识，培养学生的思维能力和对文化形成的规律性的认识能力，使学生更好地感受文化的影响，树立正确的价值观。

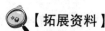 【复习思考题】

　　1. 简述文化的范畴。

　　2. 简述中国文化的特点。

　　3. 简述性别亚文化的表现。

　　4. 论述旅游消费者行为对文化的影响。

　　5. 论述亚文化对旅游消费者行为的影响。

 【即测即练】　　　　　　　　 【拓展资料】

第九章　群体与旅游消费者行为

 【学习目标】

1. 了解群体、参照群体、家庭、社会阶层的基本理论。

2. 熟悉参照群体的类型、家庭生命周期理论、社会阶层分析等。

3. 掌握参照群体、家庭、社会阶层等因素对旅游消费行为的影响。

 【能力目标】

1. 了解中国社会阶层分析，能针对不同阶层群体设计旅游产品及开展营销。

2. 熟悉参照群体的相关理论，能结合实例分析参照群体对旅游消费者行为的影响。

3. 掌握家庭对旅游消费者行为的影响，能制定促进家庭为单位的旅游消费活动策略。

 【思政目标】

1. 了解家庭形态及家庭生命周期理论，塑造和谐家庭氛围并形成良好的家风。

2. 熟悉社会群体与旅游行为的关系，建立良好的朋友、同事、同学等社会交往圈。

3. 掌握群体对旅游行为的影响，引导相关群体形成正确的旅游消费观念。

【思维导图】

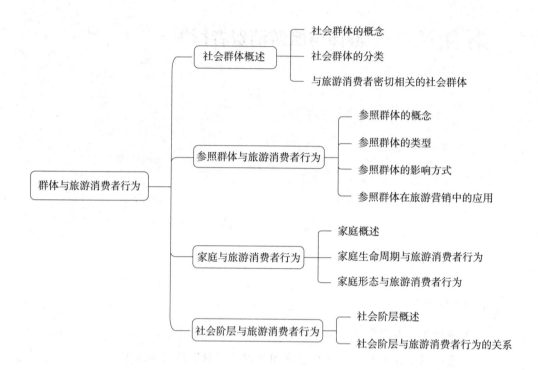

【导入案例】

结伴而行

临近毕业，4071寝室学生（范敏艳、丛宁、宋明珊、张佳文）决定去延吉来一次毕业前的旅行。大家都提前做好了准备工作，但在选择住宿地点时大家有了不同意见：范敏艳想住带有民族特色的朝鲜族民宿，因为那儿依山傍水，风景秀丽；丛宁想住市中心的酒店，因为市区美食多，去哪里都方便；宋明珊想住在延边大学校内，感受一下民族类院校的独特氛围；张佳文也发表了自己的观点：民宿虽好，但交通不便，还是住在市区吧！

最终综合了所有人的意见，选择了住在延大附近的时尚酒店。第二天开启了延吉旅程。

问题：

1. 为什么寝室四个人要结伴同行？

2. 范敏艳为何能接受室友的建议？

第一节　社会群体概述

一、社会群体的概念

1.社会群体的定义

社会群体是指通过一定的社会关系结合起来，成员间相互依赖、彼此间存在互动的集合体。从社会心理学的角度来看，简单的统计集合体、围在路边看热闹的人群、喜欢看电视新闻的观众等不能归为群体之列。因为，这些集合体的成员之间不存在依附关系，不发生互动，在多数情况下彼此间毫无影响。而篮球队、家庭、同班同学等，则可称为群体，因为其成员是为了共同目标而组合在一起的，彼此间不但有面对面的接触，而且有频繁的互动。

2.构成社会群体的必要条件

密切结合在一起的家庭是一个群体，有时由于特殊原因短暂结合在一起的几个陌生人也可以构成一个群体。例如，几个人外出旅游同乘一辆缆车，由于意外事故，车被困在半山腰，在这突如其来的情况下，本来素不相识的人组成暂时性的群体，有人出主意，有人向外呼喊求救。这些本无任何关联的人，为了共同目的，彼此互动起来。他们平安脱险后，互动即告结束，在十分短暂的时间内，几位陌生人形成一个临时群体。群体可以有不同的持续时间，可以像家庭那样数代延续下去，也可以在数天或数小时内解体。要构成一个社会群体必须具备：①成员间具有共同的目标和利益，成员之间相互依赖、彼此协作配合。②成员之间分享一些共同的价值观念。③成员在心理上有群体意识。④成员之间有生活、学习和工作上的交往，信息、思想、情感上的交流。

3.研究社会群体的重要性

从消费者行为的角度研究群体影响至关重要。首先，群体成员在接触和互动过程中，通过心理和行为的相互影响与学习，会产生一些共同的信念、态度和规范，它们对消费者的行为将产生潜移默化的影响。其次，群体规范和压力会促使消费者自觉或不自觉地与群体的期待保持一致。即使是那些个人主义色彩很重、独立性很强的人，也无法摆脱群体的影响。最后，很多产品的购买和消费是与群体的存在和发展密不可分的。例如，加入某一境外高端旅游团的游客，不仅要参加该团体的活动，还要购买与该团体的形象相一致的产品。

二、社会群体的分类

1. 根据群体规模

根据群体规模，社会群体可分为大群体和小群体，规模是群体的一个主要方面。夫妻两人组成的家庭是最小规模的群体，数百人、数千人甚至更多的人集合在一起形成大群体。大群体里的成员不可能熟知每一个成员，不可能发生充分的互动，也很难产生群体归属感，而小群体则与之相反。消费者行为学所关心的是规模不大的能产生互动作用的小群体。

2. 根据群体成员接触方式

根据群体成员之间的接触方式，社会群体可分为主要群体与次要群体。主要群体是指群体成员之间经常进行面对面的直接互动的群体，如家庭、邻居、工作同事、朋友圈子、兴趣小组等；次要群体是指成员之间偶尔或没有面对面直接互动的群体，规模一般比较大、人数比较多，群体成员不能完全接触或接触较少。

主要群体对于市场营销人员来说非常重要，因为成员之间的日常对话，很多都同消费行为有关。对于许多消费者来说，家庭是最为重要的群体，很多消费行为是由家庭成员共同引起的。朋友圈也是一种相当重要的群体，不少饮料广告，就是试图以亲密朋友相聚的场面来博得消费者的认同。同事也构成一个主要群体，在广告中也经常可以看到同事之间分享美味的快速食品或在下班后一起放松或庆贺某项成就的情景。其他一些需要成员经常会面的群体，诸如俱乐部、协会、兴趣小组等，也构成主要群体。

次要群体通常规模较大，群体对成员的影响大都通过大众传媒、公共关系或消息发布等方式来实现。这类群体是由那些同消费者有着一段距离但又为他们所敬重的、希望仿效的人组成，其中的典型代表是消费者心目中的重要人物、名人，把许多人所崇尚和向往的特质给符号化了。

3. 根据人们在社会活动中发挥的作用

人的社会活动主要有两种，一种是正式的，另一种是非正式的。正式的社会活动是指人们在群体中按照计划完成公开的、特定的、有目标的活动。非正式的活动主要是指人与人之间自发的思想感情交流活动。与此相对应，群体按照自身在社会活动中发挥的作用，也可以划分为正式和非正式两种。

正式群体是指有明确的组织目标、正式的组织结构，成员有着具体的角色规定的群体，如学校的班级、企业的新产品开发小组等。非正式群体是指人们在交往的过程中，由于共同的兴趣、爱好和看法而自发形成的群体，如集邮爱好者协会、绘画小组、球迷协会等。人们加入正式群体的意图是多种多样的。有的为了追求特定的利益，有的为了从事某种事业，有的为了扩展视野，有的为了能够会见有利于自己职业生涯的重要人物，有的可能只是为了觅得新友和获得归属感而已。但是，一旦进入正式群体，就要遵从群体的准则和期望。

非正式群体可以是在正式群体之内，也可以是在正式群体之外，或是跨几个群体，其成员的联系和交往比较松散、自由。人们除了完成工作和学习任务外，还有交友、娱乐、消遣等期望与需要，非正式群体往往借助同乡会、同学会、球迷协会等形式，帮助其成员获得各种需要。非正式群体往往以共同的利益、观点为基础，以感情为纽带，有较强的内聚力和高度的行为一致性。所以，从市场营销的角度来看，非正式群体也是非常重要的，尤其是非正式群体结构松散，为成员交流有关消费信息和相互影响提供了一种极富诱导性的环境。

4. 根据群体所属关系

根据群体所属关系，社会群体可分为会员群体与象征群体。会员群体是指个体已经享有会员资格的群体，如保龄球俱乐部等属于会员群体。象征群体是那些愿意接受向往组织的价值、态度及行为，并热切地希望加入，但是实际上无法跻身其中，或者没有得到认同的群体。无论是会员群体还是象征群体，都对个体的消费行为产生着积极的影响。在日常生活中，许多人热衷于模仿他们所倾慕的群体。因此，诉诸消费者的象征动机，是广告宣传中常用的技巧之一。

三、与旅游消费者密切相关的社会群体

为了深入理解具体的社会群体对旅游消费者的影响，以下简要介绍与旅游消费者密切相关的社会群体。

1. 家庭

家庭有广义和狭义之分，狭义的家庭是指一夫一妻制构成的社会单元，广义的则泛指人类进化的不同阶段上的各种家庭利益集团，即家族。从社会设置来说，家庭是最基本的社会旅游消费者行为设置之一，是人类最基本且最重要的制度和群体形式。从关系来说，家庭是由具有婚姻、血缘和收养关系的人们长期居住的共同群体。

家庭成员之间的频繁互动使其对个体行为产生广泛而深远的影响，消费者的价值观、信念、态度和言谈举止无不被打上了家庭影响的烙印。此外，家庭还是一个购买决策单位：一方面，家庭生命周期、家庭规模和结构、家庭购买决策的模式影响和制约家庭成员的旅游消费行为；另一方面，家庭成员又对家庭购买决策施加影响。

2. 朋友

朋友构成的群体是一种非正式群体，它对旅游消费者的影响仅次于家庭。追求和维持与朋友的友谊，对大多数人来说是非常重要的。个体可以从朋友那里获得友谊、安全感，还可以与朋友互诉衷肠，与朋友讨论那些不愿对家人倾诉的问题。不仅如此，结交朋友还是一种独立、成熟的标志，因为与朋友交往意味着个体与外部建立联系，同时也标志着个体开始摆脱家庭的单一影响。例如，在我国，"在家千日好，出门半日难"的观念深入民心，一些不走寻常路的背包客，为了避免家人担心，往往不向家人吐露自己的真实行程，但他们会与朋友商讨"旅行攻略"，将旅途中的风险降到最低。朋友的意见和建议，对旅游消费者目的地的选择、入住哪家酒店、购买何种产品和品牌、怎样评价所购买的旅游产品均有重要影响。这种影响随个体与朋友的相似程度、亲密程度的增加而增强。

3. 工作群体

人们有许多旅游消费行为与工作群体分不开。例如，商务游客代表企业参加展销会、公司为销售人员提供奖励旅游、单位在三八妇女节组织女职工旅游、教师与同事在寒暑假结伴旅游等。

影响旅游者消费行为的工作群体可以分为两种：①正式的工作群体，即由一个工作小组里的成员组成的群体，如同一个办公室里的同事，同一条生产线上的装配工人等。一般情况下，正式工作群体对与公事相关的旅游消费活动的影响较大。②非正式工作群体，即由在同一个单位但不一定在同一个工作小组工作且形成较密切关系的一些朋友组成。由于成员之间有较多的接触，所以非正式工作群体与正式工作群体一样，都会对所属成员的消费行为产生重要影响。

4. 正式的社会群体

个体参加的业余摄影爱好者协会、校友会、高尔夫球俱乐部等组织，均属于正式的社会群体。虽然正式群体内各成员不像家庭成员和朋友那么亲密，但彼此之间也有讨论和交流的机会。在这些社会群体中，个体有机会结识新朋友、获取新知识、开阔视野。由于这些社会群体往往有着共同的兴趣和爱好，群体内那些受尊敬和仰慕的成员的旅游消费行为，可能会被其他成员谈论或模仿。例如，高尔夫球俱乐部中的某些"高手"推荐的高尔夫球场地可能使其他成员蜂拥而至。在购买球鞋、球棒及其他高尔夫球用品时，成员之间也会相互影响。如果这些社会群体中的重要人物以某种方式进行了旅游消费，就可能引发其他人的跟风效应，促使其他成员一起参与类似的旅游消费活动。

5. 消费者行动群体

在西方消费者保护运动中，涌现出一种特别的社会群体，即消费者行动群体。它可大致分为两种类型。一种是为纠正某个具体的有损消费者利益的行为或事件而成立的临时性团体，如因某次飞机航班延误而受损的乘客组成的索赔团体；另一种是针对某些广泛的消费者问题而成立的相对持久的消费者组织，如针对旅行社服务而成立的反欺诈组织，针对旅游开发污染而成立的环保旅游组织。大多数旅游消费者行动群体的目标是唤醒社会对有关消费者问题的关注，对有关企业施加压力并促使它们采取措施纠正那些损害旅游消费者利益的行为。

第二节　参照群体与旅游消费者行为

一、参照群体的概念

参照群体是社会群体的一个类型，但有必要与一般的社会群体区别开来。参照群体实际上是个体在购买或消费时，用以作为参照、比较的个人或群体。所以，参照群体又叫寄托群体。参照群体有 3 种外延：①在进行对比时作参照点的群体。②行动者希望在其中获得或保持认可的群体。③其观点为行动者所接受的群体。

参照群体的含义也在随着时代的变化而变化。参照群体这一概念是美国社会学家海曼（Hyman，1942）最先使用的。海曼所指的参照群体是指用以表示在确定自己的地位时与之进行对比的人类群体。他的定义强调了能为与他人作比较、能为解决问题而使用的参照点。后来，凯利（kelly，1996）把参照群体划分为两类：①以自我评价为标准的群体。②以个体的价值、规范及态度为标准的群体。谢里夫（Sherif，1953）把参照群体划分为个体之间有实际所属关系的群体和在心理上期望有所属关系的群体，并且把这些实际上没有所属关系但是期望有所属关系的群体也称为参照群体。从社会距离角度分析参照群体的一些研究表明，个体越能感知到有社会距离的参照群体成员及群体活动，就越会受到此参照群体的影响（Cocanougher 和 Bruce，1971）。

因此，参照群体不仅包括具有直接互动的群体，而且涵盖了与个体没有直接接触但对个体行为产生影响的个人和群体。

二、参照群体的类型

参照群体的含义随着时代的变化而变化。参照群体最初是指家庭、朋友等与个体具有直接互动的群体，但现在它不仅包括了这些具有互动基础的群体，而且涵盖了与个体没有直接接触但对个体行为产生影响的个人和群体。像电影明星、体育明星、政治领袖和其他公众人物的言行举止，均可作为消费者的参考和指南。细化而言，参照群体可以从成员身份、参与意愿、正式性程度及影响内容进行划分类别，如图 9-1 所示。

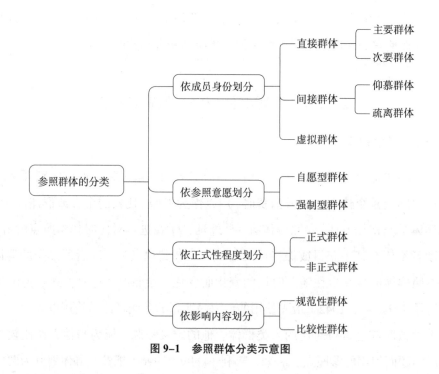

图 9-1　参照群体分类示意图

1. 按成员身份划分

（1）直接群体。直接群体又可称为成员群体，与受影响的消费者具有同样的身份，如互相是家人、同学等。直接群体又可分为主要群体与次要群体，其中主要群体是与消费者互动较为密切的成员群体，包括家人、亲友、邻居与同事等；

次要群体是与消费者互动不那么密切的成员群体，其影响力不如主要群体，如社团的成员等。

（2）间接群体。间接群体又被称为象征群体，与受影响的消费者不具有同样的身份，但也会影响到消费者。间接群体还可以分为仰慕群体与疏离群体。仰慕群体是指消费者想要加入的群体，如歌星与歌迷之间的关系；疏离群体则是消费者试着去保持与群体的距离，但群体的行为仍会影响消费者。

（3）虚拟群体。因网络兴起而产生的参照群体，也称为虚拟社区。

2. 按参与意愿划分

（1）自愿型群体。自愿型群体是指消费者基于本身的自由意志来参与的群体，如拥有共同兴趣爱好的朋友。

（2）强制型群体。强制型群体是指消费者本身无法选择或是不能选择参与的群体，如家庭等。

3. 按正式性程度划分

（1）正式群体。正式群体是指具有正式组织的群体，有着规划完整的结构及清楚的角色分工，并有固定的聚会时间，如军队、非营利性组织等。

（2）非正式群体。非正式群体是指没有正式组织的群体，相互之间的关系依靠感情、兴趣爱好等维系，如闺蜜、知音、票友。

4. 按影响内容划分

（1）规范性群体。规范性群体是指建立一定的行为标准并使个体遵从这一标准，如父母对子女的影响：子女如何选择食品的营养标准、如何穿衣打扮、如何待人接物等。

（2）比较性群体。比较性群体是指个体把参照群体作为评价自己或别人的比较标准和出发点，如个体在布置、装修自己的房间或住宅时，可以以邻居或仰慕的某位熟人的家居布置作为参照和仿效对象。

三、参照群体的影响方式

参照群体如何影响消费者行为？早在 20 世纪 50 年代德斯和吉拉尔就把参照群体的影响方式分为信息性的社会影响与规范性的社会影响。麦斯卡汉斯和席格柏进一步将其扩大为信息性影响、规范性影响和价值表现性影响。图 9-2 列示了一系列消费者情境和在这些情境下参照群体对个体的影响及其类型。

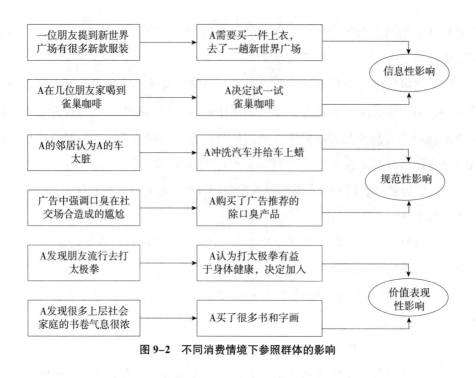

图 9-2   不同消费情境下参照群体的影响

1. 信息性影响

消费者购买时的一个重要决定因素，就是有关产品及其供应商的信息或知识，而群体的作用之一，正是可以给成员提供大量的这种信息。虽然群体的影响随着产品种类和品牌的不同而变化，但把群体作为一个信息来源在所有的产品和品牌上都是一样的。而且更重要的是，群体成员容易相信参照群体提供的信息。一些研究表明，对于具有象征性的产品，如服装，主要的信息来源便是人际沟通。如果某种产品的功能主要是社会性的，则消费者在产生购买欲望之后，更有可能到参照群体的其他成员那里去搜寻信息，而不是去找客观的或大众的信息来源。群体在这一方面对个体的影响，取决于被影响者与群体成员的相似性，以及施加影响的群体成员的专长性。例如，某人发现在周末度期时，许多朋友都会选择城市附近的一个乡村旅游度假地，于是他也决定去体验一次，因为周围这么多朋友都去，意味着该乡村旅游度假地应该有其优点和特色。

2. 规范性影响

参照群体对消费者行为的规范性影响是指群体规范或期待的作用对消费者行为产生的影响。群体内的期望或规范可能不为局外人所觉察，但置身于其中的成员却能明显地察觉到这些规范的存在，并对他们的购买行为产生影响。规范是指在一定的社会背景下，群体对其所属成员行为合适性的期待，它是群体为其成员制定的行为标准。无论何时，只要有群体存在，不需要经过任何语言沟通和直接思考，规范就会立即发挥作用。规范性影响之所以发生和起作用，是因为奖励和惩罚的存在。为了获得赞赏和避免惩罚，成员会按群体的期待行事。所以，广告商声称，如果使用某种商品，就能得到社会的接受和赞许，这利用的就是群体对个体的规范性影响。同样，宣称不使用某种产品就得不到群体的认可，也是在运用规范性影响。

3. 价值表现性影响

消费者为了维持与特定群体的同一性，会经常对照其他成员的偏好和购买行为，这样，群体影响消费者行为的一个途径就是促进价值表现，即通过左右成员的购买来表现自己的价值趋向。就是说，消费者自觉遵循或内化参照群体所具有的信念和价值观，从而在行为上与其保持一致。例如，某位消费者发觉外出登山旅游时，大家都会穿着某一国外品牌的户外运动服饰，并佩戴一定的标志，于是他也购买了同一品牌的户外运动服饰，并佩戴了登山团队标志，以反映他所理解的那种户外登山专业人员的形象。此时，该消费者就是在价值表现上受到参照群体的影响。个体之所以无须在接受奖惩的情况下自觉依群体的规范和信念行事，主要是基于两方面力量的驱动：①个体可能利用参照群体来表现自我，提升自我形象。②个体可能特别喜欢该参照群体或对该群体非常忠诚，并希望与之建立和保持长期的关系，从而视该群体的价值观为自身的价值观。

四、参照群体在旅游营销中的应用

大多数旅游消费活动属于可见度较高的非必需消费，因而，旅游消费者在购买旅游产品和服务时受参照群体的影响较大。一个可信的、有吸引力的或有权威的参照群体，能够导致旅游消费者态度和行为的改变。所以，许多旅游营销活动通过社会名流、权威人士、专家或满意的游客对旅游产品的推荐来突出旅游产品所能提供给消费者的切实的和与众不同的利益。

1. 名人效应

如果一个人羡慕某个人或某个群体，他就会效仿其行为，并以此作为自己消费偏好的指导。影视明星、歌星、体育明星等名人或公众人物对大众消费者，尤其是对崇拜他们的人具有巨大的影响力和感召力。对很多人而言，名人的生活方式代表了一种理想。

例如，获得诺贝尔文学奖的莫言在将中国文学作品推向世界的同时，也带火了自己的家乡高密。无数游人前往他的老家，探访诺贝尔奖得主的出生成长之地。当地的旅游单位也在整理莫言旧居，欲建立莫言文化体验区，发掘莫言作品中的"东北乡"等艺术场景，借此弘扬红高粱文化，推动高密旅游文化产业发展。

很多时候，名人的代言迎合了消费者模仿名人、追求名人效应的心理需要。但旅游企业在应用名人效应时：①应考虑产品或服务形象与名人形象的一致性，并不是任何名人都适合为旅游地或旅游产品做宣传。②要考虑名人在受众中的公信力。公信力主要是由两方面的因素决定的：①名人的专长性。②名人的可信度。前者是指名人对所宣传的旅游企业、旅游产品和服务是否熟悉、是否有使用体验，后者是指名人所做的宣传和推荐是否属实、是否值得信赖。如果旅游消费者认为名人对旅游企业的推荐明显是受金钱驱动，其可信度就会打折扣。

2. 专家效应

专家是指在某一领域受过专门训练，具有专门知识、经验和特长的人。专家所具有的丰富知识和经验，使其在介绍、推荐产品与服务时较一般人更具权威性，从而产生专家所特有的公信力和影响力。

例如，2008 年，江苏省面对文化差异巨大的欧美市场如何开展营销攻势的难题，聘请了在全球享有盛誉的旅游服务业营销专家，彼路旅游信息咨询上海有限公司的首席执行官，英籍教授阿拉斯泰尔·M.莫里森博士（Alastair M.Morrison）担当"江苏国际旅游推广大使"。在 2010 年的"游中国"买卖双方预约洽谈活动中，莫里森教授以"To Taste Jiangsu Is To Know China（品味江苏，读懂中国）"为主题，并结合自己的亲身经历和体验，从一个外国学者的角度，用生动的语言、直观互动的推介方式为中外旅游批发商详细介绍了江苏的旅游产品，来自全球 35 个国家的 160 余名旅游批发商被这种极具感染力、亲和力的推介方式所吸引，现场达成的意向性协议超过 200 份。

3. "普通人"效应

运用满意客户的证言来宣传旅游企业和旅游产品，是旅游营销常用的方法之一。人们经常和与自己相似的人作比较，也常常被与自己相似的生活方式所打动。满意的客户来自广大旅游消费者，他们的亲身经历更能增加营销活动的可信度。旅游消费者的口碑宣传，会使潜在旅游者感到亲切，引起他们的共鸣。一些旅游企业在电视广告、微信公众号等渠道中展示普通消费者如何从旅游活动中获得乐趣，如何通过旅游企业解决其在旅途中遇到的各类问题。由于这类广告贴近旅游消费者的生活，因此更容易获得认可。

第三节　家庭与旅游消费者行为

一、家庭概述

1. 家庭的概念

家庭是以婚姻、血缘和有继承关系的成员为基础组成的一种社会生活组织形态或社会单位。家庭是人们共同生活的基本单位，是社会基本细胞，它对人的影响是广泛的、直接的、深刻的、长期的。家庭是个人社会化过程中的关键因素之一，在一定程度上影响着人们的观念与行为方式。因此，家庭是影响旅游消费者行为的重要因素。

2. 家庭的类型

完整意义上的家庭，至少由两人组成。社会学家一般将家庭分为四种典型的类型。

（1）核心家庭。核心家庭即由一对夫妇（含一方去世或离婚）与他们的未成年子女组成的家庭（丈夫、妻子和子女），以及只由夫妇俩人构成的家庭（丈夫和妻子）。

（2）主干家庭。主干家庭也称延续式家庭，指至少由两代人组成，而且每代只有一对夫妇（含一方去世或离婚）的家庭（祖父母或外祖父母、丈夫、妻子和子女）。

（3）联合家庭。联合家庭是指由父母（含一方去世或离婚）与多对已婚子女组成的家庭，或兄弟姊妹婚后仍不分家的家庭。

（4）其他类型家庭。其他类型家庭是指上面三种类型以外的家庭，如由未婚兄弟姊妹组成的家庭。

在不同的文化背景下，甚至同一文化背景下的不同地区，占支配地位的家庭形式是有差别的。例如，在美国，核心家庭比较多见，而在泰国，主干家庭居多。我国是世界上独生子女最多的国家，相应地，在城市里，核心家庭的比重正日益增加。但是在农村，则仍以祖父母、父母及其子女三代同堂的主干家庭为主。

在当代社会中，核心家庭成为家庭的主要形式。随着社会的进步发展和时代的变迁，社会中的家庭结构与关于家庭的观念也发生着演变。目前，在发达国家，单亲家庭、未婚同居家庭、同性恋家庭等非传统的家庭形式大量涌现，独居人口上升。这些家庭在我国虽非主流，但并不排除它们在未来会逐步增多的可能。

二、家庭生命周期与旅游消费者行为

家庭生命周期，亦称家庭生活周期，主要是指人们从青年时期到中年、老年时期的经历过程。它是由婚姻状况、成员年龄、家庭规模、成员的工作状况等因素所决定的，如图9-3所示。

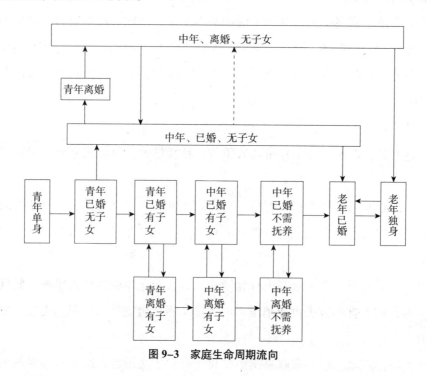

图9-3　家庭生命周期流向

我们将家庭生命周期划分为四个比较明显的阶段：①经济刚刚独立的已婚夫妇。②有一个或一个以上子女的夫妇。③有一个或一个以上成年可自立子女的夫妇。④日渐年迈的夫妇。

无论何种划分方法或模式，一个生活周期均由三个主要阶段构成。而旅游在每一个阶段的家庭生活方式中都起到一定程度的影响作用。

1. 青年阶段

这一阶段主要包括青年已婚无子女阶段和青年已婚有子女阶段两部分。

（1）青年已婚无子女阶段。这个阶段，又称蜜月阶段，一般为两年左右，但在今天，人们对生育的态度逐渐多元，这一阶段可延续多年。这使结婚后年轻夫妇能够建立起相对雄厚的经济基础，这一阶段是青年人外出旅游最理想的时期。

（2）青年已婚有子女阶段。年轻夫妇一旦有子女后，行动将会受到严重限制，并且家庭的可支配收入也将减少，在这一阶段，家庭的旅游兴趣必然会因孩子的存在受到影响，一般不大外出旅游。

2. 中年阶段

按传统的家庭生活周期，中年阶段主要由有青少年子女阶段和有成年子女阶段两部分构成。

（1）中年家庭有青少年子女阶段。在这一阶段，家庭的主要生活方式大体上是一切都围绕子女来进行。由于子女已具有外出旅游的身体能力，这对于一些经济条件相对较好的家庭来说，就有可能更多地外出旅游。这一阶段的旅游往往是以子女教育为主要目的，旅游企业面对这类家庭，应开发更多的有助于青少年成长的旅游产品。

（2）中年家庭有成年子女阶段。这一阶段由于子女已经成年，独立意识增强，已参加社会工作，有了自己的收入和属于自己的社会关系和伙伴，他们可能更多地和自己的朋友外出旅游。有人也将这一阶段称为中年空巢阶段，此时经济上有了较大的自由，并且能够开始考虑选择新的生活方式，就有可能外出旅游。

3. 老年阶段

这一阶段子女已经结婚另立门户，开始了新的家庭生活周期。家庭中只剩老两口，称老年空巢阶段。由于已退休，有较为充裕的时间，又由于无负担，经济上有稳定收入，再加上观光游览或饱览河山对老年人来说或许是未了却的心愿。因此，这一阶段只要身体健康、经济允许，老年人将经常外出旅游。旅游企业面对这一"银发军团"应采取有效的营销策略。

三、家庭形态与旅游消费者行为

在现代社会中，典型的家庭形态中以夫妻式的两人世界、核心式（丈夫、妻子和子女）和延续式（三代或以上同堂家庭）为主，其中核心式家庭最具代表性。现以核心式家庭为例分析家庭形态是怎样影响旅游决策的。

家庭形态对旅游决策的影响，主要取决于家庭成员的构成，经济收入状况，在家庭中的地位等因素。一般说来，可以根据决策的主导权的情况，把家庭旅游决策划分为四种类型：丈夫起主导作用的决策类型，妻子起主导作用的决策类型，双方商量——一方决定的决策类型，双方商量——共同决定的决策类型。

詹金斯对美国家庭成员在度假旅游决策中做出决定的类型进行分析后指出：在度假地点的选择上，丈夫起主导作用；在住宿条件选择上，妻子起主导作用；在是否带孩子一起旅游、度假时间长短、旅游度假日期、度假活动内容等方面，则表现为双方商量——一方决定；在是否度假、旅游度假花费方面，则表现为双方商量——共同决定。

除了上述四种家庭旅游决策类型外，还有一种值得注意的是子女起主导作用的决策类型。孩子对旅游决策的影响力不可忽视。我国独生子女家庭在城市总家庭数中占相当大的比重，家长都重视对孩子的教育，旅游对孩子的教育价值又往往是家庭旅游最重要的动机之一，父母为了让孩子增长见识，往往考虑带孩子外出游览。在旅游时间的选择上也会受到孩子假期的影响。交通工具、住宿地、住宿条件、餐饮习惯等选择，有时也会因孩子的需要而改变。

我们在关注常规家庭决策类型的同时，也不应忽视对一些非常规家庭的分析和研究，如丧偶、离异、单身等，有的国家此类家庭占相当大的比例。这种家庭的旅游行为，可能较为随意，缺乏计划性，容易受外界促销的影响。旅游企业面对此类潜在的消费者，应多做宣传促销活动，并开展相应的服务，多组织带有交际性质的旅游活动。

第四节　社会阶层与旅游消费者行为

一、社会阶层概述

社会是由从事不同职业、扮演不同角色的人组成的，人们对不同的职业和角色给予不同的评价，因此，不同的职业和角色在人们心目中便有不同的地位和声望。

1. 社会阶层的定义

社会阶层是指社会中的人形成的相对稳定、相对独立的不同层次的社会团体。它受收入水平、受教育程度、职业及地位声望等综合因素的影响。目前社会阶层的划分有不同的划分标准，但一般划分社会阶层需要参照的社会经济因素有教育、职业、收入、财产等。社会阶层是客观存在的，处于同一阶层的人有着相似的生活经历，对同一阶层的人怀有认同心理，在行为方式上表现出极大的相似性。相似性是指同一阶层的人有相似的态度、活动、兴趣和其他行为模式。约束性指的是各阶层的人之间的交往会受到限制和约束。一般来说，同一阶层的人之间的交往比较舒服，所以同一阶层的人相互社交的机会较多，外出旅游也是以同一阶层的人结伴而行的居多。另外，随着时代的变迁，每个人所属的阶层都是可能发生变化的。

社会阶层是旅游消费市场细分的重要指标。同一阶层的人们具有相同或相似的消费态度和价值观，他们的行为方式也趋同。下面主要介绍美国的社会阶层划分和我国的社会阶层分析，供旅游从业人员参考。

2. 国外社会阶层的划分

西方社会理论中，曾把社会分为六个不同的阶层，即上上层、上下层、中上层、中下层、下上层和下下层，如表 9-1 所示。

表 9-1　美国社会阶层体系

社会阶层	成员	人口比例
上上层	当地名门望族，连续三四代富户，贵族，商人，金融家或高级职员，财富继承者	1.5%
上下层	新进入上等阶层者，暴发户，尚未被上上层接纳者，高级职员，大企业创建人，医生，律师	1.5%
中上层	中等成就的职员，中型企业创建人，中级经纪人，有地位意识的人，以孩子和家庭为中心的人	10.0%
中下层	普通人中的后上者，非管理人身份的职员，小企业主，蓝领家庭，正在努力并受到尊敬的人	33.6%
下上层	一般劳动阶层，半熟练工人，收入水平往往同中上和中下两个阶层一样高的人，对生活满意的人	38.0%
下下层	非熟练工人，失业者	15.4%

3. 中国的社会阶层分析

中国社会科学院以职业分类为基础，以组织资源、经济资源和文化资源的占有状况为标准划分当代中国社会阶层结构的基本形态，发布了《现阶段中国社会各阶层研究报告》，将我国现阶段社会分为 10 个阶层。

（1）国家与社会管理者阶层。国家与社会管理者阶层是指在党政、事业和社会团体机关单位中行使实际的行政管理职权的领导干部。这一阶层目前在整个社会阶层结构中所占比例约为 2.1%。

（2）经理人员阶层。经理人员阶层是指国有、集体、私营和中外合资、外商独资大中型企业中非业主身份的高中层管理人员。这一阶层目前在整个社会阶层结构中所占比例约为1.5%。

（3）私营企业主阶层。私营企业主阶层是指拥有一定数量的私人资本或固定资产并进行投资以获取利润的人，按照现行政策规定，即包括所有雇工在8人以上的私营企业的业主。这一阶层目前在整个社会阶层结构中所占比例约为0.6%。

（4）专业技术人员阶层。专业技术人员阶层是指在各种经济成分的机构（包括国家机关、党群组织、全民企事业单位、集体企事业单位和各类非公有制经济企业）中专门从事各种专业性工作和科学技术工作的人员。这一阶层目前在整个社会阶层结构中所占比例约为5.1%。

（5）办事人员阶层。办事人员阶层是指协助部门负责人处理日常行政事务的专职办公人员，主要由党政机关中的中低层公务员、各种所有制企事业单位中的基层管理人员和非专业性办事人员等组成。这一阶层目前在整个社会阶层结构中所占比例约为4.8%。

（6）个体工商户阶层。个体工商户阶层是指拥有较少量私人资本（包括不动产）并投入生产、流通、服务业等经营活动或金融债券市场，而且以此为生的人，包括小股民、小股东、出租少量房屋者。这一阶层目前在整个社会阶层结构中所占比例约为4.2%。

（7）商业、服务业员工阶层。商业、服务业员工阶层是指在商业和服务行业中从事非专业性、非体力的和体力的工作人员。这一阶层目前在整个社会阶层结构中所占比例约为12%。

（8）产业工人阶层。产业工人阶层是指在第二产业中从事体力、半体力劳动的生产工人、建筑业工人及相关人员。这一阶层目前在整个社会阶层结构中所占比例约为22.6%。

（9）农业劳动者阶层。农业劳动者阶层是目前中国规模最大的一个阶层，是指承包集体所有的耕地，以农、林、牧、渔业为唯一或主要的职业，并以农、林、牧、渔业为唯一或主要收入来源的农民，这一阶层目前占中国整个劳动人口的44%。

（10）城乡无业、失业、半失业者阶层。城乡无业、失业、半失业者阶层是指无固定职业的劳动年龄人群（排除在校学生）。这一阶层目前在整个社会阶层结构中所占比例约为3.1%。

二、社会阶层与旅游消费者行为的关系

1. 社会阶层对旅游消费行为的影响

（1）社会阶层对支出模式的影响。消费者在选择和使用产品时，尤其是在住宅、服装和家具等能显示地位与身份的商品的购买上，不同阶层消费者的差别非常明显。例如，许多人将拥有某类商品作为身份和地位的象征。此外，下层消费者的支出行为在某种意义上带有"补偿"性质。一方面，由于缺乏自信和对未来并不乐观，他们十分看重眼前的消费；另一方面，教育水平普遍较低使他们容易产生冲动性购买。而且，基于向上攀升的"高攀心理"，一些低级阶层者宁可省吃俭用，也要购买象征高阶层的商品，以此来获得"我是有钱人"的暂时满足感。

（2）社会阶层对休闲活动的影响。一个人所接受或偏爱的休闲活动通常是同一阶层或临近阶层的其他个体从事的某类活动，他进行新的休闲活动往往也是受到同一阶层或较高阶层成员的影响。例如，基于希望被同一阶层成员接受的"认同心理"，一些自认为是"上等阶层"的人，不管是否真心喜欢，都倾向于打高尔夫球、钓鱼、打桥牌等休闲活动，以配合其上层身份。虽然在不同阶层之间，用于休闲的开支占家庭总支出的比重相差不大，但休闲活动的类型却差别很大。

（3）社会阶层对信息接收和处理的影响。随着社会阶层的上升，消费者获得信息的渠道会逐渐增多。低层的消费者在购买过程中可能更多地依赖单一信息源，中层消费者则比较多地从各种媒体上获取信息。不仅如此，特定媒体和信息对不同阶层消费者的吸引力和影响力也有很大的不同。电视媒体对越高层的消费者影响越小，印刷媒体则正好相反。

（4）社会阶层对消费方式的影响。研究表明，消费者所处的社会阶层与某商店的社会阶层定位相差越远，他光顾该商店的可能性就越小。高社会阶层的消费者喜欢到高档的购物场所消费购物，从而得到心理上的满足。例如，基于避免向下降的"自保心理"，一位自认为是精英阶层的成功人士，可能会认为随着滚滚人潮游览大众景区不符合自己的身份和地位。而低社会阶层的消费者在高星级酒店消费则可能会产生自卑、不自在的感觉。

当然，尽管同一阶层的消费者，在价值观念、生活方式以及消费习惯等方面都表现出基本的相似性，但因各个消费者在经济收入、兴趣偏好和文化程度上存在具体差别，所以在消费活动中也会表现出一定程度的差异。就企业而言，区分

同一阶层消费者的差异，可以使企业的市场细分更加细致、有效，从而使营销策略更有针对性。

2. 不同社会阶层的旅游消费行为特征

由于社会阶层是指全体社会成员按照一定的等级标准划分为在地位上彼此相互区别的社会集团，因此不同的社会阶层必然在职业、收入、受教育程度、权利和声望等方面存在差异。毫无疑问，这些标准也是影响旅游消费者行为的重要因素。因此，不同社会阶层的旅游消费行为有着不同的特征。

（1）上等阶层和上中等阶层群体的旅游消费行为特征。上等阶层和上中等阶层群体是社会上最富有、最有权力、最具声望的人。因而，在他们的旅游消费结构中，享受服务占有很大的比例。挥霍是其明显的消费特点。购买旅游产品和服务时追求高品位，维持高标准。他们注重成熟感和成就感，强调生活文雅、言辞考究、举止大方，喜欢个别交谈或同行交谈，对名人和知名的地方十分感兴趣。

（2）中等阶层群体的旅游消费行为特征。中等阶层群体是事业上的成功者。他们的旅游消费活动指向是社会接受性，对自己的形象倍加关注，对旅游产品和服务的要求不仅注意其质量，还追求其情趣和格调。他们在对旅游活动的选择和实际的活动中常常表现得自信、开朗、体面。在消费的形式上，他们看重的是"经历"和"体验"，关注的是既能够增进自我形象又能"留下典型记忆"的美好过程。

（3）低阶层群体的旅游消费行为特征。低阶层群体是普通劳动者。他们虽然在经济上并不富有，但是大部分人都热爱生活。他们一旦外出旅游，常常表现出一种立即获得和立即满足的状态。他们对安全和保险异常重视，对去有折扣的商店和大众商店购物有兴趣。例如，近年来日渐受到关注的农民旅游，就体现出了上述低阶层群体旅游消费的特点。

【本章小结】

本章介绍了社会群体、参照群体、家庭、社会阶层的相关理论，以及其对旅游消费者行为的影响。通过学习可以了解社会群体成员之间通过心理和行为的相互影响，会产生一些共同的信念、态度和规范，它们对旅游消费者的行为将产生潜移默化的影响；参照群体主要对旅游消费行为产生信息性影响、规范性影响和价值表现性影响；家庭是构成人类社会的最基本的单位，家庭形态、家庭生命周期、个人资源贡献等因素都会对旅游消费者行为产生影响；不同社会阶层的人对旅游目的地、交通、住宿、活动内容的选择具有明显不同的特点。

【复习思考题】

    1. 简述社会群体的特点。

    2. 简述参照群体的类型划分。

    3. 简述家庭生命周期理论。

    4. 分析参照群体如何影响旅游消费者行为。

    5. 论述不同社会阶层的旅游消费行为。

【即测即练】　　　　　【拓展资料】

第十章　决策与旅游消费者行为

【学习目标】

1. 了解旅游决策的概念、内容、过程、类型、特点等。

2. 熟悉旅游消费者对目的地选择的理论模型。

3. 掌握旅游消费者对旅游服务的购买决策及影响因素。

【能力目标】

1. 了解旅游决策的影响因素，能够向旅游者提供准确的决策信息。

2. 熟悉国内外旅游目的地选择模型，总结出塑造旅游目的地形象的指标。

3. 掌握旅游消费者对产品及服务的期望，能够引导消费者做出正确的购买决策。

【思政目标】

1. 了解决策的相关理论知识，提高对旅游产品的辨别能力，形成正确的社会认知。

2. 熟悉旅游消费者对目的地的选择和我国资源禀赋，增强文化认同感、自豪感。

3. 掌握旅游消费者购买决策的影响因素，形成正确的旅游消费观念。

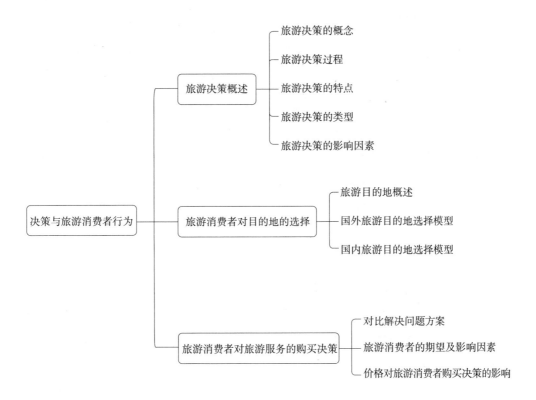

【思维导图】

【导入案例】

选择的理由

宋瑶、仇贺、刘思宇三人平时关系很好。在宋瑶的动员下，她们决定在暑期选择一家旅行社畅游一下第二故乡吉林省。接下来，三人分头了解、搜集相关旅行社的旅游线路信息，最后他们决定选择星源旅行社推出的"吉林八景经典游"。

她们的理由是：星源旅行社的"吉林八景经典游"是针对大学生群体设计的专项产品。此项产品为网红产品——为改变旅游产品无法满足人们的个性化需求的现状，在不增加费用的前提下，丰富了该项目的特色。特别是对于暑假这一旅游旺季也没有提及高价格，反而附加了适合年轻人的食、住、行项目。结束旅程后，三位大学生逢人便兴致勃勃地讲述旅游中的轶事。

问题：

1. 三位大学生参团前做了哪些功课？

2. 试分析旅游决策的影响因素。

第一节　旅游决策概述

一、旅游决策的概念

旅游决策在旅游消费者行为领域中至关重要，是旅游研究中的热点之一。所谓旅游决策，是指个人根据自己的旅游目的，收集和加工有关的旅游信息，提出并选择旅游方案或旅游计划，并最终把选定的旅游方案或旅游计划付诸实施的过程。

从广义上讲，旅游决策的内容不仅包括对目的地的选择，还包括对交通、住宿、餐饮、娱乐、购物等单项旅游产品的选择，同时也应该包括对购买方式的选择，即旅游消费者对服务提供商和旅游产品销售渠道的选择。从狭义上讲，旅游决策的内容就是指旅游消费者的目的地选择行为。

二、旅游决策过程

许多学者对消费者的购买决策进行了研究。其中，恩格尔（James F. Engel）等学者在 1968 年提出的消费者的购买决策模型（又称 E-K-B 模型）成为消费者行为研究的主流模型。该模型以决策过程为主干，把消费者的行为描述为一种连续的过程，如图 10-1 所示。

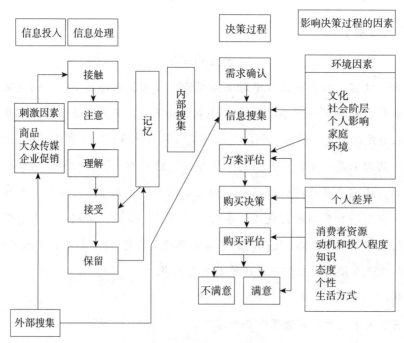

图 10-1　消费者购买决策模型

旅游消费者从消费需求、消费动机到购买决策，再到购买的实现要经过一个由心理到行为的转换过程，这便是消费者的购买决策过程，这一过程包括 5 个阶段：旅游需要识别阶段、旅游信息搜寻阶段、旅游购买方案选择阶段、旅游经历阶段和旅游后阶段。每个阶段需要解决相应的问题。整个过程是循环往复的，本次的消费行为结果不仅关系到本次购买，还会影响到以后的购买。因此，有必要对旅游消费者在旅游消费行为过程中所要解决的问题及其一般规律进行探究，进而找到消费者做出有利的、正确的旅游消费决策和行动的有效途径。

旅游消费者对旅游地和旅游服务的选择，实质上也是一种消费和购买行为。旅游消费决策是一个从内在心理活动到外显行为的连续体，包含问题认知——搜集信息、拟订备选方案——形成信念和态度、评估和比较各备选方案——形成选择意向、做出购买决策等一系列相关的阶段。

1. 需要、欲求和问题的确认

旅游消费决策通常始于需要、欲求和问题的识别。旅游消费者对期望状态与实际状态之间差异的认识，可能是被广告等外界刺激因素唤醒的，也可能是他们自发意识到的。当需要迫切到一定程度时，旅游消费者就会产生动机，寻找解决问题的办法。这个阶段往往比较隐蔽，旅游消费者不会跳出来喊"我有一个问题"，他们甚至不把旅游动机或购买需要当成问题。例如，当旅游者在途中需要进餐时，他可能说："我饿了"或"我们吃饭吧"，但他心里想的是："今晚，我要找一个安静的地方吃一顿丰盛的晚餐，我们应该去哪里呢？"这些隐蔽的需要和动机决定着消费者选择旅游产品和服务的倾向。希望与朋友共度时光的消费者，与希望逃避喧嚣生活的消费者，所偏爱和选择的旅游目的地和旅游服务显然会有所不同。

2. 搜集信息，拟订备选方案

旅游消费者可能凭借自己的经验来解决问题，也可能通过旅行社、亲朋好友、互联网、新闻报道、广告等渠道搜集相关信息。在信息处理过程中，旅游消费者总是有目的、有选择地注意、理解和接受他们所接触到的信息。例如，对同酒店的宣传材料，正在寻找度假地的消费者会特别注意材料中对沙滩、娱乐设施、交通便捷度的描述，而正在筹备公司销售会议的秘书则可能更关注酒店对会议室、宴会设施及健身器材的介绍。他们往往只关注他们感到重要的东西，在尽量理解这些信息后，做出接受或拒绝这些信息的判断，并把其接受的信息保存在记忆里。这些有选择的感知是消费者对旅游地和旅游条件形成印象和信念的基础。

3. 评估和比较备选方案

如果有多种方案可用于解决问题，消费者就必须进行评估和选择。消费者会罗列他所重视的属性，确定各个属性的相对重要性，然后以这些属性为评价标准，衡量各个备选方案在每一个评价标准上的绩效值。在比较各个备选方案在这些标准上的表现的基础上，旅游消费者将结合自己的支付能力和时间，从可供选择的方案中做出选择，并初步确定出游的行动单元，是自己一个人出游，还是全家一起出游或与亲朋好友结伴出游。一般来说，消费者对旅游活动的投入程度越高，这一评估过程就越长越仔细，消费者越会努力地搜集更多的信息。

4. 将选择意向转变为购买行为

根据理性行为模型，旅游消费者对某一品牌或旅游产品形成购买意向后，将采取实际的购买行为。然而，购买意向与实际购买行动之间往往还有一段时间，在此期间有三类因素影响旅游消费者的最终购买。

（1）他人的态度。旅游消费者可能会与家人、朋友或其他社会人士讨论他的购买意向。如果他人的否定态度很强烈，而且该人与旅游消费者的关系密切，或该人具有丰富的旅游经验和知识，那么旅游消费者推迟购买、改变购买意向或终止购买行动的可能性就会相应增加。例如，虽然自己倾向于选择花费较小、游览时间紧凑的旅行社包价游产品，但遭到家人的反对，家里人更喜欢行动自由的自驾游。在这种情况下，家人的反对有可能改变旅游者的购买决策。

（2）感知风险。感知风险包括财务风险、心理风险、社交风险等。如果旅游消费者认为他们有意向购买的旅游产品风险太高，他们就有可能推迟购买行为，继续寻找更多的信息以便做出购买决策。例如，旅游者意识到他们有意向前往的目的地刚刚发生过社会骚乱，有可能对自己的人身、财产安全造成伤害，又或者他们意识到先前给自己提供信息的是当地一家不知名的旅行社，或许接下来的服务达不到期望。这些旅游者感知到的风险都有可能改变他们的购买行为。

（3）意外情况。意外情况主要有旅游消费者工作上的变化、身体上的不适、收入上的变化等，还有旅游企业新推出的促销措施、替代性的新产品的出现、旅游产品的提价或降价等。例如，之前正在犹豫带小孩去哪个主题乐园的消费者，忽然看到 A 游乐园近日内的半价促销信息，就有可能放弃选择 B 游乐园。具体情境对一个人的行为改变有重大影响。因此，如果旅游企业只询问消费者的行为意向，而不去测评他们决策的时机和环境，可能会造成很大误差，有时旅游消费者可能只花几分钟就形成购买意向，并付诸实践，但有时，他们可能用一年甚至更长的时间来做决定。在购买行为最终发生前，我们不能断定旅游消费者的选择意向会必然转变为购买行为。

5. 购买后评价

消费者做出了一种选择，并按这种选择去购买了，那么他们就进入了一个新的感知阶段，即实际购买之后的现实的感知阶段，此时，消费者会不断评估他们的期望是否达到了。如果他身处一家酒店，他可能会注意饭店的设备、客房服务、餐饮、健身娱乐等各项酒店曾向他承诺的东西，以判断酒店的承诺是否兑现了。如果期望与现实感知不匹配，消费者可能会产生不满，甚至会投诉或向他人做负面的口头宣传。

三、旅游决策的特点

虽然旅游消费者的购买决策过程与一般消费决策相似，包含了识别需要、搜集信息、评估备选方案、实际购买、购后评价等阶段，但旅游购买决策也有不同于一般商品购买决策的特点。

1. 旅游决策内容更复杂多样

旅游消费活动的时空范围比较大，至少要在"两点一线"（即旅游目的地和旅游客源地）之间活动，相应地，一次旅游消费活动要包含一系列决策。旅游消费者不仅要选择目的地和旅行路线，还要决定何时去、如何去、在何处下榻和就餐、到目的地参加哪些活动以及如何分配资金和时间。每一项子决策都可能会牵扯到其他的子决策，如在预算一定的情况下，消费者决定将原来的铁路出行改为乘坐飞机出行，这样可以节约时间，在目的地安排更多的旅游活动，但这也意味着他要压缩住宿、餐饮等开支。包价旅游产品的优势，正是在于它把许多产品和服务组合起来，节省了消费者依次做出若干项决策所耗费的时间和精力。

2. 旅游者购买行为易受感性因素驱动

在购买日常消费品时，人们通常会依据逻辑或事实，判断该产品的效用大小。但在旅游消费中，消费者可能更多地运用感性判断。消费者钟情于特定产品和品牌的情况在旅游业中屡见不鲜，其主要原因是，旅游业是情感密集型产业。目前，由机器来提供旅游服务的做法尚不普遍，旅游消费者接受服务的过程通常就是与旅游企业员工交往的过程。在人与人的交往中产生的情感影响着消费者未来的购买行为。此外,消费者在旅游情境下更容易产生冲动型的购买行为,有不少旅游者曾为头脑一热买回一堆价高质次的物品而懊悔不已,也可能会在免税店打折促销的诱导下,购物开支远超预期。

3. 购前不易准确并全面地评价和选择产品

由于旅游产品不可触摸,不可事先体验,旅游消费者在购前很难对旅游产品做出准确的评估。因此旅游消费者通常不确定他们的决策是否正确,并容易出现购后认知失调。购买行为越重要,花费的金钱越多,旅游消费者在消费过程中的心理活动水平越高,越可能发现最终购买的旅游服务缺乏他所放弃的其他服务的优点,产生失调感。例如,旅游者购买了一个"江浙沪三日游"的包价游产品,结果发现这个旅游团并没有按照合同的约定进行游览,反而还增加了许多购物店购物环节,此时,旅游者受到的就不仅是物质上的损失,还会在精神和情感上受到负面影响。

4. 不同旅游消费者评估产品的标准差别较大

同一旅游产品对不同旅游者的效用差别往往大于一般商品对不同消费者的效用差别。例如,商务旅游者希望酒店能在客房提供复印和上网服务,在大堂公示航班抵离信息,而休闲旅游者却不重视这些服务,也不愿为之付费。同样是商务旅游者,女性比男性旅游者更注重客房门锁是否安全,是否配备化妆镜、吹风机,是否提供行李搬运服务。

美国学者安东尼认为,旅游决策的主观核心要素正是旅游者因人而异的个体价值观。个体价值观决定了旅游者评判旅游产品、旅游目的地的价值尺度和旅游者期望获得的目标效用。旅游者在个体价值观和目标效用的引导下,处理各个备选旅游产品、旅游目的地的信息,做出最终决策。旅游者把心理预期与实地旅游的感知进行比较评价后,会反馈、修正今后旅游的目标效用。

四、旅游决策的类型

1. 个体旅游消费者和组织旅游消费者决策

"消费者"一词常用于描述两类消费实体:①为了满足自身需要而选购产品或服务的个体消费者,又称为最终消费者。②组织消费者,包括各类企业、政府、学院、医院、军队等组织。

个体消费者的旅游决策主要由旅游者本人做出,或在家庭成员、旅伴之间协商做出。在这类决策中,只要经济、时间和交通条件许可,旅游者可以根据自己的需要和能力，选择任何旅游目的地。相比较而言，在组织消费者的旅游决策中，旅游者的参与度很低，或旅游者对旅游目的地的选择余地很小。例如，各类组织对会议旅游、商务旅游、团体福利旅游的决策，由于涉及的人数比较多，而且旅游活动受组织运营目的的限制，这类决策比较复杂，需要侧重考虑成本、服务设施等客观因素，甚至涉及招标。

2. 扩展型、有限型和名义型决策

1）扩展型决策

扩展型决策是一种较为复杂的购买决策。旅游消费者花费几天、几个星期甚至几个月的时间，广泛搜集内部和外部信息，寻找可供选择的备选方案，形成明确的评估标准。在全面深入地评价和比较各个备选方案的优劣后，旅游消费者形成自己的态度和购买意向，进而实施购买行为，并完成对相关的衣、食、住、行等方面的辅助决策。

2）有限型决策

有限型决策是指消费者对某一产品领域或该领域的品牌有一定了解，或者对产品和品牌的选择已形成基本的评价标准，但尚未形成对特定品牌的偏好。因此还需要进一步搜集信息，以便做出较为满意的选择。

与扩展型决策相似，旅游消费者在有限型决策中也要经历购买决策过程的五个阶段，只不过在某些阶段所花费的时间和精力较少。与扩展型决策不同的是，旅游消费者在有限型决策中以内部信息搜集为主、外部信息搜集为辅，进入备选范围的产品不多，而且通常只对产品的某个或少数几个方面进行评价。

采用有限型决策的旅游消费者通常认为备选品之间的差异不是很大，而他又没有时间和资源广泛搜集信息，因而简化决策过程，大幅减少信息来源、评估准则或备选方案。常见的有限型决策包括旅游消费者在某种情绪影响下做出的购买决策，追求低价位的购买决策和追求多样化的购买决策。

3）名义型决策

名义型决策又称惯例决策，是指旅游消费者根据其头脑中已形成的观念、知识和经验，几乎不假思索地选择某个旅游目的地或购买某种旅游产品和服务。例如，一些旅游者年复一年地到某海滨旅游地度假，其决策就属于名义型决策。

名义型购买决策可进一步分为忠诚型购买决策和习惯型购买决策。忠诚型购买决策是指消费者认定某一品牌能比其他竞争品牌能更好地满足其需要，从而对该品牌形成情感依赖，长期反复选用该品牌。由于他对该品牌形成偏好和忠诚，其他旅行社很难赢得他的青睐。习惯型决策和忠诚型决策的外在表现形式一致，即重复选择某一品牌的旅游服务。但是，在习惯型决策中，消费者重复选择某家旅行社/饭店/餐馆并不意味着他就忠实于这一旅游企业，而可能是因为购买这家企业的服务比较方便，或认为不同服务品牌之间没有实质性差异。如果遇到竞争企业降价或采用强有力的促销手段，消费者可能就会改购其他竞争企业的服务。

消费者形成品牌忠诚和习惯性重复购买的原因主要是减少购买风险，简化决策程序。虽然习惯性重复购买在日常生活中很常见，但以名义型决策购买旅游产品的消费者为数不多。喜欢求新求异，追求完美体验的旅游消费者更常采用有限型决策和扩展型决策。

4）三种类型的购买决策比较

三种类型的购买决策，如表 10-1 所示。

表 10-1   三种类型的购买决策

决策类型	决策阶段	投入程度	重复选择	信息搜寻	决策时间
扩展型	多、复杂	高	少	广泛	长
有限型	较多	较低	较少	适量	较长
名义型	少、简单	低	较多	少量	短

（1）在购买决策所经历的阶段以及各阶段旅游消费者的投入程度上的差别。旅游消费者在名义型决策中的投入程度最低，在扩展型决策中的投入程度最高，在有限型决策中的投入程度介于前两者之间。

（2）旅游消费者重复选择同一产品或目的地的概率不同。一般而言，越是简单的名义型决策，旅游消费者重复选择同一产品或目的地的可能性越大；在复杂的购买决策中，旅游消费者再次购买同一产品或重游同一目的地的可能性相应较小。

（3）旅游消费者的信息搜集时间和范围存在差异。旅游消费者在名义型决策中很少搜集信息，靠经验解决问题，如果要购买新型的旅游产品或到陌生地方旅游，消费者的信息搜集行为会逐渐增加，在扩展型决策中，旅游消费者会花时间进行广泛的信息搜集。

除以上三种购买决策外，还有一种购买决策，即冲动性购买决策，它是指旅游消费者一时兴起，因受到某种刺激所引起的瞬间冲动而做出的无计划性购买决策。这种决策的特点是突发性强，且带有急切行动的欲望。旅游消费者心理暂时处于失控状态，以主观情绪为主导，几乎没有进行过客观的评估，不顾后果。当旅游消费者受旅游企业促销的诱惑时，可能会做出这类决策。

五、旅游决策的影响因素

影响旅游消费者最终购买决策的因素非常多，包括价格、促销服务质量、个人偏好、购买环境、企业的知名度等。影响旅游消费决策的因素分为六大类。

1. 旅游服务因素

人们在旅游决策中考虑的服务因素包括：旅游信息是否真实可靠且具权威性，如果参加旅游团，能否获得令人满意的旅行社接待服务，在旅游活动过程中，能否获得令人满意的餐饮、住宿旅游投诉处理和医疗保健服务；目的地的旅游业管理水平、各种旅游设施的完备程度、旅游从业人员的服务水平，以及旅游目的地的社会治安状况。

2. 社会支持因素

社会支持因素主要是指社会舆论、大众传媒和旅游者的工作单位对旅游的提倡和支持，以及全社会的旅游风气。社会支持因素构成了旅游消费者所处的大环境。在支持性的社会环境中，旅游将成为人们生活方式的重要组成部分。

3. 个人心理因素

个人心理因素包括旅游消费者对某些旅游产品和服务的偏好、过去的旅游经验、所掌握的旅游知识、决策时的心情等。个人心理因素会影响人们如何认识和评价旅游环境，以及持有什么样的决策标准，从而影响他们最终的旅游决策。

4. 群体支持因素

群体支持因素包括家人和亲朋好友对旅游消费者旅游选择的支持程度、亲朋好友的旅游活动以及当时社会上流行的旅游时尚。个人的心理和行为既受所属群体影响又受参照群体的影响，因此，时尚、家人、亲朋好友等都会影响个人的旅游决策。在很多旅游决策中，参照群体比消费者所属的群体拥有更大的影响力。

5. 社会经济因素

社会经济因素主要包括旅游消费者在日常生活中的压力，以及是否拥有旅游的闲暇时间和金钱。无论在什么年代，时间和金钱永远是旅游决策的重要约束条件，而日常生活压力则是旅游的重要驱动因素。现代旅游消费者要在这两方面做出权衡，才能做出旅游决策。

6.其他因素

其他因素有旅游广告的宣传介绍、旅游目的地距离的远近等。许多学者热衷探讨促使旅游消费者购买的因素，而较少学者研究人们为何在旅游决策中抑制自己的旅游需要。这也许是因为很难收集到非旅游消费者群体的资料，或者是因为他们认为非旅游消费者是一个缺乏吸引力的群体。但是，非旅游消费者群体往往意味着重要的市场机会，通过深入探讨旅游障碍因素，有助于把潜在的旅游消费者转化为实际的旅游消费者。对人们不旅游的原因进行了分析，发现金钱、时间、个人健康、家庭或工作束缚、恋家情结等是促使人们做出否定性旅游决策的因素。

第二节　旅游消费者对目的地的选择

一、旅游目的地概述

旅游目的地是指能够对一定规模的旅游者形成吸引力，并能够满足其特定旅游目的的各种旅游设施和服务体系的空间集合。

在旅游决策中，旅游目的地选择是最重要的决策，也是旅游消费者行为研究中的重要组成部分。事实上，旅游决策问题通常包含两个命题：①要不要去旅游的问题，涉及旅游者的需要和动机。②选择哪个特定旅游目的地享受何种旅游产品的问题。一般来说，在旅游者明确自己的旅游动机之后，便会通过各种途径搜集信息，进行一系列关于旅游目的地、旅游方式、旅行时间等的决策。由于旅游目的地是旅游活动的中心，且对旅游目的地的选择通常关系到其他相关决策的产生，因此，目的地选择可以被认为是最核心的旅游决策。

二、国外旅游目的地选择模型

自 20 世纪 70 年代起，旅游目的地选择便引起众多学者的关注，他们从不同的角度出发，提出了一系列旨在清晰揭示旅游者选择目的地的行为过程和心理特征的概念模型，为后来旅游目的地选择的相关研究和营销实践提供了借鉴。

有一些研究模型将旅游目的地选择行为看作是一个受多因素影响的决策行为过程。其中最受关注的是以行为主义理论为基础的部分模型，它们以"刺激—反应"公式作为解释决策行为的依据。但是，相关研究成果中的绝大多数只局限于旅游目的地选择的个别宏观或微观层面，从综合视角出发的模型较少，其中莫提荷（Moutinho）、伍德赛德（Woodside）和莱松斯基（Lysonski）以及厄姆（Earm）和克朗普顿（Crompton）所提出的模型就是综合模型的典型代表。

1. 克朗普顿模型

美国学者克朗普顿早在 1979 年就对旅游者的目的地选择进行过相关的研究，他将旅游者选择旅游目的地的过程划分为两个阶段。首先，人们要决定是否去旅游，如果答案是肯定的，就进入第二个阶段，决定去哪里。克朗普顿认为，目的地选择可以被定义为感知的限制因素（时间、金钱和经验技能）与目的地形象之间互动的结果。在上述理念的基础上，克朗普顿提出一套比较完善的目的地选择模型，如图 10-2 所示。

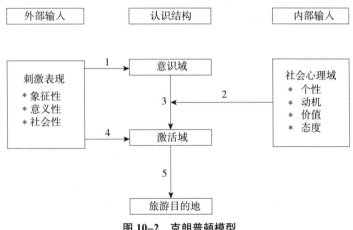

图 10-2　克朗普顿模型

1）外部因素

外部因素来自社会和市场环境双方面的影响。这些外部因素可以分为意义性（目的地属性）、象征性（市场促销方面的信息）和社会性等方面。

2）内部因素

内部因素来源于旅游者或度假者的社会心理特征（个性、动机、价值观和态度）。

3）认知构成

它代表了旅游者整合外部因素及内部因素，并形成目的地的意识域和目的地的激活域，这一模型进一步将认知评价过程划分为以下五个阶段。

（1）旅游者通过被动获得的信息或偶然的学习，形成对目的地属性的看法。

（2）在做出一般的旅游度假决定之后，结合环境约束性因素，对目的地的选择过程正式开始。

（3）从简单地产生目的地的意识向旅游动机被激发进而积极主动地选择目的地逐步推进。

（4）通过主动地信息搜寻，形成对令人产生欲望的目的地属性的信任。

（5）从令人产生欲望的目的地中挑选出一个目的地。

2. 伍德赛德和莱松斯基模型

伍德赛德和莱松斯基（1989）提出了一个旅游者对目的地选择的模型，如图 10-3 所示。

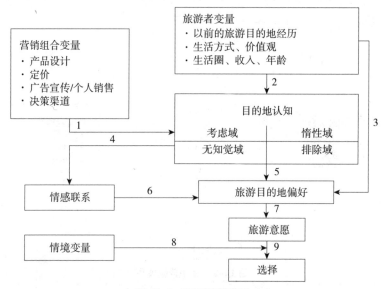

图 10-3　伍德赛德模型

（1）情感联系。情感联系是指旅游者与某一特定目的地相关联的特殊情感。

（2）旅游目的地偏好。旅游目的地偏好受到对目的地意识的层次分类和感情联系的共同影响，最终得到一个目的地的排序。

（3）旅游意愿。旅游意愿是指旅游消费者在特定时间对某一特定目的地进行观光游览的感知喜好，并有可能产生前往游览的意向。

（4）情境变量。在某一特定的时间和地点所存在的对当前行为产生影响的所有因素，包括物质环境社会环境、时间视角、任务因素、先前状态等。

伍德赛德和莱松斯基基于心理学对旅游目的地认知进行的分类，被视为是有关旅游目的地决策研究的一大创举。伍德赛德和莱松斯基认为，旅游者对目的地的知觉意识，尤其是"4个域"的分类受到了营销组合变量和旅游者变量的共同影响。情感联系通常对一个已经处于激活域中的目的地有着积极意义，极有可能成为被选中的旅游目的地，而对于处于惰性域中的目的地则有着消极作用，被排除在备选旅游目的地之外或者备选序列的最后。旅游者对特定目的地的偏好取决于这一目的地在其考虑域中的排位顺序，而旅游者对目的地的偏好又直接影响到他们的旅游意图。

　　上述两种模型属于传统的旅游目的地决策模型，这些模型将旅游消费者的决策看作是理性的、次序性的逻辑推理过程。然而，在实际中，旅游目的地的决策过程并不仅仅是一个程序化的多阶段过程。随着对旅游目的地选择问题研究的深化，传统决策模型的一些缺陷陆续被指出。研究者们认为，对旅游目的地的选择不仅要关注对旅游者心理变量的分析，还要注意到旅游消费者是怎么形成认知、情感判断、意图、实践和购后评价的。

三、国内旅游目的地选择模型

　　目前，国内对于旅游目的地选择的研究成果较为丰富，其中，对于其过程的研究是关注热点之一，已有部分学者将这一过程运用理论模型的方式加以表达和概括，下面介绍三个较有代表性的模型。

　　1. 机会组合模型

　　1）感知机会组合、可达机会组合与现实机会组合

　　假如我们将每个旅游目的地视为一种备选机会，所有客观存在的旅游目的地便构成了全部备选机会组合。在全部旅游目的地中，只有旅游者意识到的旅游目的地（感知机会组合）和旅游者经济承受能力范围内的旅游目的地（可达机会组合）才能进入旅游决策，成为真正备选的旅游目的地（现实机会组合）。现实机会组合的大小因人而异，在经济收入一定的情况下，如果旅游者愿意牺牲其他方面的享受，把更多的时间和金钱投入旅游，那么可达机会组合就会有所扩张。假如他期望得到更大的旅游满足，愿意花更多的时间，精力进行信息搜集，感知机会组合就会有所增加，相应地，现实机会组合的范围会随之扩大。

　　2）考虑机会组合、选择机会组合与决策机会组合

　　现实机会组合包含较多的备选旅游目的地。旅游消费者要从中筛选出一部分进行选择，然后在选择机会组合内选定旅游目的地。在筛选过程中，有三个因素

起着至关重要的过滤作用。

（1）旅游期望，即旅游消费者期望通过这次旅游获得什么样的旅游经历，为实现这一旅游期望，旅游目的地应具有哪些属性。在这些属性上令人满意的、适宜的旅游目的地构成了旅游消费者的考虑机会组合。

（2）旅游偏好，体现为旅游消费者最重视的属性。在考虑机会组合中，符合旅游消费者偏好的目的地构成了旅游消费者的选择机会组合。

（3）旅游目的地感知形象的比较评价。旅游消费者综合各个旅游目的地的信息，在头脑中形成一幅幅旅游目的地形象图。消费者通过比较他们对各旅游目的地的感知形象，先从现实机会组合中选出考虑机会组合，再从考虑机会组合中选出若干偏好的旅游目的地，最后在偏好的旅游目的地中决定实际出游的旅游目的地，即决策机会组合。这个过程实际上是对旅游者的旅游期望、旅游偏好与旅游目的地感知形象三者之间的差异性与同一性进行反复评判的过程。差异性越大，选中的可能性越小；同一性越大，则被选中的概率越大，如图 10-4 所示。

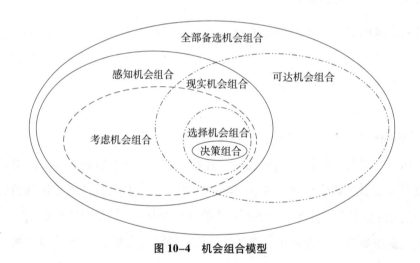

图 10-4　机会组合模型

2. TPB 模型

姚艳虹借鉴消费者计划行为理论（theory of planned behavior，TPB），构建了一个旅游目的地选择的 TPB 模型，如图 10-5 所示。在该模型中，最终目的地是在 4 个层次的影响因素相互作用基础上产生的。在第一层次中，意向、情境和旅游群体 3 个因素均对目的地的确定产生直接影响，但情境和旅游群体是通过对已形成的意向进行干扰，产生与意向不同的目的地选择，干扰的作用与意向的强度成负相关关系。第二个层次是意向的影响因素,即态度、主观规则和主观感知的控制程度。在第三层次中,对某个目的地而言,只有当旅游者的情感与总利益的得失保持一致,即旅游者认为到某地旅游会满足他的需求、能带来价值的同时又非常喜欢此目的地时,才会对其产生强烈的正面态度并引起旅游意向的产生;若两者不一致,那旅游者的态度很可能不明确或提不起兴趣,也不太可能有去此地旅游的意向。同时,他人的参考意见和旅游者对选择行为进行控制的信心通过正相关的关系分别对主观规则和主观感知的控制程度产生直接影响,进而影响去某地旅游的意向。在第四层次中,动机、目的地形象和旅游经历对旅游者的情感和选择行为的总利益都有直接影响。最后,目的地确定和旅游归来后,旅游者将形成对该目的地的总体感受及评价,这些感受及评价将成为他们旅游经历的一部分,对下一次旅游决策产生影响。

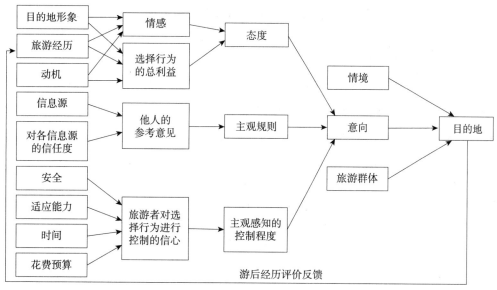

图 10-5 TPB 模型

3. 选择过程概念模型

黄谦基于旅游消费者"刺激—反应"购买决策模型,结合前人关于旅游目的地选择过程的阐述,构建了旅游目的地选择过程概念模型,如图 10-6 所示。他认为旅游目的地的选择决策过程可以划分为三个阶段,即产生旅游动机、信息的搜集与分析和最终决策。该模型较为全面而综合地考虑了相关群体因素、情境因素、旅游者心理决策过程以及可能的风险对游客目的地选择行为的影响。

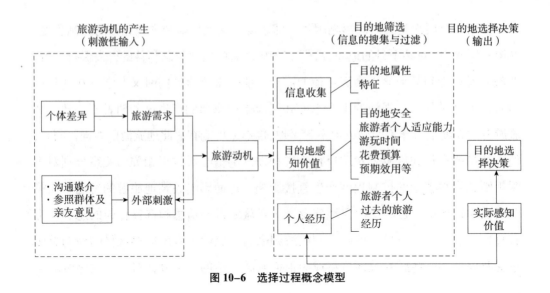

图 10-6   选择过程概念模型

第三节   旅游消费者对旅游服务的购买决策

一、对比解决问题方案

除了确定旅游目的地外，旅游决策还包含一系列购买食、住、行等旅游产品和服务的子决策，产生这些购买行为的前提是旅游消费者意识到自己需要解决特定的问题，并相信旅游企业能帮助他们解决所面临的问题。在意欲购买时，如图 10-7 所示，旅游消费者要经历一个权衡的过程。

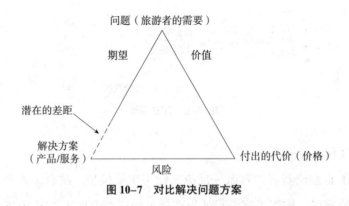

图 10-7   对比解决问题方案

总体而言，旅游消费者重视的是解决方案的消费价值，即他们获得的利益与支付的总费用（包括消费者支付的价格与他们为了消费服务而发生的其他费用）进行相比，并尽量降低风险。在决策过程中，他们既是冒险者，又是理性的数学家。旅游企业应该以消费者愿意接受并能支付的价格，在他们需要的时间和地点，为消费者提供需要的产品或服务，以便创造和留住客户。为此，旅游企业必须识别出消费者在生理、安全、社交、尊重、自我发展等各个需要层次上的特定问题，为消费者提供可选择的差异化解决方案，引导消费者的期望。此外，旅游企业还必须分析价格因素对消费者购买决策的影响，向消费者证明它所提供的解决方案与价格相比是值得的，而且实际风险要比消费者想象中的风险小。

二、旅游消费者的期望及影响因素

消费者对旅游产品和服务的期望在很大程度上影响着他们的购买决策及购买后的消费体验。档次再高的旅游服务，如果不符合消费者的期望，也难以吸引消费者来购买。旅游企业利用额外的服务来取悦消费者，也许能给消费者带来"惊喜"，但这些额外服务只会增加企业的成本而非收益，因为超出消费者愿意支付的价格的额外服务往往不是消费者选择旅游企业所考虑的关键要素。企业明智的策略是深入了解消费者的期望及其决定因素，致力于解决消费者最关心的问题，并尽量满足他们的特殊需要，以促使消费者做出有利于企业的购买决策。

1. 消费者对旅游服务期望的表现形式

（1）预计期望，"如果购买该服务，我将得到什么利益和价值"。

（2）理想期望，"在理想的情况下，我可能从该服务中得到什么利益"。

（3）应得期望，"根据我付出的代价，我应得到哪些消费价值"。

（4）可容忍的最低期望，"购买该服务，我至少应得到什么利益"。

（5）基于经验的期望，"根据我对该服务的了解，我很可能得到什么利益"。

（6）比较期望，"根据曾消费过的类似服务，我可以从该服务中获得什么利益"等。

2. 消费者对旅游服务期望分层

在购买和消费的过程中，可能有几种形式的期望同时起作用。基于这些多样的期望，对旅游服务的期望可分为两个不同的层次。

（1）称心的服务。称心的服务是指消费者希望得到的服务，反映消费者对旅游企业应该提供的服务的期望。

（2）合格的服务。合格的服务是指消费者可以容忍的服务实绩，在一定程度上反映消费者对实际服务的期望。

在称心的服务与合格的服务之间存在着一种并不十分理想但在当前可以接受的情形，称之为"容忍区间"。消费者对称心服务与合格服务的期望因人而异，不同消费者的容忍区间不同。此外，同一消费者对不同服务的容忍区间不同，对同一旅游服务的不同属性也有不同的期望。因此，容忍区间会随着消费者的不同购买行为而波动。一般来说，旅游消费者很少降低对称心服务的期望，但可能根据消费者当时的情况提高或降低对合格服务的期望。换言之，他们对合格服务的期望更容易发生变化。旅游消费者对某种服务或对某一服务属性的容忍区间越窄，表明他越不愿意降低对该服务的要求，越重视特定的服务属性。

3. 影响消费者对旅游产品和服务期望的因素

（1）个人需要。旅游消费者对称心服务的期望主要是由个人需要和欲望所决定的。不同的消费者有不同的生理特点、心理特点、社会地位和消费能力，他们对旅游服务必然有不同的期望。同一消费者在不同时候的需要不同，期望也会相应地发生变化。

（2）持久性强化因素。许多因素能长期影响消费者对称心服务的期望，使他们对特定的服务更敏感。例如，旅游消费者本人也从事服务性工作，特别是正好在旅游业有过类似的工作经历，他们对服务的期望和要求往往非常高。

（3）临时性强化因素。短期因素会暂时性地提高消费者的期望，这些因素通常与危机或突发事件相关。例如，在自驾车出游的路上，汽车抛锚了，旅游消费者期望修理站尽快把车修好，以免浪费宝贵的假期。要是平时发生了这种情况，消费者也许会改乘公共交通工具，而不急于把车修好。

（4）选择范围。旅游消费者可以从多少家同类企业选择服务项目，会影响消费者对合格服务的期望。在仅有一家小餐馆且时间有限的情况下，旅游消费者或许会满足于较低的服务享受。但如果旅游者到了热闹的"美食街"，他们对服务的期望值就会上升，在选择服务时就会更加挑剔。

（5）角色概念。旅游消费者觉得自己对服务质量会有多大影响源于自己应在服务过程中扮演怎样的角色。旅游消费者能否购得优质服务在一定程度上依赖于他们对服务人员的态度，以及他们是否准确地阐述服务要求。如果消费者在购买过程中履行了自己应承担角色的义务，他们对服务的期望就会相应地提高；反之，如果消费者知道自己未履行好自己的义务，他就可能会接受较低水平的服务。

（6）情境因素。恶劣的天气、自然灾害、机械故障等情境因素使旅游企业无法正常地提供服务。如果旅游消费者理解这些情况超出了旅游企业的控制能力，他们就会暂时降低他们的最低服务期望。

（7）预计的服务。预计的服务是指旅游消费者认为他们最可能获得的服务水准。如果消费者预计的服务水准较高，那么其可容忍的最低服务水准也会较高。消费者预计服务水准的能力受到他们对该项服务的购买经验和对相关知识了解程度的限制。在熟悉的环境中，消费者能较好地预测出服务的水平，但身处异地的旅游消费者较难对将获得的服务做出准确的估计。

（8）以往的经验。以往的经验是指与准备购买的服务相关的经验。旅游消费者在本企业和竞争对手企业的消费经历，会影响他们对本企业服务质量的期望，进而影响他们的购买行为。

（9）企业服务承诺。旅游企业的服务承诺有两种：①显性承诺，包括企业在广告、人员推销等市场沟通活动中及销售合同等书面资料中对消费者做出的各种承诺。②隐性承诺，即与服务有关的各种暗示，如通过企业的外观、有形证据、价格等因素传递的有关服务质量的信号。

旅游企业许诺提供给消费者的服务，是旅游消费者形成期望和做出购买决策的重要依据。旅游市场上许多企业希望通过做出承诺，显示自己与竞争对手的区别，以便吸引客户。但是，其中许多承诺都是空头支票，在现实中难以兑现。因此，成熟的消费者都会对旅游企业的承诺在心中打个折扣，不完全当真。

（10）口碑。消费者与亲友及曾享用过这项服务的其他消费者交流，有助于他们了解服务情况。由于口碑传递的信息更能反映旅游产品和服务的体验属性，而且具有非商业性质，因而更能赢得旅游消费者的信赖。口碑与消费者对称心服务和合格服务的期望之间存在正向关系。

综上所述，虽然旅游消费者的基本需要相似，但在以上众多因素的作用下，他们对旅游产品和服务形成不同的期望，并以此作为衡量服务优劣和做出购买决策的标准。事实上，这一过程如此复杂和隐秘，使许多消费者只能在潜意识中予以处理。旅游企业必须理解消费者在每个需要层次上相应的期望和特定的个体问题，分析消费者会在何种情况下消费本企业的产品和服务，按图索骥，针对其期望形成过程中的每一阶段采取环环相扣的营销措施，才能做好期望管理工作，影响消费者的感知，引导消费者购买本企业的产品和服务。

三、价格对旅游消费者购买决策的影响

1. 价格与旅游消费者的需求

旅游消费者在购买时，不仅会考虑自己的期望是什么，还会权衡自己应付出多大的代价。从某种意义上说，价格就像磁铁，吸引一些消费者，排斥另一些消费者。

价格与旅游消费者需求量之间的关系是价格上升，消费者的需求量就会下降；价格下降，需求量会随之上升。然而，价格与需求量之间此消彼长的关系是建立在大量假设的基础上的。他们假定旅游消费者在决策时掌握所有备选饭店、航空公司、餐馆、游轮、包价旅游产品或其他类型旅游服务的信息。此外，他们假定消费者在收集信息时不会把旅游企业的服务价格与其他信息联系起来，那价格就是价格，它不能反映服务的质量和特点。事实上，即使资讯再发达，旅游消费者都不可能掌握旅游企业的所有信息。在信息不充分的情况下，旅游消费者总是倾向于根据对价格的感知和解读来衡量服务和产品，推断其所需的信息。

2. 价格折扣与价格差别

价格折扣是指企业以低于明码标价的价格销售产品和服务，以刺激消费者的购买行为。折扣通常能唤起旅游消费者的冲动性购买欲望。在旅游淡季和需求较少的时段打折能吸引新的客户，或诱导消费者改变购买时间，避免企业供应能力闲置。然而，企业要认识到，折扣固然有利于扩大短期的销售量，但光靠折扣不能赢得消费者的满意和忠诚，且销售量多并不一定能增加企业的利润。

价格差别是一种特殊的折扣形式，主要用于收益管理。不同的消费者愿意支付的最高价格是不同的。一般来说，商务旅游者往往宁愿多花点钱也不愿意找麻烦，以确保获得设施更齐全的房间、便利的交通条件和安全保障，但当旅游者要自掏腰包时，他们的想法就会发生变化。因此，企业针对特定的目标市场，确定两种或多种价格来吸引不同的消费群体：以较低的价格把服务出售给对价格敏感的消费者，对价格不敏感的消费者则收取较高的价格。经济舱、商务舱、头等舱的分类就是一个典型的例子。

在成熟的市场经济中，明智的旅游消费者会利用旅游企业的价格折扣和价格差别来提高自己的消费价值。中国旅英留学生朱兆瑞曾经以飞机为主要交通工具，

花 3000 美元环游 28 个国家和地区，还沿途享用了多家四星、五星级酒店的服务和各地正宗的特色大餐，就是充分利用了旅游企业的定价规律。

【本章小结】

　　本章主要介绍了决策的相关概念及内容、旅游消费者对目的地的选择以及旅游消费者对旅游服务的购买决策。首先介绍了决策的概念、过程、特点、类型及影响因素；其次对国内外旅游目的地选择模型做出了概述；最后介绍了对比决策方案和旅游消费者的期望及其影响因素以及价格对旅游消费者购买决策的影响。

【复习思考题】

　　1. 简述旅游决策过程。

　　2. 对比说明购买决策投入程度不同的三种类型。

　　3. 简述影响旅游消费决策的因素。

　　4. 说明国内外旅游目的地选择模型。

　　5. 说明影响旅游者对旅游产品和服务期望的因素。

【即测即练】　　　　　　【拓展资料】

第十一章　体验与旅游消费者行为

【学习目标】

1. 了解旅游体验的概念、类型、特征、过程等内容。

2. 熟悉旅游体验的影响因素及对旅游者产生的影响。

3. 掌握旅游体验营销的模式、特点及基本策略。

【能力目标】

1. 了解旅游体验的基础知识，能在实践中设计体验型旅游产品。

2. 熟悉旅游消费者的体验对旅游消费者决策的影响。

3. 掌握旅游体验营销的模式及特点，能够制定体验型旅游营销策略。

【思政目标】

1. 了解旅游体验的相关知识，感受新时代中国文化、社会、生态等建设成果。

2. 熟悉旅游体验对旅游者的影响，将中华民族的深厚文化底蕴融入其中。

3. 掌握旅游体验营销相关策略，将旅游资源的内涵与美好的人生经历结合起来。

【思维导图】

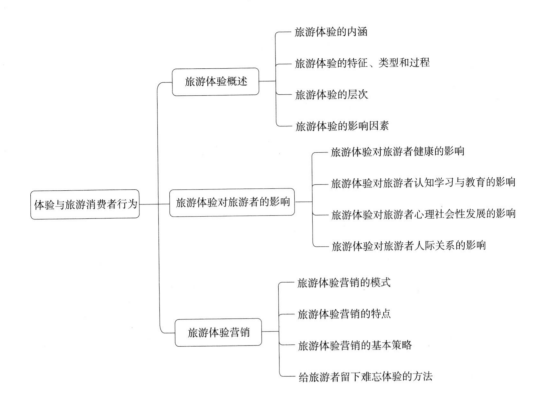

【导入案例】

"朋友圈"的长白山

李秀芝同学利用假期到长白山旅游，并利用自媒体分享了她的经历与感受：

博大神奇的长白山——仰视巍峨的长白群峰，心里有一种说不出的敬畏；随着车子的上行可以看到界限分明的垂直植被景观带；长白山天池的湖水像一块瑰丽的碧玉镶嵌在群山环绕之中；近观落差68米的长白山瀑布更显气势磅礴；小天池、温泉群、绿渊潭、地下原始森林……许许多多的景观让人流连忘返。

余秋雨先生这样赞美长白山："中国起步时，你是历史走廊；中国辉煌时，你是半个大唐；中国蒙难时，你是冰雪战场。完成了这一切，突然发现，你还是全世界最稀缺的生态天堂。"

问题：

1. 长白山之旅会给旅游者带来什么体验？

2. 旅游体验过程一般会经历几个阶段？

第一节　旅游体验概述

一、旅游体验的内涵

1. 概念

体验，亦可以理解为经历。《现代汉语词典》对经历的解释为：①作为动词，意为亲身见过、做过或遭受过，如一生经历过两次世界大战。②作为名词，意为亲身见过、做过或遭受过的事，如生活经历。类似地，体验可谓"亲身经历、实地领会"，亦可谓"通过亲身实践所获得的经验"。在旅游研究中，旅游体验是指旅游消费者前往一个特定的旅游目的地花费时间来游览、参观、娱乐、学习、感受的过程以及所形成的身心一体的个人体会。

2. 旅游体验的研究

自 20 世纪 70 年代以来，旅游体验研究逐渐成为国外旅游学界的热点课题。自 20 世纪 90 年代以来，国内旅游学界对旅游体验的研究也有所增加。目前，国内旅游学界的研究主要表现在：①从体验经济的角度，从心理学、经济学、管理学等学科视角探索旅游体验，进一步了解旅游消费者并设计体验旅游产品。②从"旅游的本质"出发，研究旅游体验的基本理论框架。

二、旅游体验的特征

1. 参与性

参与性是旅游体验的核心所在，旅游经历就是游客参与旅游活动的结果。在旅游活动中，旅游者与旅游产品、当地居民及其他旅游者之间产生互动行为，从而完成个人独特的旅游体验。游客在旅游过程中的参与程度，与旅游体验的效果直接相关：参与程度越高，体验效果越好；反之，则越差。

2. 综合性

一方面，旅游产品的综合性，决定了旅游体验的综合性。游客与旅游六要素的接触与互动，产生了不同的体验，共同形成旅游体验的整体。另一方面，体验给旅游者带来的是综合的内心感受，旅游者在旅游体验过程中产生的内心感受，不仅涉及旅游客体，还与其所处的环境有关；在旅游体验过程中的思考是理性和感性的融合。因此，旅游体验具有综合性特征。

3. 主观性

旅游体验是个人的，是主观个体达到情绪、体力、智力甚至是精神的某一特定水平时，意识中产生的美好感觉。旅游体验的结果，是旅游者得到的一种对自己富有意义、综合的内心感受，这种内心感受或多或少都带有一定程度的主观性。而且这种感受，对不同的主体，即使是参与同一体验过程，也不会完全相同。

4. 无形性

对旅游产品的消费最终获得的是一次体验。在旅游体验的消费过程中，游客获得的是一种经历，而不像其他产品的购买消费，获得的是一种看得见、摸得着的实物。它是一种心理认知感受和心理反应过程，是无形的，但是所创造出的体验却是令人难忘的。商品和服务是外在的，而体验是一种心理感受，存在于消费者心中，是个人在身体、情绪、知识上的所得，除了消费者自身，别人无法体会。

5. 文化性

体验型产品需要深厚的文化底蕴作为支撑，否则提供给消费者的价值就将是有限的。所以，旅游体验是通过隐藏在不同商品和服务背后的文化内涵，在主客体相互作用的过程中，满足人们在精神上的需求。因此，旅游体验作为一种经济提供物，它具有文化性。它是隐藏在一般商品和服务背后的文化意义，它的文化性满足了人们在精神上的需求。

6. 价值性

旅游提供者提供的旅游体验必须是富有价值的，这不仅是旅游体验的必要特征之一，也是提供给旅游者的意义之所在。旅游体验的价值性表现在与以往的旅游商品相比，旅游体验给予旅游者更深的价值体验：①旅游体验本身具有的精神价值特点使旅游者在体验的过程中更能感受人生的意义并深刻理解人生哲理与人之为人的内涵。②旅游者期望通过旅游改变自己的生活，或者通过旅游把握人生价值，又或者通过旅游满足自己在平常生活中无法满足的东西。同样，旅游体验对于服务人员也是富有价值的，只有旅游服务者意识到旅游体验的价值和意义，才能保证旅游体验过程中服务的质量，才能更好地实现旅游服务的价值。

7. 服务性

服务性是服务产品特有的属性，包括无形性、生产和消费的同时性和不可储存性等。服务性是旅游体验提供者在经营体验过程中不能忽略的重要特征之一，它在旅游体验过程中起着举足轻重的作用。没有好的服务，就难以使旅游者获得美好和愉悦的体验。迪士尼乐园成功的重要原因之一是其提供了宾至如归的服务。

8. 异地性

作为一种旅游产品，旅游体验必然具有旅游的特征，也就是旅游者必须到异地旅行才能获得旅游体验，异地性满足了人们暂时离开现实生活并寻求新的文化生活氛围的需求，从这一点上讲，旅游体验给予旅游者的是另一种生活方式。

三、旅游体验的类型

B. 约瑟夫·派恩（B. Joseph Pine II）和詹姆斯 H. 吉尔摩（James H. Gilmore）在《体验经济》一书中，把体验（经历）分为 4 种：娱乐、教育、逃避和审美，简称"4E"。对于旅游体验而言，有学者认为还应该增加一种类型——移情（邹统钎、吴丽云，2003）。综合起来，旅游体验有五种基本类型。

1. 娱乐

娱乐是人们最早使用的愉悦身心的方法，也是最主要的旅游体验之一。旅游者通过观看各类演出或参与各种娱乐活动使自己得以松弛，让会心的微笑或开怀大笑抚慰心灵，从而达到愉悦身心、放松自我的目的。

2. 教育

旅游也是学习的一种方式，尤其是人文类景点，如博物馆、历史遗迹、古建筑等，其深厚的文化底蕴、悠久的历史传统、高超的建筑技术都会令旅游者有耳目一新之感，学习也因此而融入旅游的全过程。

3. 逃避

现代都市环境下，人们的工作压力与日俱增，职场上的竞争日趋激烈，生活环境日趋恶劣。在这种情况下，大多数都市白领或中产阶层都处于亚健康状态。他们渴望暂时逃离日常生活，拥有一段完全不同于都市生活的经历，或者到名山大川游览，或者到海滨休闲度假，进而达到暂时逃避压力、恢复身心健康的目的。

4. 审美

对美的体验贯穿于旅游者的整个活动中。旅游者首先通过感觉和知觉捕捉美好景物的声、色、形，获得感观的愉悦，继而通过理性思维和丰富的想象深入感受景物的精粹，使身心俱沉醉其中，从而获得由外及内的舒畅感觉。自然景物中的繁花、绿地、溪水、瀑布、林木、动物、蓝天等，人文景物中的雕塑、建筑、岩绘、石刻等都是旅游者获得美感体验的源泉。

5. 移情

移情是指旅游者将自己置身于他者的位置之上，将自己幻变为意想中的对象，从而实现情感的转移和短暂的自我逃离。这对于旅游者体验异域民俗风情和尊重当地的民风民俗具有非常重要的作用，从而使得人们通过一段寻常的旅游经历，达到尊重和理解当地传统文化进而提升旅游者本身人文素养的重要效果。

以上五种体验不是割裂开来的，而是联系在一起的。旅游者在一次或多次旅游体验中会经历如上的多种体验类型。旅游消费者通过娱乐活动获得娱乐体验，通过亲临现场获取审美体验，通过积极地学习和吸收信息获得有教育意义的体验，通过移情获得幻想般的体验。虽然令人难得的消费体验主要集中于以上概括的某一个领域，但融合了多种元素的体验，如寓教于娱、将审美和娱乐合二为一、在体验梦幻感觉的同时吸收新知识等，更让旅游消费者动心。

四、旅游体验的过程

旅游者和旅游环境互动最后以旅游者的主动心理建构而生成旅游体验，旅游体验过程经历四个阶段。

1. 环境阶段

主体旅游者与外在环境各自独立，相互没有影响。

2. 情境阶段

基于环境的营造和旅游者主体的感知，环境的一部分作为一个新的旅游整体被旅游者感知，在这一阶段互动发生了。

3. 意境阶段

旅游者开始把自己的情感和思想注入情境中，在这一阶段最主要的特征是发生了"移情"现象，情境获得了意义就进入了意境阶段。

4. 心境阶段

旅游者产生了心理体验，外在的环境因素完全服务于人的心理活动，旅游者的内在心理活动成为这一阶段的主角，福乐体验就产生于这阶段。这一阶段旅游者完成了心理建构，可以说在本阶段旅游活动主观化了。

旅游者心理建构的这四个阶段呈现主体和客体的互动越来越深入，越到后来，主观因素影响就越大。在某种程度上说，旅游者体验的好坏就表现为旅游者主观因素与客观环境因素结合的程度和旅游者主观因素参与的程度大小，二者结合得越紧密，主观因素所占比例越大，体验就越深刻。

五、旅游体验的层次

　　旅游体验有不同的表现形式，在表现形态上可通过不同的层次表现出来，了解旅游体验的层次性有助于把握旅游体验的产生、发展过程及其本质。旅游体验可分为三个层次：处于初级层次的世俗愉悦；处于高级层次，达到超越的审美愉悦；处于终极层次，物我相忘、身心和谐的旅游体验——最高境界，如图 11-1 所示。

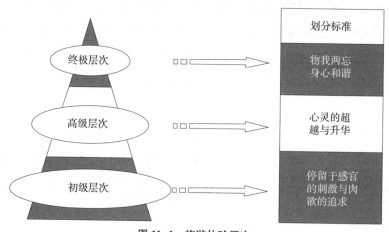

图 11-1　旅游体验层次

1. 初级层次——世俗愉悦

　　旅游体验是一个复杂过程，由于旅游者个性不同，旅游对象丰富多彩，旅游需求多种多样，因此每个人的旅游体验都是不一样的。在旅游过程中，并非每一位旅游者都能够用心去体会旅游景物的超然之美，更多的是关注于对感知对象的功利性认识上，如穿上一件漂亮衣服、品尝一顿美餐、沉浸在某种游戏或运动的快感等，这些感官感受是建立在"占有"理念基础上的，主要表现为对感官的刺激和对肉欲的追求。世俗愉悦通常发生在日常生活之中，它产生的快感直接来自我们自身的活动和努力，带有明显的功利性，因此它也是旅游体验的初级层次。

　　旅游体验中这种建立在人性的感性欲望层面之上的世俗文化的文化价值和理想以感性欲望为人的自然本性，以感性欲望的充分满足和自由表现为理想，它只有内在肯定的层面，没有外在超越的层面，但也是旅游过程中不可缺少的，它在促进人的审美解放方面有着积极的作用，旅游体验的世俗愉悦要求旅游经营者把握好旅游产品开发设计的各个环节，避免旅游产品的媚俗化和庸俗化。

2. 高级层次——审美愉悦

旅游审美愉悦，正如谢彦君教授所说，是旅游者在欣赏美的自然、艺术品和其他人文现象时所产生的一种心理体验，是一种在没有利害感的关照下所得到的心理享受。这种体验能给予人的快乐是一种纯粹快乐，也是日常休闲体验所不能够体验到的快感和愉悦。因此这种审美愉悦高于日常生活中的审美，做到了精神上的超越。审美愉悦是对美的欣赏，是一种没有利害关系的、自由的愉悦，既没有感官方面的利害感，也没有理性方面的利害感来强迫我们去赞许。这里面的"无利害关系"表明审美愉悦是情感的自然流露，不带有任何功利色彩；"自由"表明审美愉悦是纯粹的。

旅游审美愉悦是在视、听感官的基础上，通过多种心理因素（情感、想象、理解）发生自由的相互作用，产生出一种既轻松自由、又深沉博大的快乐体验。只有当人们在欣赏壮阔崇高或优雅别致的自然景色或艺术品时，才能真正体会到审美的快乐。这种快乐，既有对形式的赞美和对情感意味的共鸣，也有洞察各种含蓄地展现出来的"真理"时的欣慰，还有对日常生活中某些压抑情绪的净化和消除。当人们怀着浓厚的兴趣去欣赏一件艺术品或某种自然美时，并不是为了满足一种基本的生理需要，而是为了满足一种精神上的追求，从而沉浸到一种无比愉快的精神境界中。审美愉悦的途径来自崇高体验与优美体验，崇高体验源于旅游者对自然之壮美而产生的震惊、崇敬、叹服的激情心理，优美体验则源于旅游对象本身的美学特性及其与旅游者之间在心理上的某种契合与呼应。

3. 终极层次——最高境界

在旅游的本质规定性上，将出自愉悦目的、暂时前往异地的个人活动定义为旅游，强调了旅游体验充盈于旅游活动的全过程。旅游活动属于休闲活动的一部分，休闲的最高境界可用三句话来形容：人与物和谐、人与人和谐、身与心和谐。概括地说，只有心与物和谐，才是最高境界。因为物既可指世界，也可指人身。这就是说，只有摒弃人世欲念，才能看到"物自身"；而一旦人与"物自身"合为一体，便进入了体验的极乐境界。人不仅要关心人，还要关心动物和植物，关心所有生命，也就是儒家所倡导的"和谐"，在这个和谐的整体氛围中，寻求超越的快感。对于出于逃逸角度而外出旅游的旅游者来说，由于他们长期置身于压抑、紧张、麻木或者空虚的工作中，即使到了旅游世界，可能还要依然停留在他们的生活圈子而无法自拔，这就无法使他们达到"三和谐"。例如，诗人谢灵运当初那样兴师动众地游山玩水，也只能是借助山水以发牢骚，这不能说是旅游体验的最高境界，因为他是心灵受伤之后的"疗伤"。和自己不喜欢的人同时体验旅游，或者心神不定地旅游，虽然身在体验旅游，但心未在，因此这也不是旅游体验的最高境界。更具体简单的例子，失恋的人希望借助旅游排解愁苦的心情，希望美景能够暂时压抑郁闷的心情，但无论暂时压制也好，或者说根本未压制或未起到作用，这都将从根本上成为旅游体验的致命"撒手锏"，因为解铃还须系铃人，如果爱还在，能够使他体验到最高愉悦的还是爱人的归来，所以这样的旅游体验更谈不上最高境界。因此，只有旅游者摒弃世俗的约束，与自然、与外在的物质世界融为一体，才能达到旅游体验的终极层次，即人与物、人与景、人与人、人的身与心的和谐。

六、旅游体验的影响因素

1. 目的地文化

诸多研究表明，旅游者的旅行度假经历受到主客双方社会文化特征不同程度的影响。也就是说，双方的社会文化差距越大，对旅游者而言，其旅行度假经历受到的影响就越大，两者呈正相关关系，这也符合旅游者的出行动机。旅游者之所以选择某个与日常生活环境大相径庭的目的地就是为了求新、求异。亚历山大等人（Alexander 等人，2010）在对受访者的目的地选择进行分析后发现，英国米尔顿·凯恩斯地区附近的居民最喜欢去的旅游目的地，除西欧之外（因为便利选择），其他跨区域的目的地分别为北非和亚洲，去的最少的目的地是加勒比海和南美。出现这一情况的根本原因在于主客双方社会文化的差异程度，这一点得到了受访者的证实。例如，有受访者说："绝大多数南美洲人是欧洲人的后裔，双方之间的文化差异较小；从风景文化的角度来看，南美与欧洲类似。加勒比海的阳光、沙滩和海洋，尽管比西班牙更充满异域风情，但在旅行度假体验上远没有北非和亚洲更为新奇。北非或亚洲的旅行目的地再现了数千年前生命的原始状态，这些地区所拥有的不同于欧洲的文化、语言、种族、经济、宗教、建筑等还没有发生大的变化，这些不同的社会文化因素对我们充满了诱惑和吸引。"

2. 旅游时间

在有些情况下，旅游度假所花费的时间与旅游度假对旅游者的影响程度呈负相关。心理学的研究成果对这一现象可以进行较好的解释。关于记忆回顾的心理研究表明，我们往往会对幸福及其经历保留长期记忆，一种特殊经历记忆的可能性主要取决于连续性输入。有研究认为，在度假的持续过程中，冲突能导致人们忘记他们的经历，尤其是当有许多类似的经历时。在亚历山大等人的研究中，一位受访者转述了她的经历："在旅行的前 7 天，任何事情都感觉新鲜。7 天过后一切都熟悉了。在第三周，当墨西哥和秘鲁的玛雅文明旅行结束之后，对一切都提不起兴趣。"但是对于其他的旅行方式，如出国交流学习，参与者所受到的影响与时间可能更多地呈现一种正相关关系。富利斯通和吉尔登斯（Freestone 和 Geldens，2008）对 7 名参加过交流学习项目的澳大利亚毕业生进行了访谈。他们发现：参与者认为他们的交流学习经历与他们曾经短暂的度假旅游相比，前者可以在东道主国家获得一种更为"原真"的体验。原因是其对当地文化休闲活动的分享，以及参与了当地的日常生活。

3. 目的地的活动

与休闲度假活动（如温泉 SPA、阅读、场所游览、日光浴和运动）相比，体验和参与东道国生活方式的文化活动，更能对旅游者产生长期持续的影响。在亚历山大等人的研究中，有受访者表示："休闲性的活动在其他地方也可以进行，愉悦的程度取决于与其他地方的对比，而文化活动往往是这个地区特有的""文化活动包含与东道主的交流和互动"。例如，来东北旅游，旅游者们可以在旅游过程中了解其最突出的冰雪文化。从这个角度来讲，文化性的活动能够给旅游者带来更为强烈、更为深刻的体验，从而对旅游者的经历产生更为持久的影响。

4. 旅行伙伴

一般来讲，度假旅行主要以家庭的方式进行。然而，亚历山大等人的研究表明，"独自旅行"对个体旅游者产生的影响最大，其次才是"与朋友"一起旅行。对个体旅游者影响最低的类型是与"妻子或丈夫"一起旅行，其他的包括"工作或运动的同伴"。一位受访者表示："独自旅行更有压力，因为没有人一起面对焦虑或分享责任，这一压力可能导致较高或较低的情绪。然而，独自旅行会产生更强烈的冒险意识，会取得更为强烈的成就感，因而将对个体旅游者产生更大的影响。"另一位受访者表示："独自旅行迫使你不得不与当地人和其他旅游者交往和互动。这使你期望和更加努力结交新朋友。朋友之间一起旅行也会对个人产生影响，因为他们会努力培养友情。而夫妻之间一般要么两人单独待在一起，要么与其他的夫妻交往，而不会与单身人士交往。他们往往认为陌生的单身聚会对夫妻关系是一种威胁。"对于大多数中国旅游者而言，传统的度假旅行往往以家庭的形式进行，也有部分人选择与朋友或同事（尤其是单位组织的旅行）一起旅行，独自旅行的人较少。近年来，选择徒步或背包旅行的年轻人增多，他们独自从客源地出发，到了目的地再临时和其他"驴友"组合在一起，这种组合往往较为分散，大家随时可以分开。"驴友"的这种旅行方式越来越受到年轻人的欢迎，也给年轻人带来了深刻的体验，得到了普遍的认同。

5. 日常生活满意度

有研究表明，在旅游度假前对生活满意的人更不可能受到旅行度假经历的影响。受到旅游经历影响的可能是出游前对生活不太满意的群体，对生活不满意的人更容易寻求心理状态的平衡（Holden，2006）。最佳觉醒理论和驱动还原理论对上述现象提供了理论解释的框架。最佳觉醒理论建立在人们寻求与环境保持一定程度的互动这一假设之上，这一环境维持了人们的心理平衡。通过采纳驱动还原理论，福德尼斯（Fodness，1994）的研究发现，可感知的心理需求和由此引起的紧张情绪，鼓励个人采取行动（如通过旅行的方式）来释放焦虑的心理状态。也有旅游者表示："旅行度假是为了逃避现实；逃离是为了使现实变得更好。度假使一个人更可能积极地寻求某些东西或者更加潜意识地进行改变（当不满意时），以扭转目前的生活境况。"

6. 现代信息技术

现代信息技术一方面会影响旅游者在旅行前对目的地的感知，激发他们的动机，并影响他们的出游决策；另一方面也会影响旅游者在目的地的体验和行为意向。近年来，旅游学界广泛关注到虚拟现实、增强现实、智能手机等新兴技术和工具的采用对旅游者体验的影响。例如，贺泽亚等人的研究发现，在博物馆旅游情境下，与动态视觉提示相比，动态语言提示会带来更高的参访者支付意愿（如即便门票上涨也会继续前来参观，愿意支付比附近其他博物馆更高的门票费用），并且当采用增强现实技术来提供一种高水平的虚拟呈现的时候，这种效应会更加突出。在另外一项研究中，王丹等关注到智能手机在调节旅游者体验方面起一定作用。研究发现：智能手机能改变旅游者的行为和情绪状态，这种改变是通过强调各种信息而引发的，尤其是智能手机对瞬时信息的支持促使旅游者可以更加有效地解决问题、分享体验、储存回忆。研究指出，在旅游者利用智能手机作为媒介做出主动推荐的时候，对于主动推荐的信心主要源自感知预应性、自主性、社交能力以及智能手机的智能性；但是，感知反应性和控制力会让旅游者担心他们会失去对自身旅游体验的控制。

上述影响因素并不是孤立存在的。它们中的一个或几个一起共同影响旅游者的体验。在分享经济的背景下，人们的旅游消费行为也发生了不少变化。例如，在住宿体验方面，越来越多的人青睐于选择爱彼迎民宿。最近有研究利用大数据进行文本挖掘和情感分析后发现，爱彼迎民宿住户的入住体验主要受三个方面的影响：区位、舒适物、房主。具体而言，区位方面的影响因素主要涉及住处与主要旅游吸引物、购物店、餐厅的距离；舒适物主要是指设施设备等；房主方面的影响因素则主要涉及房主是否乐于帮助以及其为人处世的灵活性和与住客之间的沟通。令人惊奇的是，价格并不是关键的影响因素。研究还发现，爱彼迎民宿住户的评论中存在一种正面的"偏见"，而负面的评价则主要源于"噪声"。

第二节　旅游体验对旅游者的影响

一、旅游体验对旅游者健康的影响

身体、脑、感觉能力、动作技能以及健康方面的发展都属于人的生理（身体）发展的范畴。然而，国内外学界关于旅游体验对旅游者生理（身体）发展的研究，大多局限于对健康的影响方面。世界卫生组织（WHO）于1948年对健康的定义是：健康不仅是没有疾病或不虚弱，而是身体、精神与社交方面都处于完满状态。国外学界关于旅游经历对旅游者健康影响的实证研究是在20世纪90年代末期才兴起的。有学者对旅游体验与旅游者健康的关系进行了深入探讨，认为旅行度假能提升旅游者的身体健康。冈普和马修斯（Gump和Matthews，2000）很早就提出过类似观点。他们通过实证研究得出结论：经常旅行的人很少会得心血管疾病和冠心病。此外，学界也开始致力于探索旅游体验是否以及如何能够提升人们对生活质量和幸福的感知，减少压力，帮助人们保持积极的心态和形成健康的生活方式。这些研究主要集中于探讨三类群体（公司雇员、老年人、较少参与旅游活动的低收入群体）通过旅游体验所获得的身心健康方面的益处。当然，也有些人在旅行度假结束之后可能患有暂时"假期综合征"，具体表现为精神不振、浑身无力等。这主要是由旅行度假的"兴奋状态"转变为"日常生活"的状态所引起的，一般休息几天就会自动恢复。

虽然心理健康与身体健康密不可分，但目前的实证研究主要集中在测量心理健康方面。从研究主题来看，对旅游者主观感知的健康水平的测量研究较多，关于旅游经历对旅游者健康水平的影响的实证研究却依旧缺乏，仅有少数学者进行过实证研究。

二、旅游体验对旅游者认知学习与教育的影响

认知是指通过形成概念、知觉、判断或想象等心理活动来获取知识的过程，即对个体思维进行信息处理的心理功能。认知的发展主要体现在学习能力、记忆能力、解决问题的能力、语言技能、抽象思维能力等方面的发展。关于旅游体验对旅游者认知发展的影响，国外学界的研究起步较早，但尚不系统，且主要关注的是旅行体验的认知性学习与教育。这方面的研究集中在以下领域：①通过海外游学的学习。主要研究主题有海外游学的旅游动机、海外游学的收益、短期海外游学的影响、海外游学的长期教育结果等。②通过旅行的学习。主要研究主题是通过自助旅行的学习，如野生动物旅游等。巴拉泰恩等人（Ballantyne，Packer 和 Sutherland，2011）以野生动物旅游的参与者为研究对象，讨论野生动物旅游能否对旅游者的个人行为的改变产生影响。研究结果除了对这个问题给予肯定性的回答外，还发现了旅游者行为的改变表现在家庭实践、购物实践、户外环保责任、志愿环保参与等多个方面。在国内学界，一项对大陆赴台"自由行"旅游者的地方认同与休闲效益关系的研究发现（赵宏杰和吴必虎，2013）：首先，大陆赴台"自由行"旅游者对台湾省的地方认同是环境认同程度最高、依恋程度最低，其在台湾省从事休闲活动所获得的休闲效益是社会效益最高、生理效益最低；其次，不同个人背景与游程规划的大陆赴台"自由行"旅游者在地方认同与休闲效益程度方面有显著差异；最后，地方认同与休闲效益间呈显著正相关关系。

三、旅游体验对旅游者心理社会性发展的影响

心理社会性发展包括情绪、人格及社会关系的发展变化，主要包括自我意识、独立性、自尊、人格特征、友谊、道德、爱情、家庭关系等具体方面。国外旅游学界较早关注到了旅游体验对家庭的影响。旅行作为一种利用家庭时间的方式，可以有助于强化沟通、减少离婚可能性、加强毕业生的家庭联系、增加成年人和儿童的幸福感等（Durko 和 Petrick，2013）。与旅游体验对旅游者认知发展的影响的研究进展类似，国内学界已有学者开始进行探索。例如，黄向（2014）认为，旅游体验是旅游研究的核心问题，从心理学的角度看，旅游体验是旅游情境中的主体幸福感。旅游体验存在孤独体验、成就体验和高峰体验三因子的"榄核形"结构。孤独体验是旅游者因旅游在外并离开熟悉的环境而产生的不安全

感和孤独感的综合体验，处于模型的基础位置。高峰体验是旅游者在进入自我实现和超越自我的状态时感受或体验到的最完美的心理境界，处于模型的高层位置。处于中间位置的成就体验是旅游者在行程中所获得的宁静、愉悦、满足之感，以及在旅程结束之后对行程的怀念、向往等各种一般感受。

四、旅游体验对旅游者人际关系的影响

1. 旅游体验对家庭关系的影响

一般来说，家庭关系是个体人际关系中最为亲密和重要的组成部分，对每一个体的生活与发展来说都具有重要的意义。然而，在现代社会生活中，随着经济诉求的增大和工作压力的增加，人们越来越容易忽视与家人的相处，从而影响到了家庭关系的维护。2012 年，美国咨询机构埃森哲（Accenture）通过互联网对全球 31 个国家的中型到大型企业高管进行研究，调查显示有一半的受访者不满意他们的工作。42% 的人认为他们因为事业牺牲了与家人共处的时间。同时，58% 的人认为工作要求已经对其家庭生活、与家人的关系产生了负面的影响。相关研究也表明，长时间的工作和休闲时间的减少，会增加工作和家庭生活中的压力，降低家庭幸福感。可见工作压力的增大、家人间相处时间的减少、生活满意度的降低都是直接导致现代生活中家庭关系恶化的因素。如何避免家庭关系恶化、维持一个和睦亲密的家庭氛围，值得每个人关注。越来越多的研究表明，家庭的休闲娱乐尤其是度假活动，能够创造家庭美好回忆，加强家庭成员之间的联系，有助于建立良好的家庭关系（Kozak 和 Duman，2012）。

2. 旅游体验对其他社会关系的影响

旅游体验对旅游者其他社会关系产生的影响包括：旅游者原有人际关系的改变和新的社会关系的建立。

（1）原有人际关系的改变。旅游者往往会结伴而行，除家庭成员外，这些游伴可能是身边的同事、同学、朋友，也可能是了解不太深入的一般熟人。与家庭旅游一样，旅游者与熟人在一起出游的过程中，很有可能因为旅途中的朝夕相处而促进感情的提升，特别是自助旅游者，在旅游中常需要共同讨论和制定决策，彼此的关系因为互动的强化以及拥有旅游愉悦时光中的共同记忆而得到升华。近年来，在我国不少电视媒介上热播的"真人秀"旅游节目中，不难发现这样一个规律：原本不怎么熟悉的几个人，经过一段时间共同的出游与互动，感情逐渐变得深厚，并在节

目结束后成为亲密好友。当然，双方的关系在旅游过程中也可能没变甚至是恶化，因为在旅游过程中彼此距离很近，为双方提供了重新审视自己与对方关系的机会，有可能因为发现对方的一些缺点，感到不能容忍，从而影响原有的社会关系质量。正如上文所提到的，旅游体验对旅游者的心理状态有着较大的影响。大部分情况下，旅游有助于旅游者释放日常工作的压力、调剂单调乏味的生活，调节出行前消极低落的情绪，而旅游后愉悦的心情也有助于改善与他人的社会关系。

　　一项对教学机构职员进行的调查显示，旅游经历可以使这些受试者的工作效率和表现提高，有利于与同事关系的改善。同时，旅游过程中接触到的"他者"以及对自我的反思，有可能改变旅游者对原有社会关系的态度。背包旅行作为一种生命拓展的方式，有助于改变背包客的自我意识（自我认知、自我情感、自我意向），改变固有的世界观（人生观、价值观）。这些自我意识的改变，有可能使旅游者重新审视自己原本的社会关系，产生态度的变化。有研究表明，旅游结束后，一些旅游者常常会感到对某些社会准则和文化的不适应；也有旅游者提到经历极端自由的体验后难以适应那种有规律的生活，并且很难再与朋友建立亲密关系。在丽江、阳朔这样的旅游目的地，经常可以发现一些来自大都市的年轻人，他们辞去了原本的工作，留在当地开一间小店融入当地生活。这些人很多都是从当地旅游回去后发现不适应大城市的生活节奏和复杂的人际关系，最终选择放弃原本的生活状态。

　　（2）新的社会关系的建立。旅游者在旅游过程中会构建出许多新的社会关系，其中旅游者与目的地居民的交往关系是学界研究的重点。这方面的研究可参见旅游人类学家瓦伦·史密斯1977年所著的《东道主与游客：旅游人类学研究》等。旅游者与旅游者之间可以分为旅游之前不认识与旅游之前认识（即上文所提到的熟人关系）两类。在旅游之前不认识的情况下，旅游者与旅游者的关系又大致可分为三种：冷漠的陌生人、旅游世界中产生一般互动的人以及旅游世界中结识的新朋友。更多关于社会互动的阐述，详见本书有关旅游消费者社会交往的内容。

第三节　旅游体验营销

　　旅游体验营销是指旅游企业（旅游目的地、旅游景区）从旅游消费者的感官、情感、思想、行动等方面设计营销理念，以产品或服务为支点，激发并满足旅游消费者的体验需求的一种营销模式。

一、旅游体验营销的模式

根据旅游自然环境的不同以及从事旅游发展的企业特色的不同，需要因地制宜运用体验营销创建旅游品牌策略，实施不同的体验营销模式。总结起来，主要有以下五种旅游体验营销模式。

1. 娱乐营销模式

娱乐营销以满足旅游者的娱乐体验作为营销的侧重点。娱乐营销模式要求旅游企业巧妙地寓销售和经营于娱乐之中，通过为潜在旅游者创造独一无二的娱乐体验来吸引他们，达到促使其购买和消费的目的。旅游企业应将娱乐营销的思想贯穿于旅游营销过程的始终，在游客旅游的整个经历中时时加入娱乐体验，使整个旅游过程变得有趣而愉快，从而提升游客的满意度。

2. 美学营销模式

美学营销以满足人们的审美体验为重点，提供给旅游者以美的愉悦、兴奋与享受。运用美学原理和美学手段，按照美的规律去开发旅游资源、建设和利用旅游景观，配以美的主题，提供美的服务，以迎合消费者的审美情趣，引发消费者的购买兴趣并增加产品的附加值，使游客在旅游审美活动中保持心情愉快、精神舒畅，获取丰富的美的享受，留下美好的体验。

3. 情感营销模式

情感营销以旅游者内在的情感为诉求，致力于满足旅游者的情感需要。旅游者对于符合心意、满足其心理诉求的产品和服务会产生积极的情绪和情感，它能提升旅游者对企业的满意度和忠诚度。旅游企业需结合旅游产品特征探究旅游者的情感反应模式，努力为他们创造正面的情感体验，避免和消除其负面感受。

4. 主题体验营销模式

主题体验就是设计能打动游客情感、激发其欲望的主题。体验主题必须是空间、时间和事物相互协调的现实整体，能够与旅游目的地本身拥有的自然、人文、历史资源相吻合，才能够强化旅游者的体验。旅游者的体验是完整的，包含空间、时间和事物的整合，因此要做到让旅游者在合适的地方、合适的时间做合适的事。

5. 文化体验营销模式

文化体验营销以游客的文化体验为诉求，针对旅游产品服务和游客的消费心理，利用传统或现代文化，有效地影响游客的消费观念，促进消费行为的发生。

二、旅游体验营销的特点

从本质上来讲，旅游是人们离开惯常居住地前往异地寻求某种体验的活动。因此，旅游目的地或者旅游企业营销部门针对目标人群，设计出差异化的旅游产品，提供良好的消费体验，已成为旅游市场的新方向。旅游体验营销主要有以下特点。

1. 游客吸引以体验为卖点

客户的体验来自消费经历对感觉、心灵和思想的触动，它把企业、品牌与客户的生活方式联系起来。因此，对旅游企业来说，营销活动应在游客的旅游体验深度上下功夫，这样才更能吸引消费者。旅游体验营销真正关心的是游客期望获得什么样的体验，旅游产品对游客生活方式有何影响，以及游客对于这种影响有何感受。例如，寻求返璞归真的乡村旅游者希望感受朴实的乡土气息，吃两顿土灶做的农家饭，在乡野小道上散散步，和当地农民聊聊家常，真实地体验一下农村的宁静生活。这些应是旅游产品的设计和推广者应深入考虑的卖点，而不是简单地将游客带去农家乐用餐和住宿或体验乡村农家乐的"城市日常家庭生活"。

2. 旅游场景以主题为基础

从体验的产生过程来看，主题是体验的基础，任何体验活动都是围绕一个体验主题展开的。体验营销首先要设定一个"主题"，即体验营销应该从一个主题出发并且所有产品和服务都围绕这一主题，或者至少应设有一个"主题场景"（如主题博物馆、主题公园或以某一主题为导向的一场活动等）。"主题"并非是随意出现的，而是体验营销人员精心设计出来的。例如，市场上出现的"夕阳红恋之旅"，就是专为单身老人搭建鹊桥而设计的旅游产品。

3. 产品设计以体验为导向

体验营销必须创造客户体验，为客户留下值得回忆的事件和感动瞬间。企业在设计、制作和销售产品、服务时必须以客户体验为导向，企业的任何一项产品及其生产过程或售前、售中和售后的各项活动都应该给客户留下深刻的印象。旅游企业更应如此，在介绍产品时就应给游客以美好的遐想空间，从而期望真实的体验。例如，香格里拉酒店的服务口号"殷勤友好亚洲情"很容易让人联想到一种温馨、舒适和体贴的酒店服务，继而心向往之。在实际提供服务时更要保证旅游者的体验质量，它决定了旅游者对旅游产品的满意度和品牌忠诚度。

4.营销活动以客户为中心

第一，体验营销者真正以游客需求为中心来指导企业的营销活动，如老年旅游者喜欢节奏较慢、风景优美、安乐闲适的旅游，于是就有旅行社突破传统的海南几日游，推出专为老人设计的"三亚度假一月游"。第二，体验营销真正以客户为中心开展沟通，如专营老年旅游的上海老城隍庙旅行社建立了老年俱乐部，大大加强了其与旅游者之间的信息和情感交流，从而得以及时更新、升级旅游产品和服务，有效优化了游客的体验，使游客获得物质和精神上的双重满足。

三、旅游体验营销的基本策略

旅游企业或旅游目的地应在深刻把握旅游者需求的基础上，制定相应的体验营销策略，并通过多种途径向旅游者提供体验。主要有以下几个策略。

1.设计一个鲜明而独特的主题

体验营销是从一个主题出发并且所有服务都围绕这个主题，所以要先设定一个明确而独特的主题，否则旅游者就抓不到主轴，就不能整合所有感觉来体验，也就无法留下长久的记忆。

2.通过体验广告传播旅游体验

体验广告可以把体验符号化，利用符号并通过大众媒介的放大而传播开来，从而实现体验营销效应最大化。在广告设计方面要根据旅游目的地的自然景观、风土人情等设计广告主题，提炼形象生动的广告语，而且广告画面要突出旅游主题并配以旅游目的地的景观，使受众有身临其境的感觉，从而产生旅游的欲望。

3.营销手段要突出旅游者参与及互动

通过互动拉近了彼此的距离，增强了双方的感情联系，使旅游者对旅游企业的产品保持了很高的忠诚度。互动不仅是企业和客户的互动，更是客户与客户的互动。要让事实说话，让"美好的感觉"口碑相传。

四、给旅游者留下难忘体验的方法

1.重视感官刺激，总体印象和谐

现有研究表明，消费体验越充满感觉（味觉、视觉、听觉、嗅觉、触觉等）越值得回味。旅游服务项目对消费者的感官刺激越能支持和加强旅游服务的主题，该项目就越可能给旅游消费者留下难忘的印象。例如，热带雨林餐厅让游客在进入餐厅时就听见"咝咝咝"的声音，然后看见雾气从岩石上升起，感受雾气掠过皮肤时带来的丝丝凉意，游客还可以闻到空气中弥漫着热带雨林特有的清新气味。这一景象迷倒了无数游客，让他们把就餐体验深深印在脑海里。

2. 使旅游消费者的体验丰富化

大多数难忘的体验不单纯是娱乐、教育、审美或梦幻体验，而是这些方面的混合体。旅游企业将多种体验要素融合到服务中去，有助于提高消费者体验的真实性，满足消费者对体验丰富性的追求。英国航空公司在20世纪末赢得了消费者良好的口碑，因为它不仅把乘客从A地送到B地，还在客运服务基础上为乘客带来了审美和娱乐体验，帮助乘客舒缓长途旅行中的紧张和忧虑。乘务员随叫随到，确保乘客得到美味的食品和处于舒适洁净的环境中，并尽力通过与乘客的交流使乘客产生愉快的心情。乘客受到无微不至的照顾，就能充分感受飞行之美：随着飞机直冲云霄，摆脱日常生活的束缚，体会在空中飞翔的自在感，观赏翻滚的云海，鸟瞰宽广的大地、渺小的城镇、河流和田野。除了审美体验外，乘客还可娱乐一番。航班上的空中娱乐系统使乘客能在飞行途中观看电影，以增添旅途的情趣，活跃旅行气氛，消除烦闷和焦躁不安的感觉。

3. 增强旅游消费者对消费过程的控制感

根据社会心理学家的观点，增强消费者的控制感，可激活他们的消费体验，提高他们的满意程度。我们将在下文详细讨论这一问题。

4. 尽力消除可能破坏消费体验的因素

无论旅游企业能为消费者提供何种体验，消费者都不喜欢等待。在消费者眼中，服务前的等待时间比服务中的等待时间过得慢，无法预计的等待时间比事先知道的等待时间过得慢，不明原因的等待时间比可以理解的等待时间过得慢，不公平的等待时间比公平合理的等待时间过得慢。无事可做的消费者会产生厌烦和焦虑感，这将破坏整体消费体验。因此，旅游企业应从提高服务效率、为等待服务的消费者安排有趣的消遣活动、提供舒适的等待环境、保障服务公平性等方面着手，缩短消费者感觉中的等待时间，消除等待服务对消费体验的负面影响。例如，在热带雨林餐厅，店主会站在一个专用的台上对等待进餐的客人们宣布："史密斯那伙的，你们的历险马上开始啦！"如果宣布三次后，史密斯家庭仍没有出现，店主就会告知其他客人："史密斯一家掉队不知下落，只好丢下他们。"这种幽默的方法让客人们等待服务的沮丧心情一扫而空。过度服务，尤其是把各项服务随意拼凑在一起，也会破坏消费体验。因此，一些宾馆通过精心设计服务操作体系，尽量避免服务人员与客人过度亲密。客人在入住和结账时无须直接与服务人员接触，也不会遇到索要小费的门童和赖在客房看电视的服务员。服务人员各司其职，让客人感觉像在家里一样自在。此外，一些很细小的因素也能损害体验。我国不少景区让身着古装的服务人员手持麦克风，像现代人一样与游客交谈，这样做无疑会削弱体验感。

【本章小结】

　　本章介绍了旅游消费者体验的概念、类型及影响因素，旅游体验对旅游者的影响，旅游体验营销的特点及基本策略。旅游体验的影响因素包括目的地文化、旅行时间、目的地活动、旅游前的生活满意度等方面。旅游体验对旅游者的影响体现在对旅游者健康、认知学习与教育、心理社会性发展、人际关系等方面的影响。旅游体验营销的特点包括游客吸引以体验为卖点、旅游场景以主题为基础、产品设计以体验为导向、营销活动以客户为中心。

【复习思考题】

　　1. 简述旅游体验的概念与类型。

　　2. 简述影响旅游体验的因素。

　　3. 简述旅游体验对旅游者的影响。

　　4. 分析旅游体验中的移情与其他场合的移情有何异同。

　　5. 论述旅游体验营销的基本策略。

【即测即练】　　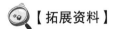【拓展资料】

第十二章 购后与旅游消费者行为

【学习目标】

1. 了解旅游消费者满意度的定义、理论模型、影响因素。

2. 熟悉旅游消费者忠诚度的测量、分类、影响因素及管理策略。

3. 掌握旅游消费者抱怨、投诉等产生的原因与处理方法。

【能力目标】

1. 了解旅游消费者满意度理论模型，能制定维护旅游消费者满意度的相关策略。

2. 熟悉旅游消费者忠诚度的影响因素，能培养提高消费者忠诚度的对客交往方式。

3. 掌握旅游消费者抱怨与投诉的原因，能高效率、高质量地处理消费者投诉。

【思政目标】

1. 了解旅游消费者满意度的内涵，形成优质服务的对客信条。

2. 熟悉旅游消费者忠诚度影响因素，培养诚实守信的经营观念与消费观念。

3. 掌握旅游消费者抱怨与投诉的解决对策，培养遵纪守法与维护权益的意识。

【思维导图】

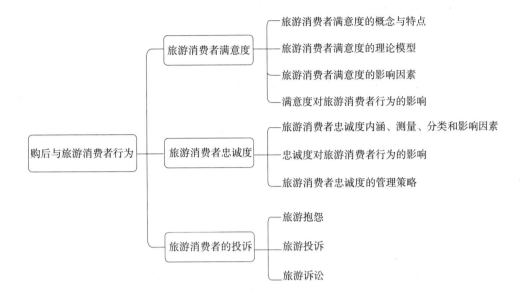

【导入案例】

"99+1=0"

2022 年 1 月，导游隋卓睿受旅行社委派带领来自深圳的旅游团孙冬琪女士一行人游览高句丽古都——集安。按旅游合同约定，该团为全包价高端豪华旅游团，包括全程导游及交通、餐饮、住宿等各方面的服务。

一路上，隋卓睿对游客热情友好，服务周到，所有的旅游者对导游非常满意。还特别承诺住宿为当地最好的五星级酒店。可是在该团抵达酒店时，他们觉得酒店的现实情况与图片相差较大，但看到了酒店的挂牌为五颗星也就办理了入住。

第二天中午，孙女士对导游说有同行游客身上产生了不适感，并声称是客房内潮湿导致的，认为旅行社挑选酒店不到位。导游隋卓睿回答酒店为五星级酒店，是按合同预定的，而且大家也看到了；发生这样的事属于游客自身身体素质差造成的。游客没有说什么。

但孙女士一行人回到深圳后，向组团旅行社提出了对旅行社及导游的投诉。

问题：

1. 案例中游客孙女士因何产生投诉？

2. 当孙女士口头投诉时，导游的处理有何不妥？

第一节　旅游消费者满意度

旅游业竞争日益激烈，如何提高旅游消费者的满意度受到业内各方的关注，旅游消费者满意度对任何一个旅游目的地或者企业来说，都有着至关重要的作用，首先，旅游者对目的地或企业的正面评价直接影响其亲朋好友，这些亲友又有可能成为新的旅游消费者群体；其次，满足了旅游消费者的需求，有利于形成一批忠诚于该旅游目的地或企业的消费者群体，从而不需要额外的营销费用就能保持一笔稳定的收入；最后，解决投诉需要耗费大量时间，甚至还会直接导致经济赔偿，对旅游目的地或企业形象也会造成一定的影响。

一、旅游消费者满意度的概念与特点

1. 概念

旅游消费者满意度（也可称为游客满意度）从客户满意度发展而来，关于游客满意度概念的界定，国内外不同学者有不同的看法，20 世纪 70 年代以来，许多学者基于不同的理论基础对游客满意度的概念做出界定，美国学者皮赞姆（Pizam）对游客满意度的研究奠定了该领域的理论基础，他提出游客满意度是旅游期望和体验相互比较的结果，若体验与期望比较的结果使游客感觉满意，则游客是满意的；反之，则游客是不满意的。贝尔德（Beard）和拉格鹤伯（Ragheb）认为游客满意是积极的感觉或感知，是建立在游客期望与实地体验相比较的正效应基础上的。这些定义都是以"期望不一致理论"为基础的，重点强调游客对旅游过程中的期望与实际旅游体验的比较，也有一些学者以"客户需要满足程度模型"为基础对游客满意度进行了界定，重点强调在旅游过程中游客的体验满足其需要的程度，如贝克（Baker）和克朗普顿（Crompton）认为，游客满意度是对旅游目的地的旅游景观、环境、基础设施、接待服务以及娱乐活动等方面满足其旅游活动需求程度的综合评价。

综上所述，旅游者满意度是指旅游者对一项旅游产品或旅游服务可以感知的体验效果与预期期望值相比较之后所形成的满意或不满意的心理状态。

2. 特点

（1）整体性。它是指消费者对消费结果的整体印象，即消费者对本次消费结果的利弊评估，以及消费者由此而产生的情感反应，如高兴、悲伤等。

（2）主观性。它是指消费者对自己消费结果的归因，即消费者认为谁应对自己的消费结果负责。

（3）相对性。它是指消费者对产品和服务的比较结果，即消费者对产品和服务的实绩与某一标准进行比较，判断实绩是否符合或超过标准。

（4）模糊性。旅游消费者满意度是一种主观感知的判断，富含情感因素，带有许多"亦此亦彼"或"非此非彼"的现象，即模糊现象。另外，不同旅游消费者的满意度是有差距的，但究竟差多少，难以精确和量化。例如，旅游景区很难根据游客反馈界定出"满意"和"较满意"的差距究竟有多大，这给对旅游消费者满意度进行精确把控并采取相应措施带来了难度。

二、旅游消费者满意度的理论模型

了解满意度的理论模型，有助于更好地理解旅游消费者满意度的形成，其中，期望—实绩模型、客户消费经历比较模型、客户感知价值差异模型、客户情感模型和客户满意度指数模型是具有代表性的理论模型。

1. 期望—实绩模型

1980 年，美国学者奥立弗提出了期望—实绩模型，又称期望不一致模型，如图 12-1 所示。该模型认为，客户在购买之前先根据过去经历、广告宣传等途径，形成对产品或服务绩效特征的期望，然后在购买和使用中感受到产品或服务的绩效水平，最后将感受到的绩效与其期望进行比较，比较的结果有三种情况：①如果感受到的绩效低于期望，此时产生负的不一致，客户就会产生不满。②如果感受到的绩效超过期望，此时产生正的不一致，客户就会满意。③如果感受到绩效与期望相同，此时两者达到了协调一致，不一致为零。

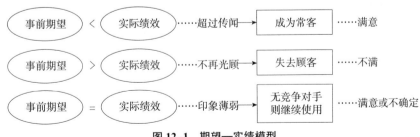

图 12-1　期望—实绩模型

期望—实绩模型得到了许多学者的支持，但也有不少学者提出质疑。例如，斯旺（Swan）和马丁（Martin）的研究结果表明，期望与实绩之差对客户满意程度并没有显著的影响。奥立弗认为期望与满意度之间存在正相关，但丘吉尔（Churchill）和瑟普丽诺（Suprenant）认为期望与满意度呈负相关关系。我国学者汪纯孝也指出，在消费某些产品或服务之前，由于客户缺乏必要的知识和消费经历，他们很难预见产品和服务的实绩，也不会预测产品和服务的某些属性的实绩，如客户并不会预测自己熟悉的服务场所位置，而这类属性往往对客户的满意度产生较大的影响。

2. 消费经历比较模型

1983 年伍德洛夫（Woodruff）、卡杜塔（Cadotte）和简金思（Jenkins）提出了客户消费经历比较模型，认为客户会根据以往的消费经历，逐渐形成三类期望：①对最佳的同类产品或服务实绩的期望，它是指客户根据自己消费过的最佳同类产品或服务，预计自己即将消费的产品或服务的实绩。②对一般的同类产品或服务实绩的期望，它是指客户根据自己消费过的一般的同类产品或服务，预计自己即将消费的产品或服务的实绩。③对本企业产品或服务正常实绩的期望，它是指客户根据自己在本企业的一般消费经历，预计自己即将消费的产品或服务的实绩。

根据客户消费经历比较模型，客户在本企业与同类企业的消费经历都会影响客户的期望与实绩比较过程。但是这个模型也有缺陷：①如果目前最佳的同类产品或服务不能充分满足客户的需要，那么，客户消费最佳同类产品或服务之后，也不会感到非常满意。②客户消费新产品或新服务之前，很难根据自己以往的消费经历形成期望，也就很难对实绩和期望进行比较。③不同的客户有不同的需要，对同一企业的产品和服务实绩会有不同的要求。例如，最佳同类餐馆供应 15 种菜肴，一般同类餐馆供应 10 种菜肴，本餐馆只供应 5 种菜肴，根据消费经历比较模型，消费者可能会不满。但是，如果本餐馆供应的 5 种菜肴正是消费者最喜爱的菜肴，消费者就会非常满意。换句话说，满意与否是由产品和服务满足消费者需要的程度决定的，而不是由实绩与期望之差决定的。由此可见，期望—实绩模型和消费经历比较模型都可在一定程度上解释客户满意度形成过程，但是这两个模型都忽视了消费者需要的满足程度对满意度的影响。

3. 感知价值差异模型

美国学者韦斯卜洛克（Westbrook）和雷利（Reizly）于 1983 年提出了“消费者感知价值差异”模型。他们认为，消费者的满意度是消费者感知的产品和服务实绩满足其需要而产生的一种喜悦状态。产品和服务的实绩越符合消费者需要的消费价值，消费者就越满意；反之，消费者就越不满意。

1990 年，学者汪纯孝对这个模型进行了实证检验。他的研究结果表明，与实绩和期望之差相比，消费者感知的价值差异对满意度的影响更大。此后，美国学者梅耶斯（1991）和斯普兰等人（1993）均取得与汪纯孝一致的研究结果。1998 年，汪纯孝等人对广州某餐馆的消费者进行了一次研究。结果表明，与期望—实绩模型和消费经历比较模型相比，消费者感知价值差异模型更能解释消费者满意度的形成过程。但是旅游消费者的购后评价和行为模型都只是对消费者满意度的形成过程做出了简单化的解释，要更好地解释消费者满意度复杂的形成过程，应综合考虑消费者的期望、消费者感知的服务实绩、实绩和期望之差、消费者需要满足程度等因素与消费者满意程度之间的关系。

4. 情感模型

经过不断探索，很多学者发现客户消费过程中除了对产品和服务的感知会影响满意度外，消费情感也会对满意度产生显著影响，奥立弗在不断完善客户满意度研究的基础上于 2000 年提出了情感模型，如图 12-2 所示。与 1980 年的期望差异理论相比，奥立弗认为，不仅期望和实绩的差异会影响满意度，而且整体情感以及其他比较结果也会对客户满意度产生影响，旅游活动具有明显的体验性特征，旅游消费者在旅游活动过程中会经历高兴、愉快、失望等一系列情感，旅游产品消费过程既是旅游消费者对旅游产品质量的认知过程，也是旅游消费者的情感体验过程，旅游消费者在消费过程中经历的情感会影响他们的消费经历。

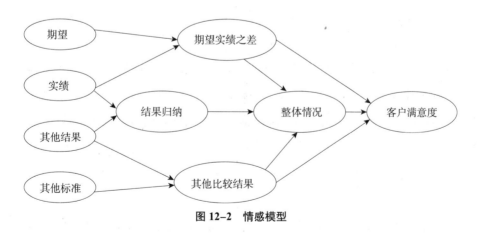

图 12-2　情感模型

5. 满意度指数模型

佛内尔（Fornell）和安得森（Anderson）于 1989 年提出由客户期望、感知质量、感知价值、客户满意度、客户抱怨及客户忠诚 6 个变量组成的客户满意度指数模型，在此基础上于 1994 年形成迄今为止影响力最大的美国客户满意度指数模型（ACSI），如图 12-3 所示。瑞典、韩国、中国等国家也都建立了适合本国国情的客户满意度指数模型，与此模型构成相似，只对某些指标进行了必要改造。

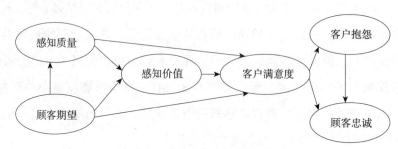

图 12-3　美国客户满意度指数模型

三、旅游消费者满意度的影响因素

根据以上对旅游消费者满意度概念和满意度形成过程的探讨，旅游消费者满意度是一个多维的概念，受到产品、环境、人员、形象、情感等多种因素的影响。

1. 产品因素

旅游产品具有综合性、无形性、不可转移性、不可存储性、生产交换与消费同步性等特点，是能够满足旅游活动多种需要的服务性产品，也是影响旅游消费者满意度的首要因素。在当前激烈竞争的旅游市场上，旅游产品提供者必须把核心旅游产品和服务做好，这一点是毋庸置疑的。

2. 环境因素

由于旅游活动的综合性，旅游消费者除了看重核心旅游产品和服务，还看重旅游地的整体环境，包括治安环境、基础设施环境、旅游政策环境、地理区位环境等。良好的治安环境、完善的基础设施、宽松的旅游政策、优越的地理区位等，会对旅游消费者满意度产生正强化的效果，反之，则会降低旅游消费者的满意度，阻碍其旅游价值的最大化实现。

3. 人员因素

旅游消费者的满意度受其在消费旅游产品时与旅游从业者和其他旅游者等互动人员因素的影响。在与旅游从业者互动的过程中，旅游消费者看重的是服务过程以及在服务过程中表现出的服务水平，关注服务的速度和质量，看重自己是如何被服务和接待的。在与其他旅游者的互动过程中，旅游消费者看重的是自我利益的保护与实现以及与其他旅游者的互动是否属于良性互动，如在"十一黄金周"
这样的旅游旺季，消费者很可能因为景区游客过多、自身的旅游利益受到其他游
客的侵害（如过于拥挤、食宿设施竞争激烈等），而对景区产生较低的满意度甚至
不满意。

4. 形象因素

旅游消费是一种高层次的消费，很多旅游消费者对旅游活动的价值期望中包
含了炫耀的部分。旅游产品提供者的形象，有时候会成为旅游消费者炫耀的资本，
如同样的登山旅游，峨眉山、黄山等国际性景区给游客带来的满足感，可能会大
于某些不知名的山地型景区。因为知名的旅游产品可能会引来更多的游客，而旅
游消费者对旅游景区或旅游企业有更高的期望值，所以要取得一个较高的环境感
知和旅游消费者期望的差值，即旅游消费者满意度将会更难，更富有挑战性。因此，
形象的优劣和游客满意度之间不存在完全的正相关或负相关的关系，而是需要结
合旅游产品提供者的具体情况来考虑。

5. 情感因素

在情感消费时代，消费者购买商品看重的已不是商品数量的多少、质量的好
坏以及价钱的高低，而是为了一种感情上的满足、一种心理上的认同。旅游产品
提供者不仅要考虑上述四种因素对旅游消费者满意度的影响，还应从旅游消费者
的情感需要出发，深层次挖掘，注重对旅游产品进行情感包装和情感设计，激发
游客的情感需求，引导旅游消费者心灵上的共鸣，用有情的营销获得较高的旅游
消费者满意度。

四、满意度对旅游消费者行为的影响

很多学者从行为学的角度探究了满意度对旅游消费者行为的影响，主要体现
在客户满意水平下的客户忠诚与在客户不满意水平下的抱怨或投诉等行为。

1. 满意度与客户忠诚

大量研究表明，客户满意度与客户忠诚之间存在正相关关系。但是对于客户
忠诚的内涵的理解，却有以下3种不同的观点：①行为忠诚，主要从高频率的重
复购买行为的视角来理解忠诚。②情感忠诚，认为客户忠诚应该是情感态度的忠
诚，态度取向代表了客户对产品和服务的积极倾向程度。③行为和情感结合忠诚，
认为真正的客户忠诚应该是伴随着较高的态度取向的重复购买行为。旅游研究者

们认为在研究满意度和游客忠诚关系时，应该将游客忠诚理解为行为忠诚和情感
忠诚的统一。

2. 满意度与客户抱怨或投诉

客户不满意时，就会产生抱怨或者投诉。西恩指出，客户不满意会产生抱怨、
离开、负面口碑等 3 种后果，并且他还研究了客户不满意的程度和抱怨倾向之间
的关系，发现客户的不满意程度越高，抱怨和投诉的可能性越大。客户满意度与
客户抱怨之间的负相关性在市场营销领域已经得到了证实，但是两者之间的关系
在旅游业中是否成立还有待进一步探讨。

第二节　旅游消费者忠诚度

忠诚度的研究最早来自市场营销对品牌忠诚度和消费者行为学对客户忠诚度
的探究，是人们在考察重复购买行为和现象基础上建构出的一个抽象概念。

一、旅游消费者忠诚度的内涵与测量

1. 内涵

在早期的消费者忠诚度研究中，许多学者侧重研究消费者忠诚度的行为表现，
从消费者的再购率、消费者与企业关系的持久性、消费者的购买方式、购买频率、
消费者从本企业购买的产品数量在他们购买的同类产品总量中所占的比例、消费
者对企业的口头宣传等方面计量消费者忠诚度。他们强调忠诚的消费者会反复购
买某个品牌的产品，并且只考虑该品牌的产品，不寻找其他品牌的信息。这种对
消费者忠诚感的理解，实际上混淆了习惯性重复购买与忠诚度的区别，忽略了消
费者忠诚度的心理含义。

1969 年，美国著名营销学者德因首先提出，真正忠诚的消费者不仅会反复购
买企业的产品和服务，而且还真正喜欢企业的产品和服务。因此，企业应综合考
虑消费者忠诚度的行为成分和态度成分。1994 年，美国学者狄克和巴苏根据消费
者对企业的态度和消费者的购买行为，提出了如图 12-4 所示的消费者忠诚度分析
框架。他们认为，消费者忠诚度是由消费者对本企业产品和服务的续购率与消费
者对本企业的相对态度共同决定的。只有那些续购率高，且偏爱本企业的消费者
才是本企业的真正忠诚者。

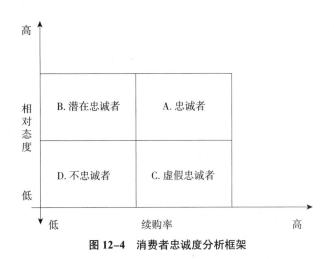

图 12-4　消费者忠诚度分析框架

1997 年，奥立弗对他于 1980 年提出的消费者忠诚度定义进行了修改和完善，并认为消费者忠诚度是指消费者长期购买自己偏爱的产品和服务的强烈意愿，以及消费者实际的重复购买行为。真正忠诚的消费者，不会因外部环境的影响或竞争对手企业的营销措施而"跳槽"。这个定义得到了国内外学术界的普遍认同。

2. 测量

在消费行为领域，忠诚度常常是通过操作化定义来界定的，并存在三种界定忠诚度的视角和方法，即行为测量、态度测量和复合测量，对于行为忠诚度通常通过对目的地的游览次数或对旅游产品的购买次数来衡量；对于态度忠诚度的测量，存在很大的差异性，几乎每一位研究者都会采用不同的态度测量工具，但总体而言，重游或重购意向和是否推荐是以往研究中使用频率最高的测量指标。

二、旅游消费者忠诚度的分类

1999 年，奥立弗进一步指出，消费者忠诚度按其形成过程可以划分为以下几种。

1. 行为性忠诚度

行为忠诚的消费者会反复购买某个品牌的产品和服务，他们的购买决策行为是一种习惯性反应行为，他们不留意竞争对手企业的营销活动，不会特意收集竞争对手企业的信息。行为性忠诚度反映消费者的实际消费行为，但它无法揭示消费者反复购买某种产品和服务的深层次原因。真正忠诚的消费者不仅反复购买某个企业的产品和服务，而且在众多同类企业中更偏爱这个企业。出于惰性、折扣、有奖销售或因某个企业的市场垄断地位而反复购买该企业产品和服务的消费者，并不是真正的忠诚者。

2. 情感性忠诚度

情感性忠诚度包含消费者对买卖双方关系的情感投入，是消费者在多次满意的消费经历的基础上形成的对企业的偏爱和情感。1997 年，巴诺斯发现，真正忠诚的消费者能够感受到他们与企业之间的情感联系，而这种情感联系正是消费者与企业保持长期关系，继续购买企业的产品和服务，并向他人大力推荐企业的产品和服务的真正原因。与企业缺乏情感联系的消费者，不是企业真正的忠诚者。但是，出于种种原因，喜欢某个企业的消费者不一定就会购买这个企业的产品和服务，他们可能只是潜在的忠诚者。

3. 认知性忠诚度

早在 1980 年，美国学者李和泽斯就指出，除行为成分和情感成分之外，消费者忠诚度还应包含认知成分。具有认知性忠诚度的消费者在购买决策过程中首先会想到和选择本企业产品和服务，并能承受产品和服务价格的轻微上浮。与竞争企业相比，在认知方面忠诚的消费者更偏爱本企业，但同时他们也非常关心自己能够获得的利益，产品和服务的质量和价格，追求价廉物美，不太考虑品牌因素。

4. 意向性忠诚度

消费者的意向性忠诚度，既包含消费者与企业保持关系的意愿，也包含消费者追寻自己偏好品牌的动机。与消费者目前的态度和行为相比，意向性忠诚度更能预示消费者将来的行为。但是，出于种种原因，消费者的购买意向并不一定会转变为消费者的实际购买行为。因此，消费者的意向性忠诚度并不等于消费者真正的忠诚度。

综上所述，只有在认知、情感、意向和行为四个方面都对企业忠诚的消费者才是企业真正的忠诚者。根据消费者态度理论，在消费者态度形成过程中，消费者首先会收集产品和服务的信息（认知），然后对这些零碎而复杂的信息重新进行整理加工，对产品和服务做出肯定或否定的综合评估（情感评估），并在这一综合评估的基础上产生某种行为意向。行为意向作为态度的一个组成成分，可能会转化为实际行为，也可能不转化为实际行为。但大多数学者的实证研究结果都表明，消费者的购买意向对消费者的实际购买行为有显著影响。所以，奥立弗指出，消费者忠诚度的形成过程是先产生认知性忠诚度，其次是情感性忠诚度，再次是意向性忠诚度，最后是行为性忠诚度。韩小芸（2003）对酒店和民航公司进行的实证研究的结果均表明奥立弗的推理是正确的。

三、旅游消费者忠诚度的影响因素

目前，学者们一般认为旅游消费者忠诚度的影响因素主要包括游客满意度、服务质量、游客感知价值、游客出游动机以及旅游目的地形象等，但学者们在这些影响因素对游客忠诚度的影响机理和影响程度方面尚未达成一致。

1. 旅游者满意度

满意度在旅游消费者行为领域被普遍认为是直接影响旅游者忠诚度的最主要因素。另外游客满意度对游客忠诚度的影响作用主要体现在态度方面，法伊奥和凯劳德提出，受寻求改变和某些情景因素的影响，游客满意与重游旅游目的地之间的联系较一般服务项目更加薄弱，但游客满意可以促使其积极地推荐该旅游目的地，这一观点得到了与旅游者忠诚度相关的实证研究的证实。

2. 服务质量和感知价值

很多学者认为服务质量和感知价值是影响旅游者忠诚度的重要因素，其中，大部分学者认为服务质量是通过一些中介变量（如游客满意度、感知平等、活动参与、感知价值等）对旅游者忠诚度发挥间接影响，大多数研究也证实了感知价值不仅对旅游者忠诚度具有直接影响，还通过满意度的中介作用对旅游者忠诚度起到间接影响的效果。

3. 目的地形象

目的地形象是影响游客满意的关键因素，建立和提高目的地形象有助于培养旅游者忠诚度，是旅游目的地成功发展的关键。比格内的研究发现旅游目的地的形象对知觉感受、满意度、重游意愿、口口推荐和重购意愿有正向的影响。目的地形象对旅游者态度和行为有直接和间接的作用，并影响游客的满意度和忠诚度。

4. 旅游动机

国内外关于旅游动机、游客满意度及忠诚度的研究较多，但是关于旅游动机与游客满意度的关系以及它们对忠诚度的影响的研究较少。国内外研究表明，动机、满意度和忠诚度相互影响，旅游动机影响满意度进而影响忠诚度。

郭安禧和黄福才（2013）以厦门市为案例地，利用结构方程模型实证研究旅游动机、旅游者满意、旅游者信任与重游意向的关系。研究显示：①虽然娱乐动机、声望动机、休闲动机、文化动机对重游意向均无显著直接影响，但是休闲动机和文化动机会通过旅游者满意、旅游者信任的中介传导对重游意向产生间接影响，即部分旅游动机对游客满意度有直接影响。②旅游者信任不仅对重游意向有显著影响，而且在旅游者满意与重游意向之间起着部分中介作用。

5. 其他因素

此外，影响旅游消费者忠诚度的因素还有社会人口统计特征、过去的旅游经历、旅游行为特征、地方依恋、期望、旅游产品、目的地选择偏好、活动参与、感知限制因素、对重游的态度、感知吸引力等。

四、忠诚度对旅游消费者行为的影响

旅游者忠诚度对旅游消费者行为的影响主要体现在重游者与初游者、重购者与初购者在消费行为方面的差异，这种差异的存在充分说明了旅游者忠诚度对于旅游目的地或旅游企业来说具有重要的意义。重游者与初游者，重购者与初购者在消费行为方面的差异主要表现在以下三个方面。

1. 旅游消费者的购买决策行为

重游者或重购者在进行购买决策时，其过去的旅游经历往往会影响其知觉，从而使该旅游目的地或旅游产品成为其选择域的主要部分；同时，重游者或重购者也会尽可能地利用过去旅游时获得的信息，来做出更明智的决策，而降低购买成本和决策成本。

2. 旅游消费者在旅游目的地的活动

与初游者相比，重游者一般在旅游目的地的停留时间更长，游览范围更大，参与程度和对当地文化的体验更为深入。但关于重游行为对旅游活动支出的影响，学者们的观点存在分歧。一些学者认为，与初游者相比，重游者在旅游目的地活动中的支出会减少，而另一些学者的研究结论却是截然相反的。

3. 旅游消费者对旅游产品的使用

与初购者相比，重购者往往在旅游产品的使用上，可以获得更好的旅游体验，如对于酒店的忠诚客户，酒店往往为他们提供更好的服务，如免费升级房型、提供免费 SPA 等服务，让每一位忠诚客户拥有与众不同的个性化体验。

五、旅游消费者忠诚度的管理策略

1. 提高旅游产品的独特性

通过增加旅游活动内容或者加强旅游产品创新来提高旅游地旅游产品的独特性，以降低周边其他相同类型旅游目的地对其替代性的影响。

2. 加大宣传力度，提高服务质量

通过大量的正面宣传，改变旅游消费者的情感及态度，此时，旅游消费者虽然不会立即前去旅游，但对目的地会产生好感，从而在情感和态度上产生依赖。

3. 加强与旅游消费者的沟通及交流

了解旅游消费者的真实需求，旅游消费者是为了回归自然，还是追求一种新的生活体验，是求新求异，还是求知、求美、求乐，努力创造旅游消费者需要的旅游产品。

4. 增强服务意识，不断完善与提高服务质量

只有当旅游企业提供的服务超出旅游消费者的期望值时，才能为游客忠诚度的培养打下良好的基础，以获得持久的竞争力。

5. 培养员工忠诚度，营造积极个性化的服务环境

员工是旅游企业的内部客户，加强企业的内部营销和企业服务文化的建设很有必要，这可以促进员工对企业的满意和忠诚，使服务得以顺利传递。在内部营销中，管理人员是服务的最终提供者，应采取各种方法提高员工的积极性。同时，在服务过程管理中，给予员工解决问题的权利和方法，使员工在提供服务的过程中及时、有效地为旅游消费者解决不同的问题，让员工在提供标准化服务的同时，也可以创造出个性化或针对性的服务。

第三节　旅游消费者的投诉

旅游投诉是由最开始的抱怨转化为投诉，再到消费者诉讼的过程，是指旅游者、海外旅行商、国内旅游经营者为维护自身和他人的旅游合法权益，对损害其合法权益的旅游者和有关服务单位，以书面或口头形式向旅游行政管理部门提出投诉，请求处理的行为。

一、旅游抱怨

1. 旅游抱怨的定义

旅游抱怨为旅游者在体验旅游目的地或旅游产品的过程中，由不满情绪所引起的多重行为反应。造成旅游者不满的原因有很多，如产品质量差、服务态度恶劣等。

2. 旅游消费者抱怨的行为反应

失望的旅游消费者感到不满意，可能不采取任何行动，也可能采取行动，采取行动部分可以分为公开抱怨和私下抱怨，如图 12-5 所示。

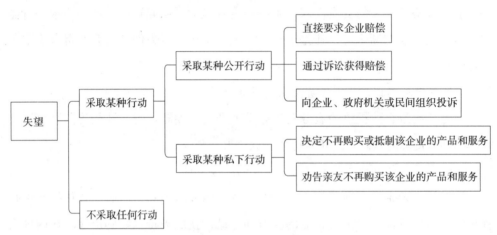

图 12-5   失望的消费者可能采取的行动

1）不采取任何外显的行动

在不满的情况下，旅游消费者之所以采取忍让、克制的态度，主要原因是他认为采取抱怨行动需要花费时间、精力，所得的结果往往不足以补偿其付出。很多旅游消费者在不愉快的消费经历后，不采取任何行动，大多是觉得"投诉无门"或"投诉也无济于事"。虽然如此，消费者对旅游企业或相关管理部门的印象与态度显然发生了变化。换句话说，不采取行动并不意味着旅游消费者对企业行为方式表示默许。

2）采取行动

（1）公开抱怨。旅游消费者可能会：①直接向旅游企业索赔，要求补偿或补救，如写信、打电话或直接找相关负责人进行交涉，要求解决问题。②要求第三方予以谴责或干预。例如，对有关旅游企业提起法律诉讼，要求赔偿；向地方新闻媒体写投诉信，诉说自己的不愉快经历；要求政府行政机构、消费者协会出面干预，以维护自己的权益。

（2）私下抱怨。私下抱怨是指沉默抵制或负面宣传进行抱怨，旅游消费者可能：①决定再也不同该旅行社、饭店打交道。②将自己不好的体验告诉熟人，告诫朋友和家人光顾该旅游企业是不明智之举。

3. 旅游消费者抱怨的原因

（1）旅游消费者对旅游目的地或旅游产品的期望值过高。旅游消费者的期望在对旅游目的地或旅游产品的判断中起着关键性的作用。旅游者将他们所要的或期望的东西与他们的旅游经历或购买的旅游产品进行对比，以此评价旅游目的地选择或旅游产品购买的价值。

一般情况下，当旅游消费者的期望值越大时，选择旅游目的地或购买旅游产品的欲望相对就越大。但是当旅游消费者的期望值过高时，就会使得旅游消费者的满意度越小，旅游消费者的期望值越低时，旅游消费者的满意度相对就越大。

（2）旅游产品的质量问题。旅游产品本身存在问题，如质量没有达到规定的标准，旅游产品价格过高，旅游时强制消费或旅游商品同质化严重，服务态度差等。

（3）旅游过程中与旅游者相关群体行为的影响。旅游过程中的相关群体包括其他旅游者、当地居民以及旅游服务人员。旅游企业通过企业员工为旅游消费者提供产品和服务，员工缺乏正确的销售技巧和工作态度都将导致旅游消费者的不满，主要表现在：①服务态度差，不尊敬旅游消费者，对旅游消费者的询问不理会或回答出言不逊，语言不当，用词不准，或有不当的身体语言，如对旅游消费者表示不屑的眼神、无所谓的手势、面部表情僵硬等。②缺乏正确的推销方式，对客户的提问或要求表示不情愿回答，不够主动，对旅游消费者爱答不理，独自忙于自己的事情，言语冷淡，语气不耐烦等。③缺少专业知识，无法回答旅游消费者的提问或者答非所问，让旅游消费者等待时间过长。④过度推销，过分夸大旅游产品的好处，引诱旅游消费者购买，或有意设立圈套让旅游消费者中计，强制旅游消费者购买。⑤服务人员环境的公共卫生状况不佳、安全管理不当等。

（4）旅游消费者自身的原因。消费者的文化程度、个性特点、投诉时间等也会影响他们的决策。一般来说，年轻人、受教育程度较高和收入水平较高的旅游消费者更倾向于采取投诉行动。这也许是因为拥有足够的投诉所需时间以及拥有与有关方面接洽的能力。消费者必须能够准确地表达自己的意思，懂得如何与企业或政府机构交涉，让有关方面听取自己的意见与申诉，才能有效地达到自己的目的。

二、旅游投诉

1. 旅游投诉的定义

这里的旅游投诉，不是法律意义上的旅游投诉，而是一般意义的旅游投诉，特指旅游者为维护自身和他人的合法权益，对损害其合法权益的旅游经营者和有关服务单位，以书面或口头形式向有关经营、服务单位及旅游行政管理部门提出意见和要求，并请求处理的行为。投诉者仅指旅游者，投诉处理部门除旅游行政管理部门外，还包括有关经营、服务单位。

2. 旅游投诉心理

旅游投诉心理是指旅游者对即将进行或已经进行的旅游投诉的心理反应。从心理要素的角度看，包括对旅游投诉的知觉、需要、动机、态度等；从心理内容的角度看，包括对被投诉者、投诉处理部门、投诉过程的心理反应。

3. 旅游投诉动机

（1）寻求保护。旅游者敢于并勇于拿起法律的武器进行旅游投诉，从根本上而言，主要出自于旅游者寻求法律保护的心理需要。

（2）寻求尊重。旅游者因为没有受到尊重，他们希望通过投诉或上诉的方式，求得尊重，获得同情。

（3）寻求发泄。旅游者一旦遇到心理挫折，会愤愤不平，心情抑郁。他们希望通过投诉，使自己的不满和抑郁情绪得到发泄，以便让自己久已沉重的心情有所缓解。

（4）寻求补偿。旅游者在旅游过程中，因旅游经营单位的过错或过失造成了一定的经济损失，希望通过投诉，获得经济上和精神上的补偿。

4. 正确对待客人的旅游投诉

（1）热情接待。无论是电话投诉，还是上门投诉，被投诉单位都应该热情接待。

（2）耐心倾听。旅游投诉者大多性格外向、性情急躁，对此投诉接待人员应该予以理解，耐心而又认真地倾听。

（3）保持冷静。在旅游投诉的接待中，旅游投诉接待人员应该自始至终抱着冷静和沉着的态度，做一个"忠实"的听众。

（4）诚恳道歉。被投诉者的领导和上级主管部门，应该主动并诚恳地向客户道歉，并对客户表示感谢。

（5）恰当处理。不管什么时候对旅游者投诉做出处理，都要以恰当为原则。

（6）改进工作。被投诉对象应该清醒地认识到自己工作中存在的问题和不足，不断加以改进。

三、旅游诉讼

1. 旅游诉讼的定义

旅游诉讼是指人民法院接受旅游纠纷当事人一方的请求，依据国家法院、法规、政策以及旅游合同的规定，按照司法程序，对旅游纠纷案件进行审判处理的活动。它既是旅游合同当事人请求人民法院给予法律保护的行为，又是人民法院依法行使审判权，代表国家解决旅游纠纷的一种法律手段。

2. 旅游诉讼心理

旅游诉讼心理这个概念，目前也未见明确定义，本章的旅游诉讼心理是指旅游者对即将进行或已经进行的旅游诉讼的心理反应。从心理要素的角度看，包括对旅游诉讼的知觉、需要、动机、态度等；从心理内容的角度看，包括对被告、诉讼处理部门、诉讼过程的心理反应。

3. 旅游者选择诉讼寻求自我保护

（1）寻求公平公正。老实说，旅游投诉很难做到公平公正。法院就有所不同，国家审判权由人民法院统一行使，人民法院在审理旅游纠纷案件时，坚持以事实为根据、法律为准绳，任何机关、组织和个人都无权干涉。旅游者为了公平、公正地捍卫自己的权益，维护自己人格的尊严，宁愿选择拿起法律的武器，对簿公堂。

（2）为了方便高效。有些旅游经营单位，对于旅游者的投诉不以为然，层层相护，敷衍了事。上法院诉讼就不同，不仅手续简便，而且诉讼处理时效明确，无需左顾右盼、无休无止地等待。为了方便、高效地解决旅游纠纷，旅游者可选择诉讼途径。

4. 旅游诉讼处理的一般原则

（1）坚持以事实为根据，以法律为准绳。这是我国法制工作必须遵循的基本原则。在处理旅游诉讼中坚持这一基本原则，为公正、公平地解决旅游纠纷打下了基础。

（2）坚持独立审判。国家的审判权由人民法院统一行使，人民法院在审理旅游纠纷案件时，只服从法律，任何机关、组织和个人均不得干涉。

（3）坚持公民在适用法律上一律平等。诉讼双方在诉讼中的权利和法律地位是平等的，因此，在解决旅游纠纷适用的法律上，也必须是平等的。

（4）先行调解。旅游纠纷当事人之间没有根本的利害冲突，采用调解的方式有利于旅游纠纷的解决。但是调解又是以判决为后盾的。

（5）坚持充分辩论。让当事人从事实和法律上充分为自己辩护，或者委托律师、公民代为辩护，有利于审判机关全面了解案情，做出公正的判决。

【本章小结】

本章主要探讨了旅游消费者满意度、忠诚度和投诉三者对旅游行为的影响。通过学习使学生掌握旅游消费者购后行为的影响因素、旅游消费者满意度的理论模型、满意度对于旅游费者行为的影响，熟悉旅游消费者忠诚度概念、旅游消费者忠诚度的影响因素、忠诚度对旅游消费者行为的影响以及管理策略，了解旅游抱怨、投诉及诉讼心理，并从旅游从业人员的角度掌握相应的解决对策。

【复习思考题】

1. 简述旅游消费者满意度对旅游消费者行为的影响。

2. 简述旅游消费者忠诚度的内涵和测量。

3. 简述旅游消费者忠诚度对旅游行为的影响。

4. 分析旅游消费者满意度与忠诚度的关系。

5. 简述旅游消费者抱怨、投诉产生的原因。

 【即测即练】　　　　　　　　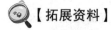 【拓展资料】

第十三章　服务与旅游消费者行为

【学习目标】

1. 了解服务及旅游服务的内涵和相关岗位服务与旅游消费者行为的关系。

2. 熟悉服务是一种特殊的人际交往及客我关系与客我交往。

3. 掌握旅游人际交往中双胜原则的应用及交往的艺术与方法。

【能力目标】

1. 了解相关岗位服务与旅游消费者行为的关系，提高在实践中的对客服务能力。

2. 熟悉服务是客我交往的理论界定，把握客我交往中的角色定位与应用。

3. 掌握旅游人际交往的原则与艺术，能熟练运用相关知识解决工作中的交往问题。

【思政目标】

1. 了解服务相关理论知识，在工作中培养正确的服务意识与职业素养。

2. 熟悉服务与人际交往的关系，培育胸怀宽广、积极乐观的服务交往能力。

3. 掌握人际交往的原则与方法，展现新时代大学生高水平的人际交往艺术。

🔍【思维导图】

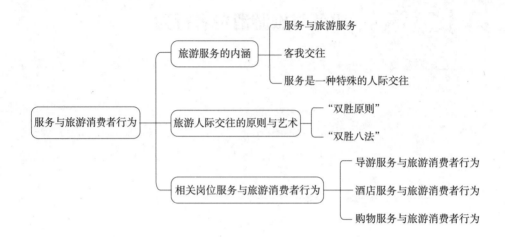

🔍【导入案例】

感情是基础，业务是回报

旅游学院的教师每年都自发带着家人一起旅游度假，同时结合专业考察各地。通过多年来的旅游专业人才培养，已经有很多学生在旅行社工作。老师们就在与多名同学洽谈的基础上选定一家。谁能为老师做好服务且能赢得这个40多人的团队？这取决于旅行社的产品和同学们如何进行洽谈：

毕业生李家敏，在旅行社做批发商代理销售，手拿多家旅行社的报价，一再强调自己的定价最低。当问及详细的服务标准时，没能做出明确回答。老师们难免对她的服务产生疑虑。

实习生董佳鑫显然是生手，对细节不甚了了，但是总能按老师们的要求一次又一次地准备资料。以其诚恳、热情打动了老师。但问及各地的食住行游购娱及导游安排时，却无法明确回答。

已经在旅行社工作两年的陈尚，不仅胸怀感恩而且业务熟练——无论是活动内容、还是价格，就连到每一个城市住在哪里、导游是谁、每餐吃什么都帮着老师安排得非常到位。最后，陈尚的天美旅行社承办了该业务。

问题：

1. 旅游服务具体都包括哪些方面？

2. 你认为一个好的服务通常可以带给消费者哪些感受？

第一节　旅游服务的内涵

一、服务与旅游服务

1. 服务

服务是帮助、是照顾，是由服务人员与客户构成的一种活动，活动的主体是服务人员，客体是客户。服务是通过人际关系而实现的，没有服务人员与客户之间的交往就无所谓服务了。服务是一种态度，是一种想把事情做得更好的欲望，时时站在客人的立场，设身处地为客人着想，及时去了解与提供客人之所需。服务是一项一方向另一方提供本质无形的物权转变的活动。服务的产生，可与某一实体产品有关，也可能无关。总的来说，服务是一定的空间或时间里为宾客提供一切物质、精神、生活等方面需要的总和。

狭义的服务是指为客人解决实际的或具体的问题。广义的服务不仅包括为客人解决实际的或具体的问题而且包括满足客人心理上的需要。

2. 旅游服务

旅游服务的基本含义是以直接的劳动形式，即活动本身，去满足旅游者某种享受需求，它是旅游业最重要的产品。旅游服务不同于一般服务，它是有形的物质与无形的服务行为的综合。一般来说，旅游服务是服务人员通过各种设备、设施、方法、手段、途径和"热情好客"的种种表现形式，在为旅游者提供能够满足其生理和心理需要过程中，创造一种和谐的气氛，产生一种精神的心理效应，从而触动游客的感情，唤起游客心理上的共鸣，使游客在接受服务的过程中感到惬意、愉快，进而乐于交流和消费的一种活动。

3. 旅游服务的范畴

（1）纵向过程。最初可以从潜在游客开始，体现在为其提供旅游去向或旅游设施的咨询和广告信息方面；当客户做出要旅游的决定之后，体现在为游客筹划办理签证、购买机票和车票、办理包价、订房、准备有关资料等事宜上；随之便是体现在实际的旅游消费和享受等方面；最后体现在离别服务上，直到旅游者返回到自己的家中。具体包括提供旅游信息产品、决策筹划事宜、实际消费和享受等方面。

（2）横向领域。旅游服务主要包括旅游饭店服务、餐饮服务、导游服务、交通服务、娱乐服务、购物服务。在旅游产品商品化条件下，旅游者在整个游程中，在食、住、行、游、购、娱的消费过程中，游览是中心环节，是旅游活动的最主要内容；食、住、行、购、娱五个环节是围绕游览活动展开的。这六个环节是紧密联系的，无论哪个环节出现意外情况，就会发生一系列的连锁反应。因此，旅游部门必须推动旅行社和旅游企业要在民航、铁路、公路、酒店、餐馆、景点、车船队、商店、娱乐场所等方面做好组织工作，开展优质服务，使游客游得尽兴、吃得有味、住得安适、购得称心、行得安全、娱得开心，使他们乘兴而来、满意而归。

二、客我交往

服务工作是与人打交道的工作。要做好服务工作，就必须研究与人打交道的学问。了解客我交往的特性、主客双方的心理特点，并对交往结果进行科学分析，才能确保客我交往获得"双胜"的良好结局。要实现优质服务，就要在为客人解决种种实际问题的同时，还能让客人得到心理上的满足；即使不能完全按照客人的要求解决他们的实际问题，也要在客我交往中让客人得到心理上的满足。

1. 客我关系

客我关系是指各种社会服务人员与各种客人之间的人际关系。旅游活动中接待一方与被接待一方，即旅游服务人员与旅游者之间所形成的服务与被服务的关系，就是一种客我关系，属于工作关系的范畴。在旅游活动过程中，旅游者扮演的是客人角色，旅游工作者扮演的是服务员的角色，旅游者和旅游服务人员是两种不同的社会角色，他们具有不同的权利和义务。旅游服务的行业特性客观上决定了旅游服务交往中客我之间实际上存在着"不平等"，这是角色关系的"不平等"。作为服务人员这一角色，必须恭恭敬敬为人服务，对客人尊重，以礼相待。这是社会角色和行业特性决定的，是合理的、必要的。就客我双方的主体而言，旅游服务人员和旅游者在人格和法律上是平等的，双方在交往中应互相尊重。

从客我之间的关系可以看出，服务人员承担着处理和调节客我关系的重大责任。在旅游服务过程中，服务人员应该具有明确的角色意识，即在与客人的交往中自始至终都要清楚地意识到彼此所扮演的角色，言行举止要与扮演的角色相符。客方是有情有义、有喜有怒、有个性的人，是花钱购买旅游服务这种特殊商品的客人。社会角色决定以客人为中心，服务人员应该为他们提供优良的服务。旅游服务人员应通过自己的行为和角色规范来赢得客人的尊重，离开特定的角色关系来强调所谓的平等，是不合情理的。

因此，客我关系应界定为：旅游人际交往既是人与人的交往，又是角色与角色的交往；人是有个性的，而角色是非个性的，要学会进入角色和退出角色；人与人是平等的，而角色与角色不可能总是平起平坐的，人与人的平等是通过相互尊重和角色转换实现的。

2. 客我交往

客我交往是社会服务人员与客人之间为沟通思想、交流感情、表达意愿、解决共同关心的问题而相互施加影响的过程。旅游者与旅游服务人员之间的客我交往是旅游服务的先决条件和存在方式，即没有客我交往也就不可能有旅游服务。

1）客我交往的形式

客我交往的形式分为直接交往和间接交往两种。直接交往可以理解为运用人类自然交际手段（语言、面部表情、身体语言）所形成的面对面的心理接触。间接交往是借助于书面语言、大众传媒或通信技术手段所形成的心理接触。直接交往的优点是反馈迅速而清晰，而间接交往的反馈则比较困难。旅游服务中两种交往形式同时存在，并以直接交往为主，它也是影响服务效果的主要因素。

2）客我交往的特殊性

在旅游服务行业中，旅游服务人员与游客的关系本应是对等的，但由于旅游服务人员所处的特定角色，以及游客所处的特定地位，在客我双方的交往中却又是迥然不同的，具有一系列的特点：个人关系是短暂的；双方都立足于眼前的满足；接触的双方是不对称的。由于以上特点，决定了旅游服务与一般服务有所不同，其特殊性主要表现为以下几种。

（1）不稳定性。旅游服务是人对人的活动，它与一般"商品"截然不同，具有不稳定的特性。例如，人们购买获得好评的食品，结果发现名不副实；入住备受称赞或知名度高的酒店，结果发现服务不佳。这两种情况是性质不同的，前者是食品（商品）相同，评价各异；而后者服务是否相同则是个大问题。如果是做法相同，评价似乎也有个人的差异。纵然采用相同的做法，但如果客人有差异，如客人的社会地位、经济利益、文化背景、喜怒哀乐情绪变化等不同，那服务也就可能成为不同的事物了。因此在旅游服务中很难形成"人投我以桃，我定报之以李"的互利关系，但却容易出现"1+1=0"这种特殊现象，即一般的游客接受服务人员的一般服务，其结果是没有冲突，也没有美好的回忆。

（2）个体与群体的兼顾性。一般情况下，旅游服务人员接待的是一些个性心理相异、具有不同消费动机和消费行为的游客，因此，在交往中依据个体游客的个性消费特征向他们提供服务，就成为交往的主要方面。旅游活动的复杂与特殊现象，使得同一阶层、同一文化、同一经济条件、同一职业的人聚在一起组成同质旅游团，在消费过程中便出现从众、模仿、暗示、对比、感染等群体消费特征。因此，旅游业服务人员在与游客交往中必须注意对个体与群体的兼顾。

（3）有利性。旅游服务人员同游客的交往不同于与一般人的交往，因为绝大部分游客的消费动机是十分明确的。例如，游客需要住宿、就餐、乘交通工具、打电话、游览古迹与风光等。又如，游客的年龄、性别、职业、国籍、民族等情况，也能为服务人员与游客更好地交往提供重要的参考资料和有利条件。

（4）主观性。一方面，由于旅游服务人员和游客心理上的差异，往往在一些问题上出现不一致的情况，如何处理这些问题，交往主体常常根据自己的经验和已掌握的资料进行主观假设，这就容易违背客观实践性原则。另一方面，在分析一些问题时又可能掺入一些非真实性的东西，这也会影响交往的效果。

三、服务是一种特殊的人际交往

从心理学角度，可以把服务看作是一种特殊的人际交往活动。服务人员应主动加强与客人的交往，加深对客人的了解，采取个性化服务。服务员在与客人的交往中，必须坚持"客人第一""客人永远是对的"的原则。通过与客人的交往，创造出亲切、舒适的环境，加强与客人的情感交流，提高客人的满意度。这都要求服务员具备一定的人际交往能力。

1. 人际交往的双重性

人际交往既有"功能方面"也有"心理方面"。

（1）功能方面。把事情办成功或者使问题得到解决。

（2）心理方面。得到他人对自己的关心、理解和尊重。

服务作为一种特殊的人际交往，也必然具有"功能方面"和"心理方面"的两种作用。

2. 旅游服务的双重性

（1）旅游服务中的功能服务。帮助客人解决吃住行游购娱等方面的种种实际问题，使客人享受安全、方便和舒适的服务。

（2）旅游服务中的心理服务。能让客人获得心理上的满足，就是让其在消费过程中获得轻松愉快的"经历"，在人际交往中增加客人的亲切感和自豪感。

3. 为客人提供心理服务的方法

（1）亲切感。让客人觉得你和蔼可亲，使客人获得更多的亲切感。

（2）自豪感。让客人对自己更加满意，使客人获得更多的自豪感。

第二节　旅游人际交往的原则与艺术

旅游业属于"高接触"的行业，旅游服务工作本质上是"与人打交道"的工作，是通过人际交往实现的。旅游服务中主要的人际交往是客我交往，它是旅游服务的先决条件和存在方式。本节将在学习旅游服务是一种特殊的人际交往的理论基础上，着重探讨旅游服务中的客我交往遵循的原则与客我交往的艺术。

一、"双胜原则"

1. 人与人交往的四种不同结局

第一种是"我胜你败"——我得意，你受气。

第二种是"你胜我败"——你得意，我受气。

第三种是"两败俱伤"——我受气，你受气。

第四种是"双胜无败"——我满意，你满意。

显然，只有"双胜无败"才是最好的结局，旅游工作者在与客人和合作者的交往中以"双胜无败"为目标，就是要使彼此的交往有一个"双方都是胜利者"的结局，一个"只有胜利者，没有失败者"的结局。

1）交往中，为什么要让双方都成为胜利者？

从根本上来说，这是因为每个人都希望自己成为生活中的胜利者，而且我们认为人与人应该是平等的，每个人都应该有获得成功和幸福的权力。

成功和幸福是用不同的标准来衡量的。只有成功且幸福的人，才称得上生活中的胜利者，而不只是某一项事业或某一项竞争中的胜利者。有一个简单的道理：如果没有人与你合作，你就不可能获得成功；如果没有人爱你，你就与幸福无缘。同样，如果你总是把别人当作敌人，总是处心积虑地要让别人成为生活中的失败者，那么，别人不会真诚地与你合作，更不会深情地爱你。你也许能够在某一项竞争中获胜，但你不可能真正成为"生活中的胜利者"。正如心理学家霍妮所说：

"一个人不可能既把他人踩在脚下，与此同时又得到他们的爱。"所以，只有在让别人也成为胜利者的过程中，你才能成为真正的胜利者。

2）"双胜原则"与竞争

人与人在竞争中总是会比出"行"与"不行"来，"双胜"并不是要抹杀人与人之间的差别，而是要承认人都各有所短或各有所长。坚持"双胜原则"绝不是否认人与人之间的竞争，而是欢迎有人来与自己竞争的，因为竞争对手的存在能促使人更好地发挥自己的潜在能力。

就我们投身于某一项竞争时所抱的期望而言，是可以以"我胜你败"为目标的；但就我们的社会理想而言，应该以"人人都成为胜利者"为目标，我们希望每个人都能在他所擅长的方面出类拔萃，希望人人都能成为生活中的胜利者。

坚持"双胜原则"就应该建立一种既合作又竞争的人际关系。缺乏竞争精神或者缺乏合作精神都是不可能实现"人人都成为胜利者"的目标的，所以，要达到"双胜"，就必须同时是一个"有竞争精神的合作者"和"有合作精神的竞争者"。在竞争中，不能靠牺牲他人的利益来赢得竞争、获得成功，而应该兼顾双方的利益和尊严。兼顾双方的利益和尊严的原则可以说就是"双胜原则"。

2. 旅游人际交往的双胜原则

它是指旅游工作者让自己与自己服务、推销、谈判和管理的对象都成为胜利者。以双胜为目标，这是旅游工作者在旅游的人际交往中必须坚持的一项基本原则。

人们在评价自己与他人的交往时，很自然地会考虑自己在这种交往中"付出"了什么，又得到了什么。就旅游工作者在工作和日常生活中某一次与人交往的结局来看，我们可以对"双胜"作这样的理解：

（1）双方都得到了想要的东西，这就是"双胜"。

（2）并没有得到想要的一切，但双方都得到了最想要的东西，这也是"双胜"。

（3）即使没得到想要的东西，但只要双方都得到了应该得到的东西，并都觉得合情合理，这也是"双胜"。

（4）"尊重"是旅游工作者、客人和合作者都想得到，也都应该得到的。因此，只要双方都得到了应有的尊重，即使未能解决某些问题，也应该说是有了一个符合"双胜"要求的结局。

这几个要点对于服务、推销、谈判和管理都是适用的。

以"双胜"为目标并不意味着事事都要"平分秋色"。如果人与人之间没有差别，也许就不会有那么多的矛盾了。然而，人与人相比总是会有差别的，"命运"有好有坏，地位有高有低，能力有大有小，思想、言行也各不相同。

当人们作为特定的社会角色进行交往时，以"双胜"为目标可以理解为"让你得到你应该得到的东西，我也得到我应该得到的东西"。至于你应该得到什么，我应该得到什么要由双方所扮演的社会角色来决定。不考虑双方所扮演的社会角色，只强调"你是人，我也是人"是不恰当的，旅游工作者无论是在与客人的交往中，还是在与合作者的交往中，都要清醒地意识到，在这种特定的角色关系中，对方应该得到什么，自己应该得到什么。社会是一座旋转舞台，"双胜"是一种综合平衡。要在与客人和合作者的交往中争取一个双方都"有所得"的结局，旅游工作者必须考虑对方想要得到和应该得到什么，而不能只考虑自己想要得到和应该得到什么；就算在彼此有分歧、有矛盾时，也一定要克制自己，不要让自己"丢脸"。例如，证明自己说的句句都对，对方说的句句都错，或者因为自己"要面子"而死不认错，或者"得理不让人"，完全不顾及别人的脸面都是不符合双胜原则的。

3. 双胜原则与服务

为了实现优质服务，旅游企业提出了"客人总是对的"这样一个口号，要求旅游服务人员无论在客人"对"还是"不对"的情况下，都要把"对"让给客人，这样，客人胜利了，服务人员也因为成功地扮演了自己的社会角色而成了胜利者。但是，以"双胜"为目标并不是不分是非，需要强调的是，不应该把"分清是非"变成"争输赢"。

（1）"客人总是对的"不是对事实的判断。在旅游工作者与客人之间出现是非问题时，不能武断地判定谁是谁非。"客人总是对的"这句话并不是对客我交往中客观存在的事实做出的一种判断，而是对旅游工作者提出的一项要求。这项要求可以粗浅地理解为：即使真的是客人不对，也绝不要说客人"不对"，而要把"对"让给客人。

当然，即使完全是客人的错误，也应该尽量保全客人的面子，帮助客人摆脱窘境。决不能与客人去比高低争胜负，指责客人的错误，显示自己的正确。"客人总是对的"是因为客人总是认为自己是对的。我们的工作是满足客人的需要，而不是批评或者纠正客人的错误。

客人对的时候，我们当然不能说他们"不对"；客人不对的时候，我们也不要说他们"不对"。

（2）"分清是非"不等于"争输赢"。对于客我之间的是非问题，首先要看它是"大是大非"还是"小是小非"。如果是"小是小非"，就不要去和客人计较。对于旅游工作者来说，为了一点小事情去和客人计较，惹得客人不高兴，是得不偿失的。在这种情况下，要把"对"让给客人。如果遇到必须分清的"大是大非"，那就一定要记住："分清是非"并不等于"争输赢"。"分清是非"与"争输赢"的区别在于"分清是非"只是要弄清楚"什么是对的，什么是错的"，"争输赢"则是一定要争一个"谁是对的，谁是错的"。

为了不使"分清是非"变成"争输赢"，我们就要善于既不明确地去说客人"不对"，又在事实上把是非分清。例如，某一项规定是所有的客人都必须遵守的，有一位客人却硬是不肯按规定办事，这当然是不对的。然而，作为旅游工作者，应该做的是想方设法使这位客人也能像其他客人一样按规定办事，而不是想方设法去迫使这位客人"认错"。只要这位客人也能像其他客人一样按规定办事，那就说明"该不该按规定办事"这一"是非"已经分清了，就完全没有必要再去批评他原来不肯按规定办事的"不对"了。当一个人想要改变自己的行为时，"下台阶"的办法是很多的，并不是非要认错不可。如果在事实上已经分清是非，我们还非要对客人说"是你不对，而不是我不对"，定要争个"我对，你不对"的结局，那就是把"分清是非"变成了"争输赢"，这就违背了以"双胜无败"为目标的原则。

"客人总是对的"要求旅游服务人员无论在客人对还是不对的情况下都要把"对"让给客人，客人胜利了，服务人员因为成功地扮演了自己的社会角色，同样也成了胜利者，这就是符合"双胜"的结局。

4. 双胜原则与推销

所谓推销，一般人的理解是把自己的产品卖出去。但是，如果仅仅这样来理解推销，是不可能推销成功的。

事实上，一些不高明的推销员总是从"卖"的角度来考虑问题，他们是"为卖而卖"，想方设法甚至不择手段地去卖出自己所要卖的东西，他们进行推销似乎就是灵巧而顽强地说服客户做他不愿意做的事情、买他不愿意买的产品。其结果不是白费唇舌（自己失败），就是强迫或者诱骗（使对方失败）。这样做即使把东西卖出去了，也只是一次性的成功，从长远来看，失去了信誉，就再也做不成生意了（双方皆败）。

高明的推销员却是从"买"的角度来考虑问题的，他们是"为买而卖"，是去帮助一部分客户买到自己所要买的东西，他们首先要做的事情是选择推销的对象，了解客户的需要，然后以服务的方式进行推销。这样做能够博得客户的好感，为自己所代表的企业赢得信誉，因此他们不仅能赢得现在的生意，而且能赢得以后的生意。客户得到了好处，推销也获得了成功。

从事推销工作的人，在心理素质上需要考虑：①驱力，即追求成功的内在动力。②同感，即设身处地去理解他人的能力。有的推销员是具有"高驱力，低同感"的人，他们往往急于把东西卖出去，却不善于设身处地为客户着想，常常容易强加于人。从长远来看，这种人当不好推销员。有的推销员是具有"低驱力，高同感"的人，他们与客户相处得很好，客户对他们印象也很好，很喜欢他们，甚至能与他们成为朋友，但是他们卖不出去东西，这种人也不是好的推销员。还有一种"低驱力，低同感"的人，这种人根本不必考虑让他成为推销员。只有"高驱力，高同感"的人，才能成为优秀的推销员。具有"高驱力"的人，追求成功的内在动力很强，他们充满自信，对工作满腔热情，善于自我激励，具有钢铁般的意志、撼动人心的勇气、坚忍不拔的毅力和锲而不舍的精神。

要使推销成功而又不强加于人，就需要摸透客户的心思，了解客户喜欢什么、讨厌什么。现代许多高明的推销员也认识到了这一点。鬼谷子说，人之有好也，学而顺之。如果客户喜欢什么，那你就要仿效以迎合他的兴趣。可以采用"跟从式引导"的方法，在推销的过程中要善于试探。开始不要把话说得太绝对，要留有余地，表面上是你跟在他后面，效仿并迎合他，而实际上是你在引导他。

5. 双胜原则与谈判

什么情况下才有可能谈判呢？可以说双方大体上处于平等地位才有可能进行谈判。双方实力相当，谁也不可能对另一方下命令，只能通过谈判来解决问题。

谈判家需要具备两个条件：既有很高的合作精神，又有强烈的竞争意识。一提到谈判，人们就会想到竞争。毫无疑问，谈判中不会没有竞争。但若只有竞争没有合作，那就不会有成功的谈判。在谈判中双方的竞争也许十分激烈，但还是会有可能得到一个"双胜"的结局。所以，我们应该坚持"双胜原则"，兼顾双方的利益，这样才能取得谈判的成功。美国谈判学会会长尼尔伦伯格和英国谈判专家比尔·斯科特在这方面给了我们很好的启示。尼尔伦伯格在《谈判的艺术》中指出："一场成功的谈判，每一方都是胜者。"谈判的目标应该是双方达成协议，而不是一方独得胜利。谈判的双方都必须感到自己有所得。即使其中有一方不得不做出重大牺牲，整个格局也应该是双方各有所得。这就是说，成功的谈判"双方都是胜利者"，而不能"一方独得胜利"。"谈判不是一场棋赛，也不是战争。"尼尔伦伯格强调："应该把谈判看作一项合作的事业。在使别人更加富有、更加幸福和更加放心的同时，你也能使自己的需要得到更多的满足。事实上，这就是一切谈判的理想结果。"

6. 双胜原则与管理

优秀的管理者是"超英雄"，他们不仅自己是"英雄"，而且能够把部下也培养成"英雄"。良好的管理应该是一种严格而富有人情味的管理，即"严"与"爱"相结合的管理。

"严"首先意味着对员工的行为有着严格的要求，就是要求要明确、具有"可操作性"，还意味着对员工的行为有着严肃的评价，即评价要是非清楚、功过分明；另一个含义是对员工的行为有着严明的赏罚，即赏罚要严厉而公正。

"爱"包含着关心、理解和尊重。

"严"与"爱"相结合的管理就是把严格的要求与关心相结合；把严肃的评价与理解相结合；把严明的赏罚与尊重相结合。

（1）要求与关心相结合。旅游企业中的每一个员工所表现出的"职业行为"都是"企业行为"的组成部分，同时又是员工个人生活的组成部分，这里有两个"部分与整体"的关系。

从前一种"部分与整体"的关系出发，管理者应该根据"企业目标"和每个员工所承担的"职业角色"来对每个员工提出要求。要把企业办好，必须使全体员工有一个共同的目标，人人都为这个目标的实现而奋斗。但这并不意味着共同奋斗的员工必须有同样的动力。目标相同，动力可以有所不同，或者说，每一个员工希望得到的东西可以有所不同。所以，企业的管理者绝不能把员工仅仅当作"达到企业目标的工具"来对待，而必须真正地把员工当作"人"来关心。企业的管理者必须充分考虑到后一种"部分与整体"的关系，对于在企业中承担同一种"职业角色"的员工，在提出同样的要求之外，还可以提出不同的要求，要真正地关心员工。

（2）评价与理解相结合。评价是针对员工的"行为"或"表现"的，而理解是针对员工这个"人"的。理解就是要弄清楚员工为什么会有某种行为表现，同样的行为常常是由不同的环境因素和不同的心理因素造成的。

评价不能代替理解，对员工的偏离行为只有评价而没有理解，是一种缺乏人情味的表现。理解也不能代替评价，理解员工的偏离行为，并不是要以"情有可原"为理由而去改变对偏离行为的评价。

管理者要把员工所采用的行为方式与他所要满足的欲望、所要表达的感情区别开来。一个人所采取的行为方式不恰当并不等于他的欲望和感情是不应该得到满足和表达的。从根本上说，强调评价与理解相结合，就是强调要引导员工选择合理的、正当的方式来满足自己的欲望和表达自己的感情，这就是"因势利导"。

（3）赏罚与尊重相结合。对于那些犯了错误，应该受到惩罚的员工，仍然要关心他们、理解他们、尊重他们。不能在否定一个人的某一错误行为的同时，把他这个"人"也给否定了，也不能因为他受到了惩罚，就不再珍惜他的价值和尊严。要让一个犯了错误的人改过自新，最重要的就是仍然珍惜他的价值和尊严。

严与爱相结合而不是调和，严要严得足够，爱要爱得充分。这样才能做好旅游企业的管理工作。

二、"双胜八法"

旅游工作者要与自己的服务、推销、谈判和管理对象建立良好的人际关系，不仅要坚持正确的交往原则即"双胜原则"，而且要灵活地掌握和运用交往的艺术。"双胜八法"是在人际交往中争取"双胜"结局的八种方法，是旅游工作者要处理好与客人和合作者的关系而应该掌握的交往艺术。"双胜八法"的具体内容是：真诚赞赏法、幽默化解法、积极倾听法、支持性对抗法、敞开心扉法、广义推销法、广义谈判法和分两步反应法，如图 13-1 所示。

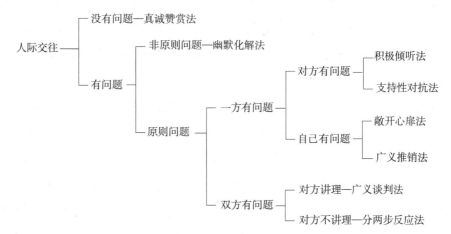

图 13-1 旅游人际交往的双胜八法

1. 真诚赞赏法

赞赏是人们普遍需要的，赢得对方好感的一个最简单的方式就是对他人表示赞赏。美国哲学家牡威认为人类天性中最深刻的冲动就是成为重要的人的欲望。心理学家威廉·詹姆斯说："人类天性的本质就是渴求为人所重视。"卡内基认为："要使别人喜欢自己，就必须说一些好话，不是关于自己的，而是关于对方的。"他说："人类行为有一种绝对重要的定律就是永远使对方感觉重要，一种动人心弦的切实办法就是巧妙地使对方明白，你承认他的重要，并且真诚地赞赏他。"及时的赞赏对于所期待的行为能够起到强化作用。称赞别人具有激励他们发挥潜在能力的神奇力量。一个人的能力在批评中会变得枯萎，而在赞美中会如鲜花般绽放，要让对方感受到赞赏的真诚，最好是针对具体的"事"，而不是笼统地针对"人"来表示赞赏，要表达出对其所作所为的由衷的赞美与感激之情。

真诚的赞赏不等于故意奉承，赞赏和阿谀奉承的区别就在于：赞赏是真诚的，阿谀奉承是虚伪的；赞赏发自内心，阿谀奉承只出自嘴巴；赞赏是奉献给别人的阳光，阿谀奉承是为了要达到自己的私利。所以，赞赏是所有的人都需要的，阿谀奉承却被有识之士所鄙弃。

真诚的赞赏是成功地处理人际关系的一个秘诀，它在给别人带来幸福快乐的同时也会使自己得到幸福快乐。

2. 幽默化解法

用幽默来化解人与人之间的紧张，既是为别人提供心理服务，又是为自己提供心理服务。

幽默不同于讽刺，从心理学的角度来看，幽默与讽刺的作用正好相反：讽刺使人紧张，幽默却使人从紧张中解脱出来。缺乏幽默感的人总是小题大做，弄得彼此关系紧张。幽默往往能够使小事化了，使交往能够轻松、愉快地进行。所以，幽默可以缓和关系，减轻压力，调节情绪，消除紧张、烦恼和忧愁。我们可以用幽默来面对日常生活中的小挫折，拥有幽默态度的人，会把生活中的种种不如意放在恰当的位置上，因此他们能够轻松地面对困难，重新振作精神，摆脱困境。

徐俩先生认为：幽默是一种人生态度，是一种观照和把握世界的眼光、心境和情态，是一种承受和应对悠悠万事、芸芸众生的姿态、方法和力量，幽默绝不是居高临下地嘲笑一切，具有幽默心态的人更注重自嘲自省。幽默虽然也有技巧，但根本上还是心态问题。一个有着弱者或优越者心态的人是不可能具有幽默感的，只有拥有强者心态，积极看待生活的人，才能够真正地富有幽默感。

3. 积极倾听法

古希腊哲学家芝诺提醒人们："为了多听少说，我们才长了两只耳朵，却只长了一张嘴。"莎士比亚也曾说过："将你的耳朵给一个人，而不是你的声音。"对于繁忙的现代人来说，倾听显得尤为重要，它是彼此建立信赖感的关键。

另外，倾听可以获得信息，并且对对方所要传达的信息进行加工整理，准确地理解对方所说的确切含义。倾听也可以让对方说真话，加深了解对方的情绪和想法。倾听还可以化解敌意，让对方把不满表达出来，这样就不会转化为敌意了。

积极倾听就是要表现出对对方所述说的一切的重视。倾听时要冷静，态度要平和，注意力要集中，不能心不在焉。要凝视说话者，用眼神和手势表现出对对方的关注。要有兴趣地听并且听懂对方的总体思想，还要用适当的方式让对方知道你已经听懂了。要理解对方的感受并用言语、表情和动作及时给予反馈，使对方知道你已经理解了他的感受。这样才能与对方产生共鸣，使对方感觉你是他的"知音"。可以用一定的提示帮助对方澄清他的问题，但不要急于向他提供问题的答案，而要善于引导对方自己做出判断。

倾听时应该注意：不要带着自己的期待、目的和预设的结论去选择性地倾听那些和我们自己的想法相符的部分，更不能将自己的情绪掺杂进去，也不要急于发表自己的意见。

4. 支持性对抗法

对抗的只是人所犯的错误，而不是犯错误的人；支持的是犯错误的人，而不是人所犯的错误。就是说，对于犯错误之人，要保护他的自尊心，同时纠正他所犯的错误。"支持"是对那些犯错误的"人"表示尊重，"对抗"是对他们那些"不良行为"或者"不良表现"表示否定。所以，旅游工作者在遇到某个行为失当的客人与合作者时，或旅游企业的领导在管理员工时，应该否定的只是对方所采取的那种不恰当的行为，而不是他这个"人"。

支持性对抗分为明对抗与暗对抗。如果有错之人是管理的对象，应该采用"支持性的明对抗"，要明确指出对方的错误；而对方若是服务的对象，可以采用"支持性的暗对抗"，对其错误不要明说。

对行为失当的人进行"支持性的明对抗"时，首先要用中性的语气告诉他，错在何处，为什么是错的；然后要明确地谴责他的错误，但应该针对"事"而不要针对"人"。必须纠正对方的错误，同时理解其错误背后的需要和感情，保护对方的自尊心。不能因为一个人做了不好的事，犯了错误，就说他不是好人，因为他可以改正错误，可以表现得更好一些，为了帮助他纠正错误，需要进行严厉的批评；为了促使他表现得更好一些，还必须尊重他，必须肯定他仍然是一个好人。如果已经肯定他不是好人，也就不能指望他有什么好的行为了。所以，应该否定他所做的事情，而肯定他这个人，对他这个人仍然抱有希望。

对行为失当的人采用"支持性的暗对抗"时，只要求对方在事实上用正确的行为取代错误的行为，而不要挑明他错在何处，并且要为对方提供一个理由，让他能够体面地改正错误。这时尤其要注意决不能伤害对方的自尊心。

5. 敞开心扉法

人与人之间要建立良好的人际关系就必须互相了解，互相了解是通过沟通来实现的。沟通的艺术包括"听"的艺术和"说"的艺术。敞开心扉法就是一种"说"的艺术。

当两个人进行沟通的时候，彼此可能向对方发送几个信息：说话人想说什么？说话人实际上说了什么？按对方的理解，说话人说的是什么？倾听者想听到什么？倾听者实际上听到了什么？

因此，人们在沟通的时候互相误解的可能性非常大。心理学家罗杰斯认为："人与人之间沟通的最大障碍在于对另一个人或另一群人的言论乱下结论，妄加评论，轻率表态，即表示赞同或反对，而这种倾向却往往是人们生来就有的天性。"在夹杂进了强烈的感情和情绪因素后，这种倾向就更加突出了。因此，感情越激动，双方在交谈中就越难找到共同的语言。

敞开心扉法是一种对人说真话的方法。人们在沟通时必须说真话，向对方敞开自己的心扉，这样才能赢得对方的理解。但是，说真话并不等于"有什么就说什么""心里怎么想的就怎么说"，要搞好人际关系，不仅要愿意说真话，敢于说真话，而且要善于说真话，讲究说真话的艺术。

说真话的时候需要注意：要具体一点，有针对性地说，最好一次只说一件事，就事论事；要切合实际，不要夸大其词。

表达感受时应该用诚恳委婉的措辞，用非情绪化的语言来描述自己的感情。提出希望和要求时要体谅对方，尊重对方。

6. 广义推销法

广义推销可以理解为这样一个过程：把我的问题变成你的问题，把我的主意变成你的主意，就是让你为你自己的利益和尊严来做我让你做的事情。要进行广义推销，就必须为自己的推销对象找到一个能够接受自己意见和主张的理由。把自己的主意变成解决对方问题的答案，其结果是既解决了自己的问题，又解决了对方的问题，达到一个"双胜"的结局。

广义推销法被古人称为"说人之法"。鬼谷子认为学会这种说服别人的办法是十分重要的，可以用它"说人"，可以用它"说家"，可以用它"说国"，可以用它"说天下"。但是，说服别人并不是一件简单的事情，而是十分困难的。《韩非子》中有一篇《说难》，谈到说服别人之难并不是难在我不知道说什么；又不是因为我口才不好，说不清楚；也不是因为我胆小，不敢把想说的都说出来。"凡说之难：在知所说之心，可以吾说当之。"就是我必须了解我的说服对象的心里是怎么想的，然后我所说的这些可以和他心里所想的相适应。通俗地说就是我能不能说到他的心坎上，如果不能，那么即使我说得再有道理，他也可能不会听我的。鬼谷子讲明了其关键原因在于"去其利而不受也"。虽然我说得头头是道，但对方所考虑的是对他有什么好处。如果我没有考虑到对方的利益和尊严，那就是盲目的推销。

运用广义推销法去说服别人的时候，最重要的是什么呢？韩非子有一个说法："凡说之务，在知饰所说之所矜而灭其所耻。"在进行广义推销的时候，我们应该尽可能去美化那些对于要说服的对象而言是值得他骄傲的事情，而千万不能去触及那些对于他而言是引以为耻的事情。鬼谷子的说法是："人之有恶也，避而讳之。"在说服别人的时候，要注意尽量回避、忌讳提那些别人讨厌的事情。我国古代哲人的这些思想与现代美国人际关系培训专家戴尔·卡内基对广义推销的论述有异曲同工之妙。卡内基总结出的影响别人并使别人认同你的规则包括"把自己的意愿变成对方的""尽力从对方的观点去考虑""同情对方的意念及欲望"等。

7. 广义谈判法

广义谈判法就是通过商量和讨论来解决问题。尼尔伦伯格认为："只要人们是为了改变相互关系而交换观点，或为了取得一致而磋商协议，他们就是在进行谈判。"广义谈判法需要注意以下几点。

（1）要明确需要解决的实质性问题，把谈判双方的关系问题和需要解决的实质性问题区分开来。要直接处理人的问题，不要试图用实质性问题的让步来解决人的问题。也不要回避双方的情绪，要坦然地向对方表明自己的感觉，这样可以使谈判中的"针锋相对"得到缓解而增加建设性的积极态度。在摆脱了"潜藏的"情绪压力之后，双方就容易着手解决真正的问题。

（2）根据双方的利益去构思方案。重要的不是方案，而是利益。不要把双方提出的方案拿来折中，而应该进行深入的交谈，探讨出双方方案背后隐藏着的利益。

要构思尽可能多的备选方案，在构思的过程中对于对方提出的方案不妄加评论，在构思结束以前也不轻易否定对方提出的方案。按照公认准则筛选方案，达成协议。可以先制定对方案进行取舍的公认准则，再根据公认准则在备选方案中筛选出一个双方都能够接受的方案。只有双方都能够平等待人、互相尊重，才能使谈判顺利进行。

8.分两步反应法

如果旅游工作者遇到了"不讲理"的客人或合作者，应该认识到：你并不是遇到了一个不讲理的"人"，而是遇到了他的某个不讲理的"自我"。

应该说，每一个人都是既"讲理"又"不讲理"的，因为每一个人都有一个"讲理"的"自我"，和两个常常"不讲理"的"自我"。当一个人表现出他威严的"家长自我"时，他只希望别人能够尊敬他、服从他，而不希望别人与他"讲理"；或者当一个人表现出他任性的"儿童自我"时，他也只希望别人能够迁就他、纵容他，而不可能与别人"讲理"。只有当一个人表现出他的通情达理的"成人自我"时，他才能与别人一起通过商量和讨论来解决问题。

所以，如果旅游工作者要与客人去"讲理"，那么你只能与这个客人的"成人自我"去"讲理"，而不能与他的"家长自我"或"儿童自我"去"讲理"。

为了诱导出客人的"成人自我"，旅游服务人员必须先沉住气，巧妙地去应付对方的那个盛气凌人的"家长自我"或胡搅蛮缠的"儿童自我"。我们应该相信：我们可以让客人的"成人自我"愿意接受他的"家长自我"所不愿意接受的意见和主张，前提条件是我们必须尊重而不是去顶撞他的"家长自我"；我们也可以让客人的"成人自我"愿意去做他的"儿童自我"所不愿意去做的事情，前提条件是我们必须体谅而不是去责备他的"儿童自我"。

所以，面对客人"家长自我"的"压"，我们不能"屈从"也不宜"顶撞"；面对客人"儿童自我"的"闹"，我们不能"迁就"也不宜"压制"，这就处在了两难的境地。遇到这种情况，可以采用分两步反应法。一步行不通，就分两步来解决问题。

分两步反应法可以概括为"先接受下来再说"，分两步做出反应：第一步，针对客人的"家长自我"或"儿童自我"，把那些"不能接受的"以某种形式"先接受下来"；第二步，"有什么要说的"，等请出客人的"成人自我"以后"再说"。

如果对方自以为是，盛气凌人，表现得像一个"不讲理的严父"，为了让他威严的"家长自我"获得一点满足，第一步我们可以先扮演一个"乖孩子"，用灵活的方式把对方无理的意见和主张"先接受下来"，然后转入第二步，即"再说"。这是针对"家长自我"的"接受"，这种"接受"可以是明确的、全盘的接受，也可以是部分的、有所保留或者含糊的接受，还可以是有前提条件的接受。

如果对方表现得像一个"不懂事的孩子"，为了让他任性的"儿童自我"多少获得一点满足，我们第一步可以先扮演"好妈妈"，以慈母之心来理解和接受对方的感情。等对方态度缓和了，再转入第二步"再说"，使交往以"成人对成人"的方式继续进行。

针对威严的"家长自我"或任性的"儿童自我"的"接受"只是分两步反应法的第一步，第二步是"再说"。"再说"也有两种方法：平行陈述法和请教式提问法。

"平行"意味着"不相交"，进行平行的陈述，就是指不与对方交锋，用不与对方争论，更不对对方进行攻击的方式来陈述自己的意见、主张或感受。"成人与成人"的交往是彼此平等的交往，你可以陈述你的意见，我也可以谈我的看法，并不是只要有了分歧，就一定要彼此交锋，应该允许各抒己见。在需要双方达成共识的时候，可以先让双方"平行"地说出自己的意见，然后再进行协商讨论。

用向对方请教的方式提出问题，可以让对方去思考，去找出错误，也能够使对方从激动的情绪中平息下来，这是诱导对方"成人自我"的好的方法。

第三节　相关岗位服务与旅游消费者行为

一、导游服务与旅游消费者行为

1.游客对导游服务的需求

（1）希望提供周全的导游服务。周全的导游服务是游客对导游的普遍心理需求，它贯穿于整个旅游过程中。他们希望从旅行的第一站到全程旅游结束，对国际游客来说则是从入境到出境的整个旅游过程中，都享受到良好的服务。凡涉及的旅游交通、接待、陪同或导游、食宿、参观游览、商品购物、娱乐、委托代办业务等，都能安排或做得让游客满意。如果中间的任何一个环节出了差错，延误了行程，或打乱了游客原定的计划，都会使游客在心理上产生不满，严重时还会引起游客的投诉，影响旅游企业或旅游地的形象。

（2）要求导游服务讲究质量和信誉。在导游服务中应以服务质量赢得客源，以服务质量占领市场。游客对导游服务质量和信誉的心理要求是十分普遍而迫切的。所谓质量就是指提供的服务要热情、友好、礼貌、互助，提供的设施要方便、舒适、整洁、安全。国际游客还希望导游的外语水平、知识水平、业务素质要高，要能回答游客的疑问或解决途中遇到的问题；他们希望导游尊重游客的风俗习惯，维护游客的自尊，并希望导游能认真执行合同中确认的食、住、行、游的费用等级标准，使他们能享受到应有的服务。

（3）导游服务的收费要合理。游客都希望在旅游中的景点安排不要重复、雷同；在路程安排上合理，能为他们节省旅途中往返的时间；希望为他们提供的交通工具安全、可靠、快捷、卫生、舒适；更希望价格公道，与导游所提供的服务等值。

2. 为游客提供服务的主要方面

（1）尊重游客。游客对于能否在旅游中受到尊重非常敏感。他们希望在旅游过程中，人格得到尊重，意见和建议得到尊重；希望和要求得到重视；生活得到关心和帮助。导游人员必须明白，只有当游客生活在热情友好的气氛中，自我尊重的需求得到满足时，为他提供的各种服务才有可能发挥作用。尊重是人际关系中的一项基本准则。不管游客来自哪个国家、哪个地区，也不管游客的种族、肤色、宗教信仰是什么，消费水平如何，他们都是客人，导游人员都应一视同仁。尊重是相互的，当导游人员礼貌待客、热情服务并认真听取客户的意见和要求时，就在心理上满足了游客自我尊重的需求。一般情况下，满意的游客也会尊重导游，努力与导游一起进行旅游活动。

（2）微笑服务。德国旅游专家哈拉尔德·巴特尔在《合格导游》一书中指出："在最困难的局面中，一种有分寸的微笑，再配上镇静和适度的举止，对于贯彻自己的主张，争取他人合作，会起到不可估量的作用。"导游人员若想向游客提供成功的心理服务，就得向他们提供微笑服务。因为微笑是一种重要的交际手段，笑迎天下客，就会广结人缘，工作顺利，事业兴旺。微笑是友谊的表示，是和睦相处、合作愉快的反映，导游人员应以微笑赢得游客的信赖，从而拉近与游客之间的距离，沟通情感，架起和谐交往的桥梁。微笑要发自内心，以真诚善意的笑意使自己产生魅力，对游客产生感染力。加上亲切谦和的态度，彬彬有礼的问候，热情周到的服务，可使游客感到温暖可亲、宾至如归。

（3）使用柔性语言。话说得好能把游客说笑，话说得不好能把游客惹恼。导游在与游客相处时，必须注意自己的语言表达。一句话说好了会使游客感到高兴，赢得他们的好感；有时不当心或无意中的一句话，可能刺伤他们的自尊心，得罪他们。让人高兴的语言往往柔和甜美，被称为柔性语言。柔性语言对于树立导游人员良好的形象，有着十分重要的意义。柔性语言表现为语气亲切、语调柔和、措辞委婉、说理自然，常用商量的口吻与人说话。这样的语言使人愉悦，有较强的说服力，往往能达到以柔克刚的效果。

（4）与游客建立合作关系。旅游活动是导游与游客共同进行的，只有在游客的通力合作下，旅游活动才能顺利进行，并达到预期的良好效果。为了获得游客的合作，导游应与游客建立起良好正常的合作关系。建立合作关系，首先要求导游人员以谦虚诚恳的态度、热情周到的服务、善于交际的能力与游客交往。其次是导游要正确把握与游客交往的心理状态，尊重游客，遇事多与游客商量，以求得游客最大限度的信任与合作。

3. 导游服务中的对策

（1）预测游客心理。导游必须学会预测游客的心理，了解游客的姓名、国籍、种族、身份、年龄、职业、文化程度等，了解他们的旅游动机、爱好、需求，以便在导游服务中更有针对性。心理预测做起来不大容易，但只要用心，平时注意观察、了解、分析，就可以较好地掌握不同游客的不同心理，为做好导游工作提供依据。如果游客中年轻人多，导游的言行应活跃一些，以激发气氛。如果年老者多，导游的言行应稳重一些，切忌轻浮和卖弄。年老者由于生理的原因，行动缓慢、听觉较差，应注意游览的节奏和音量的大小。如果游客中女性多，就不要用激烈的高声。如果男性多女性少，要注意不可漠视女性的存在，尤其是注意文明用语，绝不开低级趣味的玩笑。游客中的知识水准高低不同，一般来说，要以适应低水准的游客为主，但内容不能低俗，同时应兼顾高水准游客的需求。游客来自各个地区，导游应预测出他们各有什么心理特征，有什么礼节、习俗、禁忌等。

（2）激发游客兴趣。游客的兴趣具有多样性和复杂性，而参观游览的内容又往往深广繁杂，这就要求导游能调动各种手段，尽量激发游客兴趣。首先要讲究导游语言质量。语言要有针对性，要因人而异，因地而异，因时而异。对知识阶层，应注意语言的严谨与规范；对文化层次较低的游客，应注意语言的通俗化；在景物较单调或与别处重复的景点，应讲解其异同，以免单调乏味。语言要有科学性，必须实事求是，决不能故弄玄虚，言过其实。语言还应当生动、形象、幽默，饶有趣味或发人深省的导游语言才能引人入胜。而如果导游语言平淡生硬或背书式的呆板单调，就会使游客兴味索然。导游应从古今中外的知识宝库中汲取营养，并使语言活泼、风趣、生动、高雅。其次是要重视导游讲解的艺术。讲解时要抓住客户的心理特征，突出重点，简明扼要。例如，在游览南京时，导游要根据游客心理，抓住南京的"古"（六朝古都，历史悠久）、"大"（有中国最大的城墙、最大的桥）、"重"（在历史上、地理上都有重要地位，出现过重要人物），重点讲解皇帝重大活动的场所、皇帝和后妃生活起居的地方、重大历史事件发生和重要人物活动过的地方等。同时应注意讲解时间不宜过长，应让游客有静心观赏的时间。再如，过巫峡神女峰时，有经验的导游一般只用 5 分钟时间把神女峰的美丽传说做概要的介绍后便不再讲解，而是让游客自己观赏。

（3）调节游客情绪。游客的情绪是导游在服务中应当注意随时观察并善于调节的。首先，要顺其意愿去导游，用游客感兴趣的话题调节其情绪：①以具有知识性的话题激发游客，满足其求知欲。②以传说之谜刺激游客的好奇心。③以尊重游客身份、地位、才智的话语满足游客的优越感。④以幽默语言增添游客的兴致。⑤以决定行动的话题，如游览线路安排、交通食宿、天气预报等，调节游客情绪。其次，在导游中要巧妙地制造悬念，集中游客的注意力，调节其情绪。利用游客总想知道一个故事的结局或一件文物来历的心理，巧妙地安排讲解内容，把游客带入悬念中，却不立即作答，而是"吊胃口"，在返回的路上再详细介绍，这就使得归途中有话可讲。再次，以分析法来调节游客情绪。例如，一个旅游团因订不到火车卧票而改乘轮船，游客为此不满，对导游有些抱怨。导游此时首先要表示歉意，讲明旺季车票紧张请大家原谅，然后分析乘船虽然慢一些，但提前一天上船并不影响旅程，还可欣赏大海风光，真是既"旅"又"游"，这样可能就会使游客怨气消失，转怨为喜。还有就是用转移注意法来转移游客因不愉快的事而产生的不佳情绪，以令人高兴的吉利语言、笑话、幽默故事或游客感兴趣的事来设法转移其注意力，使游客低落的情绪振奋起来，变愁容满面为笑逐颜开。这种调节方式要在游客情绪处在低潮时运用，使其感到这是对他的安慰。如果在他还未消气时用，反而会使他感觉这是一种幸灾乐祸的表现。所以，掌握时机很重要。

（4）满足游客需求。游客需求是多方面的，一要满足游客的知识需求；二要满足游客的被尊重需要。为此，导游工作在把握一定原则、遵守一些规则的同时，还应当讲求随机性和灵活性，做到因人而异、因时而异、因情而异、因景而异。

二、酒店服务与旅游消费者行为

1.前厅服务与旅游消费者行为

前厅位于酒店的门厅处，是负责游客登记入住、联络和协调酒店各部门为游客提供服务的综合性部门。前厅包括门卫、迎送岗、行李运送、电话总机及酒店的枢纽——总服务台。前厅的服务从游客的预订、入住直至结账离开，贯穿于游客与酒店交往的全过程。前厅工作反映了酒店的工作效率、服务质量和管理水平，直接影响到酒店的总体形象。

1）游客对前厅服务的需求

（1）求尊重。游客进入酒店，在前厅求尊重的心理特别强烈并特别敏感。他们希望自己是受欢迎的人；希望看到服务人员热情的笑脸，听到服务人员有礼貌的语言；希望服务人员尊重自己的人格和愿望，尊重自己的习俗、信仰，尊重自己的朋友和客人；希望服务人员能耐心倾听自己的意见，能提供针对性的服务；希望自己进入一个友好的气氛和愉快的环境之中。

（2）求快速。游客经过一段时间的长途奔波，到达目的地或中转地的时候，迫切需要休息，解除饥饿和疲劳，因而他们此时此刻对时间的知觉特别敏感，不希望在前厅逗留的时间太长，渴望服务人员办事效率高，验证技能熟练，开房手续办得迅速，行李能准确及时送达。

（3）求知悉。游客来自四面八方，初来乍到，步入前厅，他们需要了解客房的分类、等级与价格；需要了解酒店餐饮的服务项目与价格；需要了解酒店的其他生活服务设施等。安顿好之后，需要了解当地的风景名胜、旅游参观点、购物中心、交通路线等。

（4）求方便。游客出门在外，人生地不熟，外国游客又大多语言不通。因此游客迫切需要提供各种方便的服务，求方便的心理贯穿在整个吃、住、行、游、购、娱的旅行活动中，遇到问题，需要什么都能及时得到解决。

2）形象在前厅服务中的意义

前厅是酒店的综合性服务部门，服务项目多，服务时间长，酒店的任何一位客人都需要前厅提供服务。当客人进入酒店时，首先映入眼帘的是前厅，第一个为他提供服务的是前厅服务人员；当客人离开酒店时，最后一个为他提供服务的也是前厅的服务人员。前厅的优质服务是酒店服务质量的窗口，前厅的环境及服务人员的仪表、态度、谈吐、举止等，都代表着酒店的整体形象。所以，各酒店都十分重视第一印象与最后印象在前厅服务中的特殊意义。

（1）给游客留下美好的印象，如表 13-1 所示。

表 13-1　形象与表现

形象	表现
环境美	装饰整洁、基调明亮、色调一致、有强烈吸引力
仪表美	化妆淡雅、饰物适当、服饰美观、举止优美
语言美	良好的语言表达表示对客人的关心和尊重

（2）为游客提供周到的服务。前厅服务项目繁多，要求服务人员处处为游客着想，前厅的设置要尽可能方便游客，而服务人员要尽可能提供周到的服务，如设置醒目的标志、热情解答问讯。

2. 客房服务与旅游消费者行为

在游客心目中客房已不再仅仅是满足其生存需要的栖身之地。他们除利用客房休息外，还要进行社交、商务等活动，他们期望有一个舒适的、符合自己生活习惯的住宿环境，并能享受到各种热情周到的服务，得到满意的物质享受和精神享受。只有高质量的客房服务才能使客人真正得到满意的物质享受和精神享受。而客房服务接触面广，游客需求各异，要达到客房优质服务，就必须了解游客在客房方面的心理需求特点和活动规律，并在此基础上采取相应的服务措施。

1）游客对客房服务的需求

（1）求尊重。游客住进客房，希望自己受客房服务人员的欢迎；希望看到的是服务人员美好的微笑，听到服务人员亲切的语言，得到服务人员热情的服务；希望服务人员尊重自己的人格，尊重自己对客房的使用权，尊重自己的生活习俗，尊重自己的客人。

（2）求舒适。求舒适是游客在客房的基本要求。他们希望室内环境是优雅美观的，装饰布置是典雅舒适的，有良好的灯光气氛，各种生活用具齐备完好；希望在客房休息或从事其他活动能感到舒心如意，外出旅游归来能感到安适如家；希望从抵达到离开不会发生任何物品短缺或服务不周的情况，服务人员能始终如一地提供优质服务；更希望客房环境是宁静的，没有噪声，有隔音良好的窗户、楼板、墙壁等，以保证自己能好好休息。

（3）求安全。安全感是愉快感、舒适感或满足感的基石。游客外出旅游或出公差，带有钱财和行李，最担心的是安全问题。他们在客房住宿，希望人身与财物能得到安全保障，能够放心地休息和工作。他们不希望发生火灾、地震、房屋倒塌、触电等意外事故，不希望自己的财物有所损失而给生活、旅游与返程带来经济上的困难。

（4）求卫生。对客房环境卫生的需求，是游客极为普遍而正常的心理状态。卫生清洁不仅是游客生理上的需要，而且能使游客产生安全感与舒适感。他们希望客房的用具，特别是直接与自己身体接触的口杯、被褥、脸盆、浴缸、马桶等都是清洁卫生或严格消毒的。如果卫生间已清扫和消毒，贴上"已消毒"的封条，在茶具上蒙上塑料袋等。游客希望服务人员有较高的卫生素养，希望自己在外旅游身心健康、愉快，不会染上任何疾病。

（5）求方便。游客在外人地生疏，很需要饭店为其提供方便服务。他们希望有必需的生活与文化用品，可借阅图书报刊，可代客洗衣、缝补，代购车（船、机）票。需要什么只需打个电话即可送来，就像住在自己家里一样方便。

2）客房服务的对策

（1）优质服务。优质服务要做到：主动服务、热情服务、礼貌服务、耐心服务、周到服务和安全服务。

（2）系列服务。客房优质服务是以游客的来、住、走的活动规律为主线的。主动、热情、礼貌、耐心、周到，体现在客房服务的各个方面。为了满足旅游者在客房的主要心理需要，提高客房服务质量，服务人员还应将操作形成系列，包括迎客服务、问询服务、勤快服务、洁净服务、灵活服务和送别服务。

3. 餐饮服务与旅游消费者行为

餐饮是旅游饭店的一个主要服务项目。作为餐厅的服务人员，不仅应向游客提供优质的饭菜，而且更应向游客提供优质的服务。让游客在饭店的餐厅里，不仅可以品尝到美味佳肴，而且可以获得精神上的愉悦。

1）游客对餐饮服务的需求

（1）游客对餐饮环境的需求。①外部形象的美观。当今，游客在餐饮消费中，有相当一部分人在餐厅用餐，他们不仅重视食品的美味，而且对餐厅的环境和氛围的要求也越来越高。餐厅的外表往往是最引人注目的。因此，旅游饭店或有名的酒店、酒楼等，都很重视餐厅的装饰和美化，通过人工装饰等艺术手段，使餐厅的外部环境给游客以美好的形象；通过名称准确反映文化特色，做到雅俗共赏、幽默有趣，使游客过目难忘。②内部环境的雅洁。游客到餐厅用餐，都希望餐饮的环境幽静雅致，卫生整洁。在这样的环境中就餐，既能惬意悠然地品尝美味佳肴，又能使身心放松，解除旅途的疲劳。③氛围的祥和。餐厅的氛围十分重要，因为对游客来说，餐厅往往会成为他们会见亲朋好友或客人的场所。一般的游客都希望餐厅的温度适中、灯光柔和、陈设讲究、富有特色，认为在这样的餐厅中进餐会有一种舒适感，会是一种很好的享受。

（2）卫生和美味的食品。人人皆知病从口入的道理，游客讲求卫生的心理特别强烈。他们希望在餐厅里吃到的是新鲜、卫生的食品，餐具都是经过严格消毒的。他们还希望餐厅的厨师烹调技艺高超，能品尝到色、香、味俱全，营养丰富的美味佳肴。在旅游中，游客把能品尝到当地的风味菜肴视为一大乐趣。

（3）热情周到的服务。进餐时，游客希望服务人员的语言是动听的，态度是热情的，服务是周到的，操作的技巧是娴熟的，可从中获得精神上的愉悦。他们"宁可吃顺心的稀饭，决不吃生气的鱼肉"。

2）餐饮服务的对策

（1）满足游客对形象美的需求。注重：①环境的布置与装饰。②餐饮环境氛围的营造。③餐厅服务人员的形象。

（2）满足游客对尊重的需求。求尊重心理是一个人高层次的心理需求。当某一个人成为客人之后，这种心理需要表现得更为突出，它在整个旅游活动中都会有所体现，而在餐厅服务中表现得更明显。为满足游客在餐饮过程中求尊重的心理，在餐厅服务中应努力做到微笑迎送服务、领座恰当、尊重习俗、热情礼貌。

（3）满足游客对卫生的需求。游客在餐厅用餐求卫生的心理特别强烈，所以必须做好环境、食品、餐具及服务的卫生工作，包括环境卫生、食品卫生、按卫生操作规范服务。

（4）满足游客对饮食文化的需求。游客将品尝美味佳肴及地方特色食品视为旅游活动的内容之一。这也成为游客在餐厅进餐时的心理需求之一。因此，饭店的餐厅就应努力地满足游客对地方特色食品的需求，包括重视地方特色食品的经营、重视地方特色食品菜谱的介绍。

（5）满足游客对快与方便的需求。游客到餐厅就餐时，一般都希望餐厅能够提供快捷的服务。为适应游客求快、求方便的心理，在餐厅服务中应注意采取：预备快餐食品、服务快捷、先上安客茶、及时结账。

三、购物服务与旅游消费者行为

1. 旅游者购物的主要动机

旅游者购物的动机主要有两类：生物性（生理性）动机和社会性（心理性）动机。旅游者购物一方面是为满足旅行生活的基本需求，另一方面是为了心理上的满足。具体购物动机主要有以下几种。

1）求新

求新即求新奇，是指追求商品新颖、奇特与应时。明末清初的戏曲理论家李渔说"物惟求新"，指出了购物的基本动机。"喜新厌旧"是消费领域中的一个主要现象。当然，某些特殊的商品除外，如文物、古董、珍藏的艺术品，但这些商品"物以稀为贵"，仍符合追求新奇的动机。这种追求新奇的动机也是人们好奇心的表现。在旅游购物中，好奇心起到一种导向作用。

2）求名

求名是一种为显示自己地位、名望、威信而购买商品的动机。求名动机的游客往往不太重视商品的效用与价格，而重视商品的威望、象征意义与纪念意义，并常常在感情冲动下决定购买，表现在以下两个方面。

（1）纪念性购买。这种购买一般指向那些具有代表性和象征性的旅游商品，以作为到某地旅游的纪念或凭证。

（2）馈赠性购买。这种购买是为了将商品作为礼物赠送友人，以表达情感和礼貌。

3）求实

求实是一种注重商品实用价值的动机，其核心是讲究实惠、耐用。

4）求廉

求廉是一种追求商品价廉物美的购买动机。

2. 商品销售与旅游消费者行为

旅游商品的销售过程就是服务过程。旅游商品设计再美好，制造再精巧，包装再华丽，价格再合理，布置再美观，最终仍要通过销售才能实现其价值。销售人员如何在自己的工作中运用智慧和技巧去吸引旅游者，博得旅游者的欢心，这里面有很多因素需要考虑。旅游者到商店来，他们对销售人员的服务是否感到愉快和满足会影响其购买力。因此，旅游商品销售服务人员要了解客人在购物过程中的活动特征和购买行为特点，采取有针对性的服务措施。

1）善于观察与了解购物动机

销售人员的观察能力是工作所需求的基本素质之一，通过观察旅游者的表面现象，分析他们的活动规律，并采取有针对性的措施。商业界提出的"三相经"，即"听其言，观其行，察其意"，是销售人员的基本功之一。销售人员要善于察言观色，通过对客人特定的言语、神态、表情、动作、打扮、年龄、性别等的观察和了解，经过思维分析、比较做出判断，进而有针对性地为客人服务。

2）善于接触客人

掌握接触客人的时机，注意讲第一句话的艺术。销售人员和客人接触时要注意以下几个方面。

（1）不过早搭话。当客人处在"环视观察"商品时过早地搭话，可能引起客人的戒备，使那些还没有看准购买合适商品的客人因产生不安的情绪而怏怏离去。

（2）把握时机并礼貌用语。当客人长时间地凝视某一商品或用手触摸商品时，或到处张望似乎寻找什么商品时，或与销售人员视线相碰时，这是接触客人最好的时机。销售人员此时应面露微笑，一边礼貌地招呼"您好""欢迎光临""我能为您做些什么"，一边走近客人为其服务。

（3）尊重客人。当客人购物处于"比较研究"阶段，想对商品进行仔细了解时，急需销售人员帮助，销售人员不理不睬，客人会感到被冷落、不被重视，会产生不快。

3）及时展示商品

当销售人员接触客人后，了解到客人的购买指向，就应及时展示商品。

4）介绍商品以增强客人的信任

销售人员在掌握商品知识的基础上，用最能刺激客人购买的语言介绍商品。商品介绍一般在客人处于"比较研究"阶段进行。

5）娴熟的服务技能

销售人员熟练的操作技能在消费者的行为上产生较强的感染力，能增加客人的信任感和安全感，同时也是对商店声誉的一种无声宣传，使客人对商店产生良好的印象。

【本章小结】

本章介绍了服务与客我交往的理论知识，特别是旅游服务交往中的一系列研究成果，以及相关岗位服务与旅游消费者行为的关系。首先将服务界定为是一种特殊的人际交往，介绍了服务及旅游服务的内涵，使学生了解旅游服务及其双重性。其次研究了旅游人际交往的双胜原则和交往艺术，着重向学生介绍双胜原则在现实生活中的应用。最后介绍了导游、酒店、购物等相关岗位与旅游消费者行为的关系。

【复习思考题】

1. 简述服务及狭义服务、广义服务的内容。

2. 简述人际交往的社会角色性。

3. 简述双胜原则在管理中的应用。

4. 用框架说明旅游人际交往艺术的双胜八法。

5. 在旅游工作中，遇到不讲理的客人或合作者应怎样处理？

【即测即练】

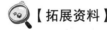【拓展资料】

参考文献

[1] 吴清津.旅游消费者行为学 [M].北京：旅游教育出版社，2006.

[2] 米冰.旅游心理学 [M].长春：东北师范大学出版社，2012.

[3] 林德荣，郭晓琳.旅游消费者行为 [M].重庆：重庆大学出版社，2019.

[4] 李志飞.旅游消费者行为 [M].武汉：华中科技大学出版社，2019.

[5] 孙九霞，陈钢华.旅游消费者行为学 [M].大连：东北财经大学出版社，2015.

[6] 张树夫.旅游心理 [M].北京：中国林业出版社，2000.

[7] 孙喜林，荣晓华，范秋梅.旅游心理学 [M].北京：中国旅游出版社，2009.

[8] 薛群慧.现代旅游心理学 [M].2 版.北京：科学出版社，2011.

[9] 马继兴.旅游心理学 [M].北京：清华大学出版社，2010.

[10] 孙九霞，陈钢华.旅游消费者行为学 [M].2 版.大连：东北财经大学出版社，2019.

[11] 张树夫.旅游心理学 [M].北京：高等教育出版社，2010.

[12] 薛群慧.旅游心理学 [M].天津：南开大学出版社，2008.

[13] 李昕，李晴.旅游心理学基础 [M].北京：清华大学出版社，2006.

[14] 甘朝友.旅游心理学 [M].天津：南开大学出版社，2001.

[15] 郭国庆.服务营销管理 [M].北京：中国人民大学出版社，2012.

[16] 张树夫.旅游消费行为 [M].北京：中国林业出版社，2011.

[17] 王柯平.旅游美学新编 [M].北京：旅游教育出版社，2000.

[18] 胡林.旅游心理学 [M].广州：华南理工大学出版社，2005.

[19] 张卫.旅游消费行为分析 [M].北京：中国旅游出版社，1993.

[20] 斯沃布鲁克，霍纳.旅游消费者行为学 [M].俞慧君，等译.北京：中国水利水电出版社，2004.

[21] 吕勤，郝春东.旅游心理学 [M].广州：广东旅游出版社，2000.

[22] 沈祖祥.旅游心理学 [M].福州：福建人民出版社，2009.

[23] 胡林.旅游心理学 [M].广州：华南理工大学出版社，2005.

[24] 黄继元.旅游心理学 [M].重庆：重庆大学出版社，2003.

[25] 欧晓霞.旅游心理学 [M].北京：对外经济贸易大学出版社，2006.

[26] 孙喜林，荣晓华.旅游心理学 [M].大连：东北财经大学出版社，2002.

[27] 刘菲.旅游消费心理与行为 [M].北京：经济管理出版社，2007.

[28] 谢苏.旅游心理概论 [M].北京：旅游教育出版社，2001.

[29] 李灿佳.旅游心理学 [M].北京：高等教育出版社，2005.

[30] 国家旅游局人事劳动教育司.旅游服务心理学 [M].北京：旅游教育出版社，2004.

[31] 吕勤，徐施.旅游心理学 [M].北京：北京师范大学出版社，2010.

[32] 高玉祥.个性心理学 [M].北京：北京师范大学出版社，2002.

[33] 匹赞姆.旅游消费者行为研究 [M].舒伯阳，冯玮，译.大连：东北财经大学出版社，2005.

[34] 刘菲.旅游消费心理与行为 [M].北京：经济管理出版社，2007.

[35] 杜炜.旅游消费行为学 [M].天津：南开大学出版社，2009.

[36] 白凯.旅游者行为学 [M].北京：科学出版社，2013.

[37] 郭国庆.市场营销学通论 [M].北京：中国人民大学出版社，2014.

[38] 谢彦君.旅游体验研究：走向实证科学 [M].北京：中国旅游出版社，2010.

[39] 林南枝，陶汉军.旅游经济学 [M].天津：南开大学出版社，1994.

[40] 罗贝尔·郎加尔.国际旅游 [M].陈淑仁，马小卫，译.北京：商务印书馆，1995.

[41] 罗明义.旅游经济学 [M].北京：高等教育出版社，1998.

[42] 格里格，津巴多.心理学与生活（第 16 版）[M].北京：人民邮电出版社，2003.

[43] 曹诗图，孙静.旅游文化学概论 [M].北京：中国林业出版社，2008.

[44] 秦明.旅游心理学 [M].北京：北京大学出版社，2005.

[45] 姚梅林.学习心理学：学习与行为的基本规律 [M].北京：北京师范大学出版社，2006.

[46] 田里，牟红.旅游经济学 [M].北京：清华大学出版社，2007.

[47] 宁士敏.中国旅游消费研究 [M].北京：北京大学出版社，2003.

[48] 邹树梅.现代旅游经济学 [M].青岛：青岛出版社，2001.

[49] 谢彦君.基础旅游学 [M].北京：中国旅游出版社，2004.

[50] 杜炜.旅游心理学 [M].北京：旅游教育出版社，2010.

[51] 白凯.旅游消费者行为学 [M].北京：高等教育出版社，2020.

[52] 杨懿，胥兴安.旅游消费者行为 [M].北京：高等教育出版社，2021.

[53] 邹本涛.旅游心理学 [M].北京：北京大学出版社，2009.

[54] 徐文苑，潘多.酒店客房服务与管理 [M].武汉：华中科技大学出版社，2017.

[55] 宙斯.带团就是讲故事 [M].北京：旅游教育出版社，2019.

[56] 董朝霞，李小华.导游讲解 [M].3 版.北京：旅游教育出版社，2021.

[57] 张宏梅，陆林.近 10 年国外旅游动机研究综述 [J].地域研究与开发，2005（2）：60-64.

[58]　谷明．我国旅游者消费模式与行为特征分析 [J]．桂林旅游高等专科学校学报，2000（4）：21–25．

[59]　白凯，马耀峰，游旭群．基于旅游者行为研究的旅游感知和旅游认知概念 [J]．旅游科学，2008，22（1）：22–28．

[60]　徐克帅．红色旅游和社会记忆 [J]．旅游学刊，2016（3）：35–42．

[61]　罗芬，钟永德．武陵源世界自然遗产地生态旅游者细分研究：基于环境态度与环境行为视角 [J]．经济地理，2011（2）：333–338．

[62]　贺雯，梁宁建．态度内隐测量方法的发展与探索 [J]．心理科学，2010（2）：384–386．

[63]　刘丹萍．旅游凝视：从福柯到厄里 [J]．旅游学刊，2007，22（6）：91–95．

[64]　卢松，张捷，苏勤．旅游地居民对旅游影响感知与态度的历时性分析：以世界文化遗产西递景区为例 [J]．地理研究，2009（2）：536–548．

[65]　黄竹兰，王晓昕．传承与记忆、创新与开发：论作为特色本土文化的贵州苗族旅游产品研究 [J]．贵州民族研究，2011（6）：72–75．

[66]　乌铁红，张捷，张宏磊，等．旅游地属性与旅游者感知态度和购后行为的关系：以九寨沟风景区为例 [J]．旅游学刊，2009（5）：36–42．

[67]　厉新建．旅游体验研究：进展与思考 [J]．旅游学刊，2008（6）：90–95．

[68]　战斌，李仲广，唐晓云，等．游客满意度测评体系的构建及实证研究 [J]．旅游学刊，2012（7）：74–80

[69]　范秀成，杜建刚．服务质量五维度对服务满意及服务忠诚的影响 [J]．管理世界，2006（6）：111–119．

[70]　尹清非．近 20 年来消费函数理论的新发展 [J]．湘潭大学学报（哲学社会科学版），2004，28（1）：123–128．

[71]　刘力，陈浩．自我一致性对旅游者决策行为的影响：理论基础与研究模型 [J]．旅游学刊，2015，30（6）：57–71．

[72]　周永博，程德年，等．生活方式型旅游目的地品牌个性建构：基于苏州古城案例的混合方法研究 [J]．旅游学刊，2016（7）：85–95．

[73]　黄颖华，黄福才．旅游者感知价值模型、测度与实证研究 [J]．旅游学刊，2007（8）：42–47．

[74]　张宏梅，陆林．近 10 年国外旅游动机研究综述 [J]．地域研究与开发，2005（2）：60–64．

[75]　张凌云．旅游者消费行为和旅游消费地区差异的经济分析 [J]．旅游学刊，1999（4）：6．

[76]　潘莉，吕兴洋，李惠瑶．旅游情境中的形象一致性理论评述 [J]．人文地理，2016（3）：9–18．

[77]　苗学玲．旅游地形象策划的 10 年：中国期刊全文数据库 1994—2003 年旅游地形象研究述评 [J]．旅游科学，2005，19（4）：64–70．

[78]　范秀成，杜建刚．服务质量五维度对服务满意及服务忠诚的影响 [J]．管理世界，2006（6）：111–119．

[79] 黄玉玲 . 中外旅游消费者行为研究的比较研究 [D]. 上海：上海大学，2006.

[80] 杨波 . 生态旅游消费者行为研究 [D]. 西安：西北大学，2005.

[81] SHERIL，R D. The terrifying future：contemplating color television[M]. SanDiego：Halstead，1956.

[82] PEARCE P L. Tourist behaviour：themes and conceptual schemes[M]. Bristol：Channel View Publications，2005：86–103.

[83] KENNETH EWART BOULDING. The image：knowledge in life and society[M]. Ann Arbor：University of Michigan Press，1956.

[84] MIMAN A，A Pizam. Social impacts of tourism on cental florida[J]. Annals of Tourism Research，1988，15（2）：191–204.

[85] COHEN S A，PRAYAG G，MOITAL M. Consumer behaviour in tourism：concepts，influences and opportunities[J]. Current Issues in Tourism，2014，17（10）：872–909.

[86] BRAUN – LATOUR K A，GRINLEY M J，LOFTUS E F. Tourist memory distortion[J]. Journal of Travel Research，2006，44（4）：360–367.

[87] JACOBSEN J K. Anti – tourist attitudes：mediterranean charter tourism[J]. Annals of Tourism Research，2000，27（2）：284–300.

[88] SWINYARD W R，PENG SIM C. Perception of children's influence on family decision processes[J]. Journal of Consumer Marketing，1987，4（1）：25–38.

[89] TRIBE J，SNAITH T. From SERVQUAL to HOLSAT：holiday satisfaction in varadero，cuba[J]. Tourism Management，1998，19（1）：25–34.

[90] ENRIQUE B，ISABEL SANCHEZ，JAVIER SANCHEZ. Tourist image，evaluation variables and after purchase behavior：Inter – relationship[J]. Tourism Management，2001，22（3）：607–616.

[91] GARTNER W C. Image formation process[J]. Journal of Travel and Tourism Marketing，1993，2（3）：197–212.

[92] PIZAM A. Tourism's impacts：the social costs to the destination community as perceived by its residents[J]. Journal of Travel Research，1978（Spring）：8–12.

[93] BEARD J B，RAGHEB M G. Measuring leisure satisfaction[J]. Journal of Leisure Research，1980（12）：20–33.

[94] Li J J，SU C. How face influences consumption：a comparative study of american and chinese consumers[J]. International Journal of Market Research，2007，49（2）：237–256.

[95] HOARE R J，BUTCHER K，O'BRIEN D. Understanding Chinese diners in an overseas context：a cultural perspective[J]. Journal of Hospitality & Tourism Research，2011，35（3）：358–380.

[96] CRAIG – SMITH S J，FRENCH C. Learning to live with tourism[M]. Melboume：Pitman Publishing

Pty Limited，1994.

[97]　SHAUGHNESSY. A return to reason in consumer behavior：a hermeneutical approach[J]. advances in consumer research，1985（12）：308.

[98]　PARK S，NICOLAU J L. Asymmetric effects of online consumer reviews[J]. Annals of Tourism Research，2015（50）：67–83.

[99]　LEHTO X Y，CHOI S，LIN Y C，ET AL. Vacation and family functioning[J]. Annals of Tourism Research，2009，36（3）：459–479.

[100]　SONG H，VAN DER VEEN R，LI G，ET AL. The Hong Kong tourist satisfaction index[J]. Annals of Tourism Research，2012，39（1）：459–479.

[101]　FIRAT A F，Fragmentations in the postmodern[J]. Advances in Consumer Research，1992（19）：204–208.

[102]　ELLIOTT RICHARD. Symbolic meaning and postmodern consumer culture in rethinking marketing[J]. Marketing Accountings，1998，13（2）：234–245.

[103]　SUN X，CHI C G Q，XU H. Developing destination loyalty：the case of hainan island[J]. Annals of Tourism Research，2013（43）：547–577.

[104]　PARK C W，MOTHERSBAUGH D L，FEICK L. Consumer knowledge assessment[J]. Journal of Consumer Research，1994，21（1）：71–82.